KB202688

내 백성아
거기서 나와라

부흥 교과서

내 백성아 거기서 나와라

이현은 지음

우리를 향한 하나님의 외치심에, 알려지지 않았던 지난 500여 년간의 수백 권의
고전과 성경 말씀을 통해서 나타난 하나님의 구원의 역사를 살펴보면서,
거기서 나오기 위해서 우리가 어떻게 해야 하는지에 대한 해답을 찾는다

좋은땅

목 차

1

마지막 때의 어두움의 일들과 내 마음의 부흥

이 이야기의 시작은 내 주위에 변화를 느끼기 시작하면서이다.

십여 년 전에 공상 소설 이야기를 듣듯이 프리메이슨의 비밀 조직에 대한 이야기를 들었었다. 나타나지 않게 비밀리에 일하지만, 멤버들은 각계 각층의 엘리트들로 구성이 되어 있고, 멤버가 되기 위해서는 그 단체에 초대를 받는 사람들에 한한다는, 그런 내용이었다. 미국 대통령들이나 정치가들 중에서도 프리메이슨이 많으며, 이들의 특징은, 영적 예식을 통해서 자신을 헌신을 한다는 그 정도였다. 그러한 내용들에 관심을 가지진 않았지만, 그들이 예식을 하면서 자신의 영혼을 헌신한다고 해서, '주님께만 모든 것을 헌신하고 충성해야 하는 우리 크리스천들과는 공유될 수 없는 조직이다'라는 생각을 했었다.

그리고, 많은 시간이 지났는데, 미국에 살면서 주위에 큰 변화를 느끼기 시작했다. 비밀 조직이라고 해서, 그들이 모이는 장소라는 Lodge

는 어디에 있는지 알 수 없다고 했었고, 또 나도 그런 장소들을 본 적이 없었는데, 언젠가부터 교회처럼 치장을 하고 곳곳마다 Lodge가 모습을 드러내기 시작을 했다. 예를 들어서 전에는 헌혈을 하고자 하면은 교회 장소나 병원을 중심으로 헌신한 장소들에 가서 헌혈을 했었는데, 이제는 그 장소들 가운데에 많은 Lodge가 list에 올라와 있었다.

이렇게 눈에 띄는 변화를 취하는 비밀 단체의 모습을 보면서, 어떤 이유로 이런 변화를 추구하는지 알고 싶어서 인터넷에서 프리메이슨에 관하여서 찾아 보았더니, 인터넷 상에서도 너무 많은 변화가 있었다. 전에는 프리메이슨에 대해서 이야기하는 내용은, 외부에서 그들에 대한 루머들이나 음모론 모양의 내용들을 접하는 것 외에는 다른 많은 자료들이 없었는데, 이제는 지역 Lodge마다 자신들의 홈페이지를 만들어서 알리고 있었다. 또한 지역 Lodge 외에도 전체적으로 통괄하는 그들의 대표적인 기관들에서도 프리메이슨에 대해 알리는 내용들을 올려 놓고 세상 사람들에게 그들을 홍보하고 있는 모습을 보게 되었다.

또한, 가장 눈에 띄는 것이, 각 Lodge마다 조금은 달랐지만, 18살이나 21살의 성인들이 누구나 신청을 하고 멤버가 되는 절차를 밟을 수 있도록 하는 체계를 갖추고, 포괄적으로 프리메이슨의 멤버들을 모으고 있다는 것이었다.

이 사실을 알게 되고 나서 계속해서 마음에 걱정이 되었다. 그 단체가 어떠한 단체인지 자세히 모르지만, 영적인 예식을 통해서 맹세를 하고, 자신을 헌신하고, 또 멤버가 그 단체에서 탈퇴하게 되는 경우는 아주 희박하다고 하는데, 우리 크리스천의 신앙으로는 공유가 될 수 있지 않은 단체가, 이처럼 눈에 띄게 확산이 되면서 멤버를 늘려 가는 상황에서, 우리가 무지한 상태로 있으면 정말 안 되겠구나 하는 생각이 들었다. 이런 비밀 조직에 대해서 알아보고자 하는 것은, 음모론자의 모양으로 비추어지는 것 같아서 기피하던 일이었는데, 그러한 소극적인 마음으로 우리 영혼을 무방비 상태로 내어놓는 것을 하나님께서 기뻐하시지 않으시겠구나 하는 생각을 했다.

마지막 때에 하나님을 따를지 세상을 따를지 결정할 때가 오고, 짐승의 표를 받거나 하나님의 인치심을 받거나 하는 때가 온다고 성경에 쓰여 있다.

우리와는 상관이 없는 아주 미래의 일인 것 같은 생각이 든다.

하지만, 영혼의 헌신을 요구하는 그러한 단체에 멤버십을 받게 되는 그 순간, 그 영혼들은 벌써 하나님의 반대편을 선택하게 된 것이다.

결국, 짐승의 표가 특별한 힘이 있는 것이 아니라, 하나님을 선택하지 않고 세상을 선택하는 그 사실이 하나님의 진노하심에 대상이 된다는 사실이다.

그런데, 앞으로 구원 받을 수 있는, 주님을 영접할 수 있을 가능성을 가진 많은 영혼들이, 지금 벌써 자신의 영혼들을, 하나님이 아닌 세상에서 엘리트의 인생을 사는 쪽으로 던지는 결정을 한다는 것, 그것이 그들에게는 짐승의 표를 받은 것과 같은 결과가 될 수 있다는 사실이 내 마음을 무겁게 했다.

많은 우리의 자녀들이 이러한 유혹에 노출이 되어 있다는 사실과, 또한 엘리트 층 네트워크를 만들고자 많은 사람들이 멤버가 되고자 한다는 사실을 알게 되고, 마음에 무거움이 더해지면서, 이대로 있으면 안 되겠다 하는 마음이 굳어졌다.

그리고, 상황을 알리려고 하든, 도우려고 하든, 어떤 상황이라도 먼저 자세하게 알고 준비 되는 것이 필요하겠다는 생각을 했다. 그래서, 최대한 외부에서 쓴 내용들이 아닌, 자신들을 소개하는 내용으로부터 자료를 모으고, 바르게 상황을 이해해 보려는 추구를 시작하였다.

그러면서, 프리메이슨에 관한 내용은 시작에 불구하였고, 모든 어두움의 일들 가운데에서 하나님의 은혜와 인도하심의 계획하심을 깨달아 가게 되었다. 그 시간들은, 내 마음의 회개와 부흥과 축복의 시간들이 되었고, 이 글은 마지막 때에 어두움의 일들과 내 마음의 부흥의 메세지가 되었다.

2

그들이 배제하는 하나님의 진리

프리메이슨에 관하여서, 그 단체 안에서의 멤버들을 통해서 들리는 메세지는, 외부에서 내가 가지고 있던 선입관과 많이 달랐다. 내가 가지고 있었던 선입관은, 비밀 조직이라는 생각에, 모여서 음모를 세우고 악을 꾀하는 모양에 대한 생각이 있었던것 같다. 그러나, 이 단체에 속한 멤버들이나 그러한 멤버들과 연관된 사람들로부터 나타나 보여진 단체에 대한 이미지는, 주위에 존경하는 사람들이 가입되어 있어서 속해 보고 싶은 단체, 유럽의 자유 혁명들과 미국의 독립을 이루는 데 있어서 프리메이슨 멤버들의 역할이 많았던 것들로 인해서 긍정적으로 보여지는 단체, 자식이나 주위 사람들을 꼭 같이 참여하게 하고 싶을 만큼 큰 가치를 지닌 명예로운 단체, 영향력 있는 사람들과의 만남, 교제를 위해 가장 효과적인 모임, 가치 있는 사람들과 함께 모여서 전 인류의 진화와 진보를 촉진하는 역할을 하는 사람들의 모임이라는 것이었다[1].

또한, 프리메이슨은 멤버들이 누구나 꼭 종교를 가지고 있을 것을 요구하고, 신을 믿지 않는 자를 멤버로 받지 않는다. 그리고 프리메이슨은 자신들은 종교 단체가 아니고 선한 일을 같이 하는 것을 도모하는 친교 단체로 자신들을 정의한다(2).

이러한 내용들로 보면, 크리스천이더라도, 좋은 사회적 영향력을 끼치는 삶을 살고자 해서, 이 단체에 가담을 하는 것이 어떠한 문제도 되지 않는 것으로 보여진다.

또한, 프리메이슨들은, 크리스천들에게서 중요시 여겨지는 관점들도 모두 흡수를 해서 그들의 체계와 설정 안에 넣어 놓았다. 이들이 스스로 자신들을 설명하는 책들, 이들의 예식들의 내용을 알려 놓은 책들, 이들의 교리 공부 내용들을 보면, 그 안에 크리스천의 중요한 진리가 많이 언급되어 있다(3). 그래서, 어떻게 크리스천의 진리들을 설명하고 있는지를 알기 원했다. 구원의 이르는 복음의 내용들을 모두 제시하지는 않을 것이라는 확신을 가지고, 예수의 이름, 회개, 용서 받음, 죄사함, 우리의 죄를 대신 지시고 속죄의 제물되심, 성령의 능력, 그리고 하나님, 예수님, 성령님의 삼위 일체와 같은 내용들 가운데에서 이들이 배제한 내용이 어떤것이 있는지를 알기 원했다.

그런데, 그들의 예식 안에 들어 있는 내용들, 기도문들을 찾아 가면서 그렇게 생각했던 내 생각이 틀렸다는 사실을 깨달았다.

예수의 이름

로마서 10장 13절, 사도행전 2장 21절에는, "누구든지 주의 이름을 부르는 자는 구원을 얻으리라"고 말씀을 하신다. 또한, 요한1서 2장 22절에는 예수가 그리스도임을 부인하는 자가 적그리스도라고 하였고, 요한1서 4장 3절에는 예수를 시인하지 않는 영이 적그리스도라고 하였다. 요한2서 1장 7절에는 예수그리스도께서 육체로 오신 것을 부인하는 자가 미혹하는 자며 적그리스도라고 하였다. 그렇기 때문에, 구원을 얻는 능력이 되는 예수의 이름을 선포하고 그 이름으로 기도하는 것은, 프리메이슨의 예식이나 기도문 가운데에 있을 것이라고 생각하지 않았다. 예수님의 이름은 당연히 그들이 배제하고 제외할 것이라고 생각을 했다.

그런데, William Morgan이 프리메이슨에 있었으면서 썼던 『The Mysteries of Free Masonry Containing All the Degrees of the Order Conferred in an Master' Lodge』이라는 책(그의 생각을 쓴 책이 아니고, Mason의 Lodge에서 하는 예식들과 기도문, 질의응답문만을 모아 놓은 책)을 보면서 내 생각이 틀렸다는 사실을 알았다. 예식이나 기도문, 질의 응답문 가운데에서 예수님을, (Son of Righteousness, Son of Eternal God, Son of Man, Atoning Son, Jesus who died that you might live, Lord Jesus Crist, Jesus Christ, Illustrious Master Jesus Crist, Out Lord and Savior Jesus Christ, Savings of our Master Jesus Christ, Of the Holy Cross of Jesus our Lord, Blessed Jesus) 의의 아들, 영원하신 하나님의 아들, 속죄제물 되신 아들, 당신으로 살게 하기 위해서 죽으신 예수 그리스도, 주 예수 그리스도, 예수 그리스도, 저명한 마스터 예수 그리스도, 우리의 주와 구주 되시는 예수 그리스도, 마스터 예수 그리스도의 속량하심, 우리의 주 예수의 숭고하신 십자가, 축복의 예수로 선포하면서 기도하고 예식을 하는 내용들을 찾을 수 있었다[4].

회개

그래서, 그 다음에 생각을 한 내용이, 그들이 예수의 이름을 그렇게 부른다고 해도, 회개 없는 외침으로 의미 없게 한 것이 아닐까 하는 생각을 했다. 누가복음 24장 47절에, "그의 이름으로 죄 사함을 받게 하는 회개"라고 하신 말씀대로, 주님의 이름은 집어넣으면서, 회개에 대한 내용을 배제한 것이 아닐까 하는 생각을 했는데, 그렇지 않았다. 회개의 중요성과, 모든 것을 회개해야 한다는 조항은 Knight of Templar and Knight of Malta의 degree에서 자세하게 다루고 있었다[5]. 그러니까, 회개의 내용이 프리메이슨이 일부러 배제하는 진리는 아닌 것이었다.

예수의 피

그리고 나니까, 예수의 흘리신 피의 능력에 대한 내용도 그들이 선포하고 있는지 궁금해 졌다. 그런데, 아래의 기도문 내용을 보면, 예수의 피와 그로 인한 용서함에 대한 내용도 그들의 예식 가운데에서 선포되는 내용임을 알 수 있다(6).

Prayer.—"Eternal source of life, of light, and perfection, Supreme God and Governor of all things, liberal dispenser of every blessing! We adore and magnify Thy holy name for the many blessings we have received from Thy hands, and acknowledge our unworthiness to appear before Thee; but for the sake, and in the name of Thy atoning Son, we approach Thee as lost and undone children of wrath; but through the blood of sprinkling, and the sanctification of the Holy Ghost, we come imploring a continuation of Thy favors, for thou hast said, that he who cometh to Thee through faith in the Son of Thy love, Thou wilt in no wise cast out; therefore, at the foot of the cross we come, supplicating pardon for our past offences, that they may be blotted out from the book of Thy remembrance and be seen no more."(7)

기도.— "영원한 생명, 빛 그리고 완전함의 원천이신 가장 높으신 하나님, 그리고 만물의 지배자시여! 모든 축복의 자유를 나누어 주시는 분이시여! 우리는 당신의 손으로부터 받은 많은 축복에 대해서 당신의 거룩한 이름을 경배하고 높여 드립니다. 그리고,

우리는 당신의 앞에 설 자격이 없음을 인정합니다. 그러나 속죄물 되신 아들의 이름으로 인해서, 또한 자녀들을 향해 진노를 거두심으로 인해서 우리는 당신께 나아갑니다. 그러나 피 뿌리심과 성령님의 온전케하심으로 인해서 우리는 당신의 계속되는 도우심을 간청합니다. 왜냐하면 당신께서 말씀 하시기를, 당신의 사랑의 아들을 믿는 믿음으로 나아오는 자는 결코 외면치 아니하신다고 하셨습니다. 그러므로, 우리의 지난 죄악들을 용서하여 주시기를 간구하며 우리는 십자가 밑으로 나아옵니다. 그래서, 그것들이 당신의 기억의 책에서 지워지고 더 이상 나타나지 않게 하시옵소서."

성령님

성령의 능력에 대한 내용을 다룰지에 대한 부분도 궁금한 부분이었다. 그런데, 위에 기도문에서만 보더라도, 성령님의 역사하심을 선포하는 내용이 있다. 그것만이 아니었다. 하나님, 예수님, 성령님의 하나 되심에 대해서도 인정을 하고 선포를 한다.

All this I promise in the name of the Father, of the Son, and of the Holy Ghost(8), Glory to the Father, Son, and Holy Spirit(9), Holy Spirit.—The Spirit is the figure of our soul, which is only the breath of the Eternal, and which cannot be soiled by the works of the body(10).

나는 이 모든 것을 아버지와 아들과 성령의 이름으로 서약합니다. 아버지와 아들과 성령님께 영광을 돌립니다. 성령님은 우리 영혼의 길이 되시며, 그것은 영원의 유일한 호흡이 되시고 그것은 육체의 일로 더럽혀질 수 없습니다.

위의 내용들을 알아 가면서, 분별의 방향을 제대로 찾고 있지 못한 모습을 보게 되었다.

프리메이슨이 자신들은 종교 단체가 아니고, 선한 일을 같이 하는 것을 도모하는 친교 단체라고 하며, 모든 크리스천의 진리의 내용들을 거부하는 것이 아니라 수용하는 모습이라고 한다면, 그럼 이 단체는 우리 모든 크리스천들이 참여를 하고 헌신을 하여도 문제가 될 것이 없다는 말인가?

그러다가, 하나님을 향한 우리의 믿음과 사랑의 관계에 대해서 생각을 하면서 그들이 배제하고자 하는 진리가 무엇인지 깨달아졌다.

하나님께서 우리를 향해서 바라시는 마음을 담은 계명인 십계명, 그 십계명 중에서 첫 번째, 두 번째, 세 번째 계명이 프리메이슨이 선포할 수 없고, 주장할 수 없는, 그들이 배제하고자 하는 하나님의 메세지인 것을 알 수 있었다.

출애굽기 20장 1-7절

"하나님이 이 모든 말씀으로 말씀하여 이르시되, 나는 너를 애굽 땅, 종 되었던 집에서 인도하여 낸 네 하나님 여호와니라, 너는 나 외에는 다른 신들을 네게 두지 말라, 너를 위하여 새긴 우상을 만들지 말고 또 위로 하늘에 있는 것이나 아래로 땅에 있는 것이나 땅 아래 물 속에 있는 것의 어떤 형상도 만들지 말며, 그것들에게 절하지 말며 그것들을 섬기지 말라 나 네 하나님 여호와는 질투하는 하나님인즉 나를 미워하는 자의 죄를 갚되 아버지로부터 아들에게로 삼사 대까지 이르게 하거니와, 나를 사랑하고 내 계명을 지키는 자에게는 천 대까지 은혜를 베푸느니라, 너는 네 하나님 여호와의 이름을 망령되게 부르지 말라 여호와는 그의 이름을 망령되게 부르는 자를 죄 없다 하지 아니하리라"

첫 번째 계명

하나님 외에 다른 신을 두지 않는 것이다. 하나님과 나 사이에 어떤 것도 끼어들 수 없는 온전한 사랑과 믿음의 관계를 갖는 것이 하나님께서 우리에게 바라시는 하나님의 뜻이다. 프리메이슨은, 모든 멤버들이 다 종교를 갖는 것을 의무화 하되, 모든 종교를 다 인정하며, 기도를 할 때, 모든 자신들의 신을 부르며 기도를 하는 것으로 권한다. 그리고, 프리메이슨 안에서는, "The Great Architect of Universe, 우주의 위대한 건축가"라는 이름으로 모든 신들을 다 포함할 수 있는 이름을 사용하여서 하나님의 이름을 부르도록 한다(11).

이들의 가르침은 분명히 하나님 외에 다른 신을 두지 말라고 하시는 하나님의 첫 계명을 어기게 되는 것이고, 그들에게 절하지도 말고 섬기지도 말라는 하나님의 명령하심을 따라야 하는 우리가 도저히 따르거나 가담할 수 없는 것은 확실하다.

두 번째 계명

어떤 형상도 만들지 말고 그것에 절하거나 섬기지 말라는 말씀이시다. 하나님을 온전한 사랑의 대상으로서 사랑하고 그의 뜻을 이루시도록 하는 것이 아닌, 형상를 만들어 그 안에서 신의 능력과 크심이 나타나 보여지게 하고, 거기에 내가 원하는 것을 빌면서 하나님을 내 뜻을 이루도록 하는 도구로 만드는 것을 원치 않으신다는 것이 하나님의 뜻이다. 프리메이슨은, 크리스천들이, 교회라는 눈에 보이는 형상을 만들고, 교회의 이름으로 내 뜻을 이루는 그러한 죄가 만연하는 상황을 너무나도 잘 이용한다. 또한 그들의 예식은 형상들을 만들어서 그 형상마다 의미를 부여하고 그 안에서 더 높은 자리로 나아가고자 하는 소망을 주며 자기의 뜻을 위해서 하나님의 이미지를 이용하고 활용한다(12). 그러한 형상을 사용한 예식들에 가장 큰 가치를 두고 단체 안에서의 권한과 영향력은 그러한 예식을 통한 프로모션을 통해서만 가능하도록 되어 있다[13].

이러한 내용들은 분명히 하나님의 뜻인 두 번째 계명을 저버리게 만드는 것들이기 때문에, 프리메이슨 단체는, 하나님의 계명을 지키고 온전히 하나님을 사랑하는 크리스천들이 속할 수 있는 단체가 아니다.

세 번째 계명

"너는 네 하나님 여호와의 이름을 망령되게 부르지 말라"고 하시는 내용이다. 자신을 옳게 보이려고 하나님의 이름을 들먹이며 하나님의 이름을 사용하여서 거짓 맹세를 하지 말며, 하나님의 이름으로 인해서 인정되는, 그분의 능력과 권세를 나의 유익을 위해서 사용하지 말라고 하시는 말씀이시다. 그런데, 프리메이슨들의 하는 일은, 하나님의 이름의 능력과 권세를 이용해서 사람들을 미혹하고 자신의 이득을 위해서 사용하도록 하는 것이다. 이들이 하나님의 이름을 부르고 사용을 하는 것은, 자신의 거짓을 미화하기 위해서 계획적으로 사용하는 것이며, 그것은 그들의 주요 전략이며 방법이다.

그러므로, 프리메이슨 단체는 하나님의 뜻인 세 번째 계명도 저버리게 만드는 것이 분명하기 때문에, 크리스천이 프리메이슨으로서 헌신을 한다는 것은 불가능한 일이다.

하나님께서는, 우리가 하나님과의 개인적인 믿음과 사랑의 관계로 인해서 하나님의 자녀가 되고, 그로 인해 영원한 생명을 얻게 하시고자 하시는, 우리를 향한 크신 뜻을 가지고 계시다. 그러한 온전한 하나님과의 믿음과 사랑의 관계는, 당연히 하나님의 형상을 만들어서 내 이득을 취하려 하든지, 하나님의 이름을 가지고 내가 뭔가를 누리고자 하는 것을 할 수 없다. 그런데, 프리메이슨은, 하나님과의 일대일의 관계의 순수함에 금이 가게 하는 계략을 한다. 아무리 착함, 선함, 바름, 의로움을 추구하는 것같이 보여서 사람들을 미혹하게 한다고 해도, 하나님께서 가장 바라시는 그분의 뜻을 가로막는 일들을 계획해서 하기 때문에, 분명 마지막 때에 우리 크리스천들이 분별을 해야 하는 대상이다.

3

거짓 같은 진리, 진리 같은 거짓

미국의 유명한 부흥사역자였던 찰스 피니 목사의 『Memoir』이라는 회상집에 쓴 내용에 의하면, 그는 온전히 회개하고 거듭나는 순간까지 프리메이슨의 멤버였었다[14]. 회심을 한 이후에도 프리메이슨의 집회에 나가는 것이 문제로 느껴지지 않았다고 한다. 그러나, 회심한 후에 처음 나간 집회에서 기도하며 모임을 할 때에 깨달은 것이, 자신이 온전히 프리메이슨에서 크리스천으로 바뀌었으며, 그들과 기도하며 교제하는 것이 불가능하다는 것을 알게 되었고, 또한 야만적인 맹세들이 얼마나 하나님을 모욕하는 것인지를 그때야 깨닫게 되었다고 간증을 한다[15]. 그러한 사실을 깨닫고 난 후에, 찰스 피니 목사는, 프리메이슨이 교묘하게 사람들을 미혹하여서, 하나님의 적이 되도록 하는 사실과, 그것이 얼마나 위험하고, 또한 우리의 영을 하나님과 대적하도록 만드는지에 대해서, 대대적으로 알리고 가르치는 일들을 하게 된다[16].

그의 회상집을 읽으면서, 요한계시록 12장 9절의 "마귀라고도 하고 사탄이라고도 하며 온 천하를 꾀는 자라"라는 말씀이 생각이 났다. 온 천하라고 하면, 전 세계 모든 사람을 포함한 것이고, 꾀는 것은, 원어의 해석으로, 길을 잃게 하고, 속이고, 방황하게 만든다는 뜻이다. 사단이 그러한 단체를 통해서 우리가 알지도 깨닫지도 못하도록 우리를 속이고, 그로 인해서 길을 잃게 하고, 또 방황하게 만드는, 그러한 어두움의 전략을 취하고 있는데, 우리는 아무것도 모른 채 무방비 상태로 있구나 하는 생각이 들었다.

우리의 삶 전체가, 진실과 거짓의 본 모습이 보여지지 않는, 사기극 같다는 생각이 든다.

너무나도 기가 막히게 진실같은 모습에 의심할 것 없이 느껴지는 속임수, 그러한 속임수에 빠져 들고도, 그것이 속임수가 아니라 진리라고 생각을 하고 그 속임수의 삶에 목숨을 거는 사람들, 그러한 속임수에 대해 참 진리를 이야기하면은, 그것은 오히려 거짓 같아서 의심을 받게 되는 상황들, 이 세상이, 너무나도 거짓은 진리 같고, 진리는 거짓 같다.

그러한 세상 가운데에서, 우리는 지금도 진리인지 거짓인지 분별하지 못하고, 진리가 아닌 것들에 나의 모든 열심을 다 쏟으며, 그것이 최선을 다하는 삶이라 생각하고 전진한다.

이 세상 전체가 속이는 자의 완벽한 속임수에 빠져서, 참 진리가 보여지지 않고, 참 진리가 진리인 것처럼 느껴지지 않고, 참 진리가 나의 인생을 다 던질 만한 가치 있는 것이라는 사실이 깨달아지지 않게끔, 지금 현재도, 믿는 자들의 삶에도, 끊임없이 역사하고 있는 사단의 역사가 깨달아진다.

진리는, 빌립보서 4장 19절에 "나의 하나님이 그리스도 예수 안에서 영광 가운데 그 풍성한 대로 너희 모든 쓸 것을 채우시리라"라고 말씀을 하신다. 이 말씀은 온 우주를 지으신, 모든 것을 주관하시고, 모든 것의 주인이 되시는 하나님께서, 그분의 수준으로 우리의 필요를 항상 감당하신다는 진리의 말씀이다. 한 부분이 아닌, "모든" 쓸 것을 채우시는 분이시라는 것, 부족하게 채우시는 것이아니라, "풍성한 대로" 채우신다는 것이 진리이다. 그리고, 그런 필요를 채우시는 하나님이, 우리를 지으시고 우리를 위해서 아들까지도 보내주신 아버지시라는 것이 진리이다.

그런데, 이런 확실한 진리는 진리처럼 믿어지지가 않고, 이러한 세상적인 단체들에 멤버가 되고 거기에서 주는 혜택들을 누려야, 필요가 다 넉넉히 채워지는 풍성한 삶을 살 수 있다고 하는 속임수가 더 믿어진다.

진리는, 베드로전서 5장 7절에 "너희 염려를 다 주께 맡기라 이는 그가 너희를 돌보심이라"라고 말씀을 하신다. 하나님이신 주님이 우리의 염려를 맡아주시겠다고 하신 것이 진리이다. 주님이 거짓말을 하실 분도 아니시고, 농담을 하실 분도 아니시다. 또한 말씀은 해 놓으시고 약속을 안 지키실 분은 더더욱 아니시다. 너무나도 확실한 약속이고 진리이기 때문에, 의심하고 걱정할 일이 없이, 우리가 누리기만 하면 되는, 모든 염려는 내가 걱정해야 할 이유와 필요가 없는 것이라는 것이 진리이다.

그런데, 이런 확실한 진리는 진리처럼 믿어지지가 않고, 앞으로 있을 염려할 상황이 생길것까지도 걱정을 하면서, 이러한 염려의 해결책으로 인간적인 단체를 통해서 도움을 받고, 그 안에서 네트워크를 쌓아서 미래의 걱정거리에 대비를 해야 한다고 하는 속임수가 더 믿어진다.

진리는, 요한복음 14장 12절에 "내가 진실로 진실로 너희에게 이르노니 나를 믿는 자는 내가 하는 일을 그도 할 것이요 또한 그보다 큰 일도 하리니"라고 말씀을 하신다. 주님을 믿는 자들은 주님이 하신 일뿐만이 아니라, 그보다 더 큰일도 가능하도록, 우리를 통해서 주님이 역사하시겠다는 말씀은 주님이 "진실로, 진실로"라고 강조를 하시며 말씀하신, 부정할 수 없는 진리이다. 우리가 주님을 믿을 때, 우리 안에 내가 사는 것이 아니라, 주님이 사시는 것이기 때문에, 내 수준의 일을 하는 것이 아니라, 주님 수준의 일을 하면서 살게 된다는 것은, 너무나도 당연한 말씀이며, 확실히 이루어질 수밖에 없는 진리이다.

그런데, 이런 확실한 진리는 진리처럼 믿어지지가 않고, 내가 무엇을 할 수 있을까 하는 생각과, 세상 단체에서 누릴 수 있는 혜택과 성공할 수 있도록 하는 지원을 통해서만이 잘 살 수 있는 것이라고 하는 속임수가 더 믿어진다.

진리는, 로마서 8장 32절에 "자기 아들을 아끼지 아니하시고 우리 모든 사람을 위하여 내주신 이"라고 말씀을 하신다. 이 세상에서 어느 누구도 자식을 내어 줄 정도로 누구를 사랑하는 사람은 없을 것이다. 그런데, 하나님께서 나를 향한 사랑은, 이 세상의 가장 큰 사랑과 비교도 안 될, 자식을 내어 줄 정도의 큰 사랑이라고 말씀하시는 것이, 성경 전체를 통해서 우리에게 거듭 밝히시는, 어느 누구도 부정할 수 없는 진리이다. 그리고, 그런 사랑을 지금 우리가 받고 있다는 것은, 너무나도 확실한 사실이고, 진실이며, 진리라는 것이다.

그런데, 이런 확실한 진리는 진리처럼 믿어지지가 않고, 누가 나를 사랑할까 하는 생각과, 인간적인 단체에서 열심을 다해서 일을 하여서 인정을 받고, 그 안에서 하는 교제만이 우리가 얻을 수 있는 사랑이라고 하는 속임수가 더 믿어진다.

진리는 하나님께서 보장을 하시는 것이어서, 정말 믿어도 되는 확실한 것임에도 불구하고, 그러한 진리가 진리처럼 마음으로 와닿지 않는 것은, 하나님의 역사가 아니고, 우리를 꾀는 자, 사단의 역사이다.

그런데, 그러한 믿을 만한, 믿을 수밖에 없는, 하나님께서 보장하시는 진리보다, 세상에서 보여지는 속임수가 더 믿을 만한 사실로 느껴지고 다가온다면, 그것은 우리가 세상을 하나님의 눈으로 바로 볼 수 있는 믿음의 눈이 없는 것이다.

세상에서, 진리는 거짓 같고 거짓은 진리 같은 것은, 우리의 믿음의 눈이 뜨이지 않아서 바로 보지 못하기 때문이지, 진리가 진리가 아닐 수가 없고, 거짓이 거짓이 아닐 수가 없다.

믿음의 눈을 가지고, 거짓이 진리 같고 진리가 거짓 같은 이 세상에서, 진리가 진리됨을 선포하는 그 일이, 바로 주님을 사랑하는 자녀들의 이 땅 가운데에서의 사명일 것이다.

4

나의 가치

프리메이슨에 대해서 알아 가면서 가장 놀랐던 것은, 그들이 단계 단계 올라갈 때마다 하는 예식에서의 멤버들의 맹세 내용이었다. 맹세를 하면서 저주로 자신을 묶게 하는데, 그 저주의 내용이 단계마다 아주 다르면서도 당혹스럽고 섬뜩하다. 너무나도 이상해서 그 내용을 이 글에 올리지는 못하겠다고 생각했지만, 나의 걸러진 설명으로는 이해되도록 표현될 수 없을것 같아서 그대로 담기로 하였다. 모든 단계에 이런 맹세 부분이 있는데, 아래 세 개는 초기 3단계의 맹세 내용이다(17).

(Entered Apprentice Mason Oath) "To all which I do most solemnly and sincerely promise and swear, without the least equivocation, mental reservation, or self-evasion of mind in me whatever; Binding myself under no less penalty than to have my throat cut across, my tongue torn out by the roots, and my body burned in the rough sands of the sea at low water mark, where the tide ebbs and flows in twenty-four hours; so help me God, and keep me steadfast in the true performance of the same."(18)

(입교 견습 메이슨 선서) "내가 가장 엄숙하고 진지하게 모든 사람에게 최소한의 모호함, 정신적 유보, 또는 내 마음의 자기 회피 없이 약속하고 맹세하는 것은; 내 목을 잘라내고, 내 혀가 뿌리째 찢어지고, 바다의 거친 모래에서 내 몸이 24시간 동안 밀물 썰물이 이는 낮은 수위에서 태워지게 하는 것보다 더 작지 않은 형벌에 나를 묶습니다. 그러니 하나님 나를 도우셔서 나로 진정한 수행을 변함없이 유지하도록 하여 주시옵소서."

(Fellow Craft Mason Oath) "To all which I do most solemnly and sincerely promise and swear, without the least hesitation, mental reservation, or self-evasion of mind in me whatever; binding myself under no lee penalty than to have me left breast torn open, and my heart and vitals taken from thence and thrown over my left shoulder, and carried into the valley of Jehoshaphat, there to become a prey to the wild beast of the fields, and vultures of the air, if ever I should prove willfully guilty of violating any part of this my solemn oath or obligation of a Fellow Craft Mason; so keep me God, and help me steadfast in the due performance of the same."(19)

(동료 공예 메이슨 선서) "내가 가장 엄숙하고 진지하게 모든 사람에게 최소한의 모호함, 정신적 유보, 또는 내 마음의 자기 회피 없이 약속하고 맹세하는 것은; 왼쪽 가슴을 찢어서 활짝 펴놓고, 심장과 내장을 꺼내어서 나의 왼쪽 어깨 너머로 던져서 여호사밧 골짜기에 놓고 들판의 들짐승들에게 먹이가 되고 독수리의 밥이 되는 것보다 더 작지 않은 형벌로 나를 묶습니다. 만약 내가 이 나의 엄숙한 맹세 나 메이슨의 의무의 일부를 위반한 것에 대해 고의적인 유죄가 드러난다면; 그러니 하나님 나를 도우셔서 나로 진정한 수행을 변함없이 유지하도록 하여 주시옵소서."

(Master Mason Oath) "To all which I do most solemnly and sincerely promise and swear, with a fixed and steady purpose of mind in me, to keep and perform the same, binding myself under no less penalty than to have my body severed in two in the midst, and divided to the North and South, my bowels burnt to ashes in the center, and the ashes scattered before the four winds of heaven, that there might not the least tract or trace of remembrance remain among men or Masons of so vile and perjured a wretch as I should be, were ever to prove willfully guilty of violating any part of this my solemn oath or obligation of a Master Mason; so keep me God, and help me steadfast in the due performance of the same. "[20]

"내가 가장 엄숙하고 진지하게 모든 일들에게 확고하고 한결같은 마음으로 꾸준한 마음의 목적을 가지고 나를 수행을 변함없이 유지하도록 하며 약속하고 맹세하는 것은; 내 몸을 둘로 찢어서 남과 북으로 나누어지게 하고, 내장은 재가 되어 타오르고, 그 재가 하늘의 네 바람으로 흩어져서 어느 사람이나 어느 메이슨도 나를 기억함이 없도록 하는 것보다 더 작지 않은 형벌에 나를 묶습니다; 내가 이 나의 엄숙한 맹세 나 메이슨의 의무의 일부를 위반한 것에 대해 고의적인 유죄가 드러난다면; 그러니 하나님 나를 도우서서 나로 진정한 수행을 변함없이 유지하도록 하여 주시옵소서."

위에 내용 가운데에서 표현된 끔찍한 형벌을 받게 되는 경우에 대해서는, 저주로 자신을 묶는 것 이전 부분에서 하는 선포 중에서 설명이 되는데, 프리메이슨의 비밀을 오픈하거나 프리메이슨에 순종하지 않는 것에 관한 내용이다.

주님께서는 마태복음 5장 34절에, 우리에게 도무지 맹세하지 말라고 하셨다. 그러면서, 우리에게 맹세를 이룰 능력이 도저히 없는데, 그것을 내가 꼭 이루겠다고 하는 그 마음부터가 악으로부터 나는 것이라고 하셨다.

그리고, 어느 누구라도, 어떤 상황이라도, 어떠한 특혜를 누리게 되는 이득이 있다고 하더라도, 자신의 영혼을 저런 끔찍한 저주 앞에 놓는 것은, 자기 자신을 너무나도 가치 없는 자로 생각하는 것이며, 자기를 학대하는 행위이다.

정말, 우리가 우리의 가치를 제대로 아는 것이 얼마나 중요한지 다시금 생각하게 된다.

마태복음 25장 42-45절에서 이렇게 말씀을 하신다. "내가 주릴 때에 너희가 먹을 것을 주지 아니하였고 목마를 때에 마시게 하지 아니하였고, 나그네 되었을 때에 영접하지 아니하였고 헐벗었을 때에 옷 입히지 아니하였고 병들었을 때와 옥에 갇혔을 때에 돌보지 아니하였느니라 하시니, 그들도 대답하여 이르되 주여 우리가 어느 때에 주께서 주리신 것이나 목마르신 것이나 나그네 되신 것이나 헐벗으신 것이나 병드신 것이나 옥에 갇히신 것을 보고 공양하지 아니하더이까, 이에 임금이 대답하여 이르시되 내가 진실로 너희에게 이르노니 이 지극히 작은 자 하나에게 하지 아니한 것이 곧 내게 하지 아니한 것이니라 하시리니"

위의 말씀의 내용은, 지극히 작은 자에게 한 모든 행동을 하나님께서는 자신에게 한 행동으로 느끼고 계시다는 그러한 내용이다.

이 말씀을 통해서 하나님의 마음을 알게 되고 느끼게 된 은혜가 너무나도 크다.

나는 지극히 작은 자이다.
그런데, 이렇게 지극히 작은 나의 겪는 모든 것을 같이 겪고 계시며 같이 느끼고 계시다는 그 말씀으로 인한 감격과 감사함은, 참 많은 나의 생각과 행동에 변화를 주었다.

내가 하나님을 기뻐하시거나 슬퍼하시게 하는 가치를 가진 자라는 사실은, 참 가슴 벅찬 진리였다.

지극히 작은 나 하나가 경험하는 모든 어려움, 기쁨, 관심, 사랑, 무관심까지도 다 자신께서 직접 겪는 것으로 느끼시는 하나님이 깨달아지고 나니까, 내가 억울해할 때 같이 안타까워 하시고, 내가 상황 보지 않고 믿음으로 살아갈 때 기뻐하시고, 내가 마음이 아파서 울고 있을 때 같이 울고 계실 하나님이 느껴져서, 매 순간 감격을 하지 않을 수 없었다.

하나님은 천지를 지으신 분이시다.
온 우주를 창조하신 너무나도 크고 위대하신 분이, 하나님이시다.
그런데, 그렇게 위대하고 크신 하나님을, 내가 기뻐하시게 하기도

하고, 안타까워 하시게 하기도 하고, 슬퍼하시게도 하는 자라는 사실은 정말 엄청난 가치이다.

내가 이 세상을 사는 것이 너무나도 축복이라고 깨달아진 것이, 내가 이 세상에서 하나님을 감동시킬 수 있는 기회가 있다는 것을 알았기 때문이었다.

내가 감당하기 힘든 상황에 있을 때, 오히려 감사하고 찬양할 때 얼마나 감동하실까?

내가 막막한 상황에 있을 때, 오히려 하나님만 믿어드리고 하나님의 역사를 기대하며 기뻐한다면 얼마나 감동하실까?

내가 도저히 이해하고 사랑할 수 없는 사람이 있을 때, 오히려 하나님의 마음으로 그 영혼을 안타까워한다면 얼마나 감동하실까?

내가 주님으로 인해서 핍박을 받는 상황에 있을 때, 오히려 주님의 고난을 나누게 된 자가 된것을 감사하고 기뻐한다면 얼마나 감동하실까?

어려운 상황이 오히려 더 하나님을 감동시킬 수 있는 기회가 될 수 있다는 사실로, 이 세상이 어두운 것조차도, 오히려 감사할 조건이라는 생각을 하게 된다. 하나님을 감동시킬 수 있는 이 어두운 시대에 사는 매 순간이 우리에게는 엄청난 기회라는 것이, 이 세상을 사는 우리에게 너무나도 큰 힘을 준다.

또한 내 주위의 어느 누구도, 그렇게 하나님을 기쁘시게 할 수 있고 슬프시게도 할 수 있는 능력을 가진 존재라는 사실은, 그 영혼들을 하나님의 관점으로 바라보고 대하지 않을 수 없는 충분한 이유가 된다.

세상에서도, 현재 권력을 가진 사람의 마음을 움직일 수 있는 주위에 있는 존재들에 대해서는, 그런 자들과 친분이 있다는 것만으로도 자랑거리가 되고, 줄을 잘 서야 하는 대상이라고 생각을 하기도 한다. 그런데, 우리는 온 세상을 지으시고 주관하시는 하나님의 마음을 움직일 수 있는 자들이다!

이토록 엄청난 가치를 가진 우리는, 어느 누구도 세상의 것을 얻기 위해서 나의 영혼을 흉악한 저주로 묶는 일을 할 수 없으며, 당연히 그러한 단체와 함께 할 수도 없다.

5

Win Win과 All In

상호 관계 가운데에서 우리가 가장 선호하는 것은 상호이익관계이고, 우리는 이런 관계를 Win Win한다고 이야기한다. 한쪽도 손해가 되지 않고 서로가 다 이익이 되는 관계이기 때문에, 어느쪽도 불만이 없고, 이러한 상황이 이루어질 때 그 관계가 오래갈 수 있다고 생각을 한다. 그리고 Win Win하는 관계는, 인간관계의 모든 상황 가운데 최선을 이루는 목표가 된다. 한쪽은 손해를 보고, 다른쪽은 누리는 그런 상황은, 서로한테 부담스럽고 또한 오래갈 수 없는 관계이기 때문에, 그러한 관계가 어떤 인간관계이든지, 서로 서로 이득이 되는 Win Win을 만들 때, 그 관계에서의 최선의 상황이 되는 것이다.

그런데, 프리메이슨의 구조와 시스템에 관련된 글들을 읽으면서 들은 생각이 있었다. 그것은, 어쩌면 그렇게 서로 상호 이익의 모양의 최선이라고 느끼도록 단계 단계를 만들어 놓았을까 하는 생각들이었다. 프리메이슨들에게 33도까지 올라가는 단계 단계마다 누릴수 있는 자격과, 또한 해야 하는 의무가 다 다르게 나누어져 있다. 어느 한 단계에서도 의무가 없이 자격만이 주어지지를 않는다. 매 의식마다 그 단계까지 와서야 알 수 있고 또 누릴 수 있는 내용들이 전달이 되고, 그에 따른 멤버들의 의무를 맹세함으로 선포하도록 한다. 그런데, 그 의무에 대한 맹세도, 단계 단계마다, 그 전 단계의 내용을 포함한 후에 새로운 의무가 또 더해지는 모양이다. 한쪽은 새로운 자격을 누림으로 인해 단계가 올라가게 된 것을 혜택이라 생각하여 만족하고, 다른 한쪽은 더 큰 헌신을 얻게 되어서 만족을 한다. 우리가 생각하는 최선의 관계라고 하는 Win Win 관계를 이룬 것이다[21].

그리고, 서로가 이익이 되는 Win Win 관계를 선호하는 우리는, 그러한 관계를 하나님과의 관계에서도 이루기 원한다.

그런데, 하나님은 Win Win 관계를 이루는 것과는 아주 다르게 항상 행동을 하신다. 우리는 아직 죄 가운데 있을 때 먼저 사랑하시고, 자신의 모든 것을 내어 주시되 자신의 아들까지 우리를 살리기 위해 내어 주시는, 모든것을 다 주시는 All In을 하는 모양으로 우리를 사랑해 주셨다. 어떤 부분도 하나님께서 우리를 통해 누리실 부분을 계산하고 서로가 이득이 되는 상황을 계획하심이 없으셨고, 먼저 사랑하심으로 우리에게 자신을 All In 하셨다.

그리고 말씀을 통해서, 그러한 성품을 가지신 하나님께 나아가고, 하나님을 사랑하기 위해서, 우리에게 바라시는 하나님의 마음을 깨달을수가 있었다.

하나님께서는, 자신께 가까이 나아오라는, 자신을 사랑하라는, 자신을 믿고 의지하고 따르라는 명령 가운데에서는, 단 한번도 "온"이나 "다"라는 단어를 빼놓지 않으셨다. 영어로는 "All"이라는 단어가 단 한번도 빠진 적이 없음을 보게 하셨다.

"Love your Lord your God with **all** your heart and with **all** your soul and with **all** your strength and with all your mind"
"네 마음을 **다**하고 목숨을 **다**하고 뜻을 **다**하여 주 너의 하나님을 사랑하라 하셨으니"

이웃을 사랑하라, 간음하지 말라, 도적질 하지 말라, 하는 어떠한 다른 계명 가운데에서도, 모든 것을 다 바쳐서 해야 한다는 **all**이라는 단어를 쓰신 적이 없으신데, 하나님을 사랑하고 섬기고 만나는, 하나님과의 믿음과 사랑의 관계 가운데에서는, 단 한번도 빠짐이 없이 **All In**을 요구하셨다.

결국, 하나님께 나를 다 내어 던지고 나를 다 **All In**함으로 하나님과의 온전한 믿음의 관계와 사랑의 관계를 이루고, 이제는 내 뜻이 아니고 하나님의 뜻대로만 사는 삶, 그것이 하나님께서 우리에게 원하시는 거듭난 삶, 부흥된 삶임을 다시 한번 생각하게 되었다.

프리메이슨의 단체의 계략이, 얼마나 우리가 하나님과의 온전한 믿음의 관계와 사랑의 관계를 이루고 영생을 얻는 것을 가로막고자 하는지가 너무나도 깨달아진다.

교회를 통한 사역이나 기도, 말씀공부, 어떤것도 다 권유하는 모습으로 크리스천들을 혼선하게 하지만, 결국은, 어떠한 종교도 인정하도록 하면서 다른 신도 받아들이게 하는 모양으로, 하나님께만 모든 것을 All In하는 마음이 놓쳐지도록 한다.

주님의 이름으로 섬기고, 세상에 영향력을 주고, 또 인권을 존중하도록 권유하는 그들의 모습이 크리스천들을 혼선하게 하지만, 결국은, 세상에서 가치 있고 명예로워지는 것에 마음을 쏟는 모양으로, 하나님께만 모든 것을 All In하는 마음이 놓쳐지도록 한다.

정말 우리 삶 가운데에서 미혹이 된 부분이 없는지, 나의 마음과 나의 생각을 점검해 보는 것이 너무나도 중요한 일일 것이다.

나는, 죽으면 죽으리라는 마음으로 매 순간 보이지 않으시는 하나님의 길을 따라가는데에 All In을 하는 마음인가? 아니면, 하나님을 열심히 섬김으로 이 세상에서 평안을 누리고자 하는 Win Win의 마음인가?

내가 가진 모든 것은 모두 내 것이 아니고, 모두 하나님께서 허락하신 것임을 알고, 나에게 허락하신 모든 것을 다 하나님께 바쳐 All In하는 마음으로 하나님을 사랑하는가? 아니면, 하나님을 열심히 섬김으로 해서 이 세상에서 부족함이 없기를 바라는 Win Win의 마음인가?

나는 내 생각과, 내 계획, 나의 바램과 소망까지도 하나님께 다 맞추고자 하는 All In을 소원하는 마음으로 하나님을 섬기는가? 아니면, 하나님을 열심히 섬김으로 인해서 이 세상에서 기도하는 바를 이루기 원하는 Win Win의 마음인가?

마태복음 7장 13-15절에 "좁은 문으로 들어가라 멸망으로 인도하는 문은 크고 그 길이 넓어 그리로 들어가는 자가 많고, 생명으로 인도하는 문은 좁고 길이 협착하여 찾는 자가 적음이라, 거짓 선지자들을 삼가라 양의 옷을 입고 너희에게 나아오나 속에는 노략질하는 이리라"라고 말씀하셨다.

하나님과의 관계에서 All In의 마음과 Win Win의 마음의 차이가, 나

의 영생에 있어서 얼마나 중요한 차이인지에 대해서, 위에 말씀에서
는, 멸망과 생명의 차이라고 말씀을 하신다.

6

영생을 얻는 것

사단이 프리메이슨 같은 단체를 사용하여서 이루고자 하는 계략은, 결국 우리로 영생을 얻게 하는 길을 막는 것이구나 하는 생각이 들었다. 우리로 영생을 얻고자 하는 목적이, 다른 중요해 보이는 목적들로 대치되어서, 결국 가장 중요한 것을 놓치게 되는 것, 그것이 사단의 계략이겠다는 생각을 했다. 그리고, 그러한 안타까운 일을 당하지 않으려면, 우리 안에 영생을 얻는 것에 대한 바른 깨달음이 꼭 필요할 것이다.

인간의 삶의 가장 궁극적인 목적은 영생을 얻는 것이다.

이 세상에 태어나서 숨을 쉬고 살고 있는 그 동안에만 영생을 얻을 수 있는 기회가 우리에게 주어진 것이며, 숨을 거둔 그 순간에는 그 기회는 더 이상 없다.

영원에 비해 너무 짧은 시간인 우리 인생의 80~90년은, 영원한 생명을 얻게 하시고자 하신 하나님께서 우리에게 주신 특별한 기회의 시간이다.

그렇기 때문에, 궁극적인 우리의 삶의 목적은, 영생을 얻는 것이 가장 우선이 되어야 한다.

영생을 얻는 문제에서만큼은,
하나님께서 사랑이시니까 나를 지옥에 보내시지 않으실 거야…
나는 예수님을 모셔드리는 영접기도를 하고 교회에 다니는 크리스천이니까 영생을 얻었다고 믿어…
나는 영적인 체험을 하고 방언도 하니까, 당연히 영생을 얻었어…
평생을 교회에 헌신하고 산 나는 당연히 영생을 얻었어…
주의 이름으로 얼마나 많은 사역들을 했는데, 나는 당연히 영생을 얻었지…

라는 생각들로 안전하다고 생각하고 산다면, 이 세상을 사는 가장 궁극적인 목적에 관하여 그만한 큰 중요성과 가치를 두지 않은 마음일 것이다.

주님께서는,
"나더러 주여 주여 하는 자마다 다 천국에 들어갈 것이 아니요"라고 하셨다.
또한, "그날에 많은 사람이 나더러 이르되 주여 주여 우리가 주의 이름으로 선지자 노릇하며 주의 이름으로 귀신을 쫓아내며, 주의 이름으로 많은 권능을 행하지 아니하였나이까" 라고 한다고 하셨다.

이들은 모두 영생을 얻지 못한 자들임에도 영생을 얻었다고 생각한 자들이고, 그들은 이 세상에서의 삶의 가장 궁극적인 목적을 이루지 못한 자들이다.

성경에 니고데모가 예수님을 찾아갔을 때, 예수님께서 하신 말씀이 "진실로 진실로 내게 이르노니 사람이 거듭나지 아니하면 하나님의 나라를 볼 수 없느니라"라고 하셨다.

그리고 하신 말씀이, "예수께서 대답하시되 진실로 진실로 네게 이르노니 사람이 물과 성령으로 나지 아니하면 하나님의 나라에 들어갈 수 없느니라, 육으로 난 것은 육이요 영으로 난 것은 영이니"라고 하셨다.

거듭난다는 것을 설명하는 성경 말씀에 대해서 생각을 해 보았다.

거듭나는 것은 곧 다시 사는 것이다.

"하나님이 주를 다시 살리셨고 또한 그의 권능으로 우리를 다시 살리리라"(고전 6:14)

예수님께서 부활을 이루셨고 그의 권능으로 우리에게 부활을 이루심으로 우리는 영원한 생명을 얻게 된다.

부활의 역사는, 육의 수준이 아닌 영의 수준의 역사이다.

부활의 역사는, 밀알이 썩고 죽은 후에 열매 맺게 되는 역사이다.

부활의 역사는, 성령의 역사이다.

부활의 역사는, 믿음의 세계의 역사이다.

부활의 역사는, 십자가의 죽음 후에 생명의 역사이다.

부활의 역사는, 사람 수준에서 하나님 수준으로 넘어간 역사이다.

부활의 역사는, 인간의 신념적 믿음, 인간의 미래 지향적인 소망, 인간의 인본주의적 사랑에서 하나님의 능력을 의지하는 믿음, 영원한 세계를 바라보는 소망, 하나님의 마음으로의 사랑으로 바뀌는 역사이다.

부활의 역사를 내 안에 이루어서, 즉, 거듭나서, 하나님 나라에서 영원히 사는 영생을 얻기를 주님께서 니고데모에게 말씀하셨던 것이다.

부활은 다시 사는 것이다. 그리고, 부흥은 영어로 Re-vival, 다시 사는 것이다.

'우리에게 부흥을 주시옵소서'라고 기도를 할 때에, 결국은 우리 삶에 부활의 역사가 이루어지기를 기도하는 것이다.

이렇게 중요한 영생의 문제에 관하여서는, 진지한 성찰이 너무나도 필요하고 너무나도 중요할 것이다.

우리 안에 부흥이 이루어진 삶을 살고 있는지 자신을 성찰하는 질문들…

- 나는 진심으로 이 세상에서 잘되는 것보다 하늘나라에서의 영원한 삶이 더 중요하다.
- 나는 진심으로 하나님을 어떻게 기쁘시게 해 드릴까 하는 것이 내 마음의 소망이다.
- 나는 진심으로 하나님의 시선으로 다른 사람을 바라보고 하나님의 마음으로 다른 사람들을 대하기를 소원한다.
- 죄인인 나를 사랑해 주신 하나님의 사랑에 감격하여서 내 삶이 한 알의 씨가 되고자 하는 마음이 나의 진심이다.
- 나에게 영생을 허락하시고 부활을 이루실 하나님의 능력을 믿고 사랑한다.
- 내 안에 성령님께서 크심으로 나는 능력 없지만 성령님의 능력으로 모든 일 가운데에 하나님 뜻 안에서 최선만 이루실 것을 믿는다.

육적인 생명이 죽고 영적인 생명으로 살아난 부흥이 이루어진 마음에는, 육적인 나의 삶에 대한 갈망보다 영이신 하나님을 향한 사랑과 갈망으로 하나님의 중심의 마음으로 바뀌는 것은 너무나도 당연한 일이다.

그런 마음을 이룬 자에게 하나님께서는 성경에서 이렇게 말씀하셨다.

로마서 8장 11절

예수를 죽은 자 가운데서 살리신 이의 영이 너희 안에 거하시면 그리스도 예수를 죽은 자 가운데서 살리신 이가 너희 안에 거하시는 그의 영으로 말미암아 너희 죽을 몸도 살리시리라

고린도후서 4장 14절

주 예수를 다시 살리신 이가 예수와 함께 우리도 다시 살리사 너희와 함께 그 앞에 서게 하실 줄을 아노라

7

우리의 자랑과 칭송의 기준

프리메이슨에 대해서 알아 가면서, 참 이건 너무 모함이 아닌가 하는 생각이 든 것이, Billy Graham 목사가 Freemason이라고 하는 내용들의 인터넷 글들이었다. 평생 복음을 전하셨던 분이시고, 지금은 고인이 되신 그분을 그렇게까지 이야기할 필요가 있을까 하는 생각을 하면서 지나쳤다.

그러다가 내가 마음이 흔들리기 시작을 한 것은, Billy Graham 목사에 대해서 쓰는 비방하는 말들 때문이 아니라, Freemason 측에서 쓴 Billy Graham 목사를 찬양하고, Billy Graham 목사가 Freemason이었다는 사실에 긍지를 갖고 알리는 그런 내용들 때문이었다. Freemason들에게는 저명한 33도의 Albert Mackey가 쓴 『History of Freemasonry』이라는 책을 사 보았는데, 거기에는 표지 안쪽에 저명한 Freemasonry 인사들의 이름들이 적혀 있었고, 그 이름 중에는 Billy Graham 목사가 있었다. 지역 Lodge들의 website에 자랑스러운 Freemason 인사 중에도 Billy Graham 목사가 있었다. 또한 Freemason들이 올린 post들 중에도, Billy Graham 목사가 Freemason들에게 가장 영예로운 Freemason의 상징을 담아 지어진 국회의사당 로턴다(원형홀)에 안치되었다는 내용들이 있었다[22].

참 이해가 안 되는 상황이었다. 그래서, 잘 알아봐야 하겠다는 생각이 들었다. 진실인지 아닌지를 따져 보겠다는 마음보다는, 정확한 정보를 통해서 지난 수십 년 동안의 역사를 제대로 알고, 그러한 지난 역사를 돌아봄을 통해서 하나님께서 우리에게 깨닫게 하시고자 하시는 뜻이 무엇인지를 알고 싶었다.

그래서, 현재 많이 나와 있는 내용의 자료들보다는, Billy Graham 목사가 사역을 시작한 당시부터, 그 시대의 자료를 찾고 그때 당시의 눈으로 재조명해 보기로 했다.

빌리 그래함 목사가 다닌 대학교는 미국에 Bob Jones University였다. 첫 학기만 다녔고, 후에 Florida Bible Institute에서 졸업을 한다. 하지만 빌리 그래함 목사의 대학 교육 시작하면서부터 후에 그의 사역이 활발하게 진행이 되는 때까지의 아주 자세한 사항들이, Bob Jones University의 역사를 상세하게 기록해 놓은 『History of Bob Jones University』라는 책에 수록이 되어 있었다[23].

빌리 그래함 목사가 한 학기밖에 Bob Jones University에서 끝내지 못했지만, Bob Jones University와의 좋은 관계는 계속 유지되었고, Bob Jones Sr.에게는 그의 자식 중에 하나로 여겨 달라고 할 정도로 가까운 관계였다. 그래서, 빌리 그래함 목사가, Northwestern Baptist Bible College에서 학장을 맡아 운영을 하게 되었을 때, 그를 돕기 위해서 Bob Jones University측에서는, 그에게 명예 박사 학위를 수여해 주고, 운영에 관련하여서 조언을 해 주면서 그를 돕는 가까운 관계를 유지한다(24).

그 이후 빌리 그래함 목사는 학교 운영을 그만두고 복음전도자 사역만을 하게 된다. 복음 전도자 사역을 시작하면서, 큰 집회를 열기 위해서 엄청난 경제적, 인력적 후원이 필요하고, 그러한 후원들이 있어야 큰 집회를 경제적으로 운영을 하며, 그 만큼의 사람들을 동원해서 참석하도록 할 수 있기 때문에, 빌리 그래함 목사에게 계속해서 부각되는 문제가, 어디의 후원을 받았느냐 하는 문제였다(25). 그런데 빌리 그래함 목사의 집회에 후원과 운영을 담당하는 운영위원회는 예수님의 신성을 부인하는 현대주의자들, WCC 관련자들, 가톨릭 등으로 채워지기 시작했다(26). 빌리 그래함 목사의 주장은 복음을 전하는 데에 후원을 하기 원하는 도움은 어디에서 누구에게 온 것이든지 받는다는 주장이었다(27).

결국 그렇게 되니까, 근본주의 측에서는 주님의 신성을 부인하고 거듭나는 것을 부인하는 자유주의와 현대주의자들과, 기독교를 박해하고 하나님께 나아가지 못하게 만드는 가톨릭들과 함께하는 집회는 동참할 수는 없다는 입장이 되어 버리게 되고, 결국은 빌리 그래함 목사의 집회는 근본주의 측에서의 후원을 받지 못했다(28).

그러면서 빌리 그래함 집회 운영위원회의 구성원이, 후원을 받는 여러 단체의 사람들로 구성이 되어지다 보니까, 어떤 단체와도 문제를 일으키지 않을 만한 포괄적인 설교를 하게 되었고, 결단자가 나오면, 그 결단자들은 다 다시 가톨릭 교회로나 예수의 신성을 인정하지 않는 자유주의 교회들로 보내지게 되었다(29).

Bob Jones Sr. 목사가 계속해서, 하나님께서 기뻐하시지 않는 곳들의 후원을 받으면, 결국 하나님의 말씀을 담대히 선포할 수 없게 되고, 복음에 반대되는 일을 하게 되어도, 그것에 대한 책망도 할 수 없이 따라 가게 된다고 경고하였던 것이 현실이 되었었던 것이었다(30).

그런 가운데 친밀한 관계를 유지해 왔었던 Bob Jones University에 Bob Jones Sr. 목사는 빌리 그래함 목사를 바른 길로 인도하기 위해서 노력을 하는데, 그가 쓴 글들 중에 이런 내용들이 나온다.

"In your heart you love Jesus, and you are happy to see people saved; but your love for glamour and your ambition and your desire to please everybody are so dominant in your life that you are staggering from one side of the road to the other."[31]

"너의 마음은 예수님을 사랑하고 너는 사람들이 구원을 받는 것을 보고 기뻐한다. 하지만, 너는 매혹감을 사랑하는 마음과 야심, 그리고 모든 사람들을 기쁘게 하고자 하는 너의 열망이 너의 삶에서 너무나 지배적이어서 너는 길을 한쪽에서 다른쪽으로 비틀거리고 있다."

"the man who pats ecclesiasticism on the back today is patting on the back the apostasy; and when he does it, he is helping build the machine that is out to crush God's testimony."[32]

"오늘날 교회주의의 등을 다독이는 자는 배도의 등을 다독이는 것이다. 그리고 그렇게 할때 그는 하나님의 간증을 무너뜨리는 기계를 만드는 것을 돕게 되는 것이다."

"You have sold yourself a bill of goods, and your position, Billy, is contrary to the plain teaching of the Word of God, and anything that is contrary to the Word of God is wrong."[33]

"빌리, 너는 너 자신과 너의 지위를 팔았고, 그것은 명백한 하나님 말씀의 가르침과 위배되는 것이다. 하나님의 말씀에 위배되는 것은 잘못하는 것이다."

그렇지만 빌리 그래함 목사는 그런 조언에도 불구하고 "to go any-where, sponsored by anybody, to preach the Gospel of Christ if there are no strings attached to my message."[34] "어떤 제약이나 조건 없이 나는 어디든 가고, 어느 누구에게서든 후원을 받으며 복음을 전하겠다"고 공개적으로 선포를 하고 사역을 하기 시작한다. 그러한 빌리 그래함 목사의 선포를, 사람들은 오히려 사도바울처럼 헌신된 모양으로 받아들이고 인식을 했다. 그리고 결국 그의 사역은, 보수 단체였던 근본주의 단체들을 제외한 WCC 관계자들, 가톨릭, 자유 현대주의자들의 후원으로 크고 화려하게 커져 나갔다[35].

이러한 가운데 빌리 그래함 목사의 사역을 반대하는 목소리는 계속해서 있었다. James E. Bennet은, Christian Beacon이라는 크리스천 잡지사를 통해서 '불순종의 사역, 내가 왜 도울 수가 없나'라는 글을 올렸고[36], 근본주의 침례교 잡지인 Sword of the Lord의 대표, Dr. John R. Rice도 가까운 관계를 이어 가다가, 이러한 문제들로 인해서, 빌리 그래함 목사를 직접 찾아가서 그 사역의 위험성을 경고했고, 결국 계속해서 글들을 통해서 그의 사역의 위험성을 알리고 경각시키는 일들을 했다[37]. 크리스천 잡지사 Word of Life의 창시자인 Jack Wyrtzen

도 가까웠었던 관계 때문에, 다시 돌이키도록 설득했지만, 결국은 포기하게 된다[38]. General Association of Regular Baptist Churches의 창시자인 Dr. Robert Ketcham도 빌리 그래함의 사역 방법에 대해서 반대 입장을 표했었다[39]. 그 이후 북아일랜드의 저명한 기독교 정치인이었던 Ian Paisley는 빌리 그래함의 잘못된 사역에 대해서 하나 하나 지적을 하는 책『Billy Graham and the Church of Rome』을 출판하였다. 그 책에는 위에 언급한 빌리 그래함 목사에게 경고하는 모든 글들의 자료를, 증거 자료로 책의 절반에 달하는 양의 자료 복사본을 책에 싣기도 하였다[40].

그럼에도 불구하고, 빌리 그래함의 정보 기관에 관련한 영향력이 너무나도 컸고, 또 많은 후원 단체가 미디어 업체로 연결이 되어 있었던 상태였는데 비해, 당시 보수 근본주의자들은 전국을 대상으로 하는 언론사의 접근도 힘든 상태였기 때문에, 모든 글들은 빌리 그래함 목사를 호평하는 내용의 기사로 걸러져서 실리게 되었고, 반대의 목소리는 완벽하게 차단이 되어 버렸다는 것이 그 역사책에서 마지막 부분의 설명이었다[41].

그뿐만이 아니라, Dr. Bob Jones 목사를 비롯해서 빌리 그래함의 반대의 목소리를 내었던 크리스천 리더들은 "바리새인, 율법주의자로 낙인이 찍히고 크신 예수님의 사랑을 잊은 자들이라고 여겨지게 되었다"

라는 것이 빌리 그래함 목사 사건 관련하여서의 결말이었다[42].

　지금까지도 그는 많은 기독교인들의 동경의 대상이며 많은 목사들이 그러한 삶을 살기를 갈망하는 선망의 대상이다. 또한, 빌리 그래함 목사의 동상을 세우는 것이 노스 캐롤라이나 입법위원회 승인을 받고 진행이 되고 있는 상태이다[43].

　그리고, 이런 상황들을 보면서 우리는 무엇으로 우리의 칭송의 기준을 삼고 있는지 생각해 봐야 한다는 생각이 들었다.

　사도바울은 갈라디아서 6장 14a절에 "내게는 우리 주 예수 그리스도의 십자가 외에 결코 자랑할 것이 없으니"라고 말하였다. 그렇다면 우리에게 자랑과 칭송의 기준은 십자가가 되어야 하는 것이 아닌가?

　이 세상 소망이 아닌, 하늘나라 소망을 가지고 사는 우리 크리스천들은, 판단 기준이 세상적인 기준이 아닌, 이 세상에서 한 알의 밀알로 죽어지고 하늘나라에서 아름답게 열매 맺어져야 하는 기준이어야 하는 것이 아닌가?

　그도 흥하고 나도 흥하기를 바라는, 이 세상의 삶에 초점이 맞추어진 그런 인생이 아니라, 하나님의 영광을 위해서 나를 제물로 드리는,

그는 흥하고 나는 쇠하고자 하는 그런 인생이, 우리의 동경하는 인생이 되어야 하는 것이 아닌가?

이러한 역사적인 자료를 통해서 얻기를 원했던 질문, '빌리 그래함 목사는 프리메이슨인가?'에 대한 답은 찾지 못했다. 그를 대대적으로 지원한 많은 단체들이 있었고, 그중에 프리메이슨으로 지목을 받는 경우가 있기는 하지만, 빌리 그래함 목사 자신이 직접 프리메이슨임을 선포한 적은 없기 때문에, 그렇다고 단정 지을 수는 없는 일일 것이다.

그러나, 이제는 그가 프리메이슨인지 아닌지는 관심사가 아니게 되었다.

왜냐하면, 이제는 하나님의 뜻에 벗어난 사역을 통해 어두운 세력들이 얻고자 하는 계략이 무엇인지, 우리가 그러한 계략들에 대해서 어떠한 깨달음으로 깨어 있어야 하는지가 더 큰 관심사가 되어 버렸기 때문이다.

8

고집을 부릴 수 있는 이유

빌리 그래함 사역 후원 관련하여서 언급되었던 단체가, 프리메이슨 외에 가톨릭 교회, WCC 관계자들, 자유 현대주의자들이 있었다.

그런데 궁금하였던 사실은, 빌리 그래함의 개신교 복음 집회에 후원하고자 하는 그들의 목적이 무엇이었을까 하는 것이다. 자신들의 색깔을 확실히 낼 수 있는 자신들의 집회를 세워서 그것을 크게 성공시키고자 하지 않고, 왜 빌리 그래함 집회를 후원하기 원했고, 그를 통해서 그들에게 돌아간 이익은 무엇일까 하는 것이 빌리 그래함 목사 관련 사실들을 접하고 들게 된 생각이었다.

그러한 궁금증에 대한 해답을 얻기 위해서, 가톨릭 교회, WCC, 그리고 자유 현대주의자들 차례대로 그들을 자세히 알기 위한 자료를 모아 보고 역사적인 사실에 근거한 바른 관점을 가져 보기로 했다.

빌리 그래함 목사 관련 가톨릭의 관계에 대해서 알고자 하면서 요즘 빌리 그래함 목사가 쓴 책들과 프란치스코 교황이 쓴 책들을 읽었다. 너무 따뜻하고 착한 말들이었고 모든 것을 다 안고 감싸는 그러한 사랑을 표현하는 부분들이 참 흡사하였다. 착하고 선한 모습에 비평하고 비방하는 것은 잘못하는 것이고 죄를 짓는 것이라는 마음이 들 정도였다(44).

그러면서 이런 생각이 들었다.

모든 종교는 선을 추구한다. 선행을 하고 착하게 살고, 그래서 지옥에 가지 말고 착한 사람들이 가는 하늘 나라 또는 극락에 가야 한다는 그런 모양에서 벗어나는 종교는 없다. 그래서 종교다원주의를 이야기하는데, 그것은 맞는 말일 것이다. 왜냐하면, 모든 종교가 추구하는 선을 이룸을 통해서 사후의 세계에서 복을 받겠다는 똑같은 목적과 방법을 공유하기 때문이다.

우리 기독교인들은 종교 다원주의를 문제시하지만, 오히려 우리 자신이 다른 종교와 같은 모습으로 우리를 놓고 있다. 열심히 교회 다니면서 교회에 충성하고 착하게 다른 사람 돕고 살다가 천국 가는 것으로 생각을 한다. 그러면서 '그래도 우리는 다른 종교와 다른 부분이 예수님을 믿고, 예수 이름의 능력을 믿으며 예수의 피를 믿기 때문에 다르다'라고 이야기한다. 그런데, 지난 글들을 통해서 우리가 알게 된 바로는, 프리메이슨도 예수님을 믿는다고 하고, 예수의 피를 선포하고, 예수의 이름을 외친다. 기독교를 박해하고 복음이 퍼지는 것을 막았던 가톨릭도 우리가 믿는다고 하는 바를 믿지 않는다고 하는 부분이 없다.

내 마음에 신앙의 모습이 다른 종교의 모습과 다르지 않은 모양을 추구하면서, 우리 기독교를 통해서만 구원을 받는다고 고집하고, 같은 모양의 종교끼리 하나가 되자는 것에 거부를 한다는 것은, 참 앞뒤가 맞지 않게 고집부리는 것밖에는 안 될 것이다.

우리 기독교는 다른 종교와는 뭐가 얼마나 다르기 때문에 도저히 하나되는 것이 불가능한지가 우리 마음에 더 확실히 자리잡을 때, 그렇게 귀한 가치를 위해서 우리를 다 내어 던지는 것이 가능해질 것이다.

우리 인간의 판단 기준은,

이것이 맞나 틀리나를 따지고,
이것이 좋은 것인가 나쁜 것인가를 분별을 하려고 하고,
또 이것이 악한 것인가 선한 것인가를 가늠해 보려고 한다.
그리고 선한 것으로 가늠된 그것을 열심히 행할 때, 그것은 선한 것이라고 생각을 한다.

그런데 하나님의 판단 기준은,

이것이 생명이 되는가 안 되는가를 판단을 하신다.

이것이 살아나는 생명의 역사인가, 아니면 죽게 하는 사망 권세의 역사인가를 따지신다.

우리의 판단 기준은 선악과의 판단 기준이며, 하나님의 판단 기준은 생명 나무의 판단 기준이시다.

우리가 아무리 선한 것이라 생각하고, 그런 선행을 쌓아서 선을 이루고 영생을 얻어 보려고 하지만, 선악과의 열매는 선한 열매이든 악한 열매이든 다 "네가 먹는 날에는 반드시 죽으리라"(창 2:17b)라고 하신 말씀대로 사망에 이르게 하는 열매이기 때문이다. 다른 종교들에서 추구하는 선행을 통한 구원은, 선악과의 선한 열매를 가지고 영원한 생명 열매를 따려고 하는 부분에서 모순인 것이다. 그렇기 때문에 그런 모순적인 부분을 알면서 우리도 그것을 추구한다고 할 수 없는 것이고, 그렇기 때문에 다른 종교와 하나가 될 수 없는 것이다.

우리가 항상 잘못 생각하는 부분이 여기인 것 같다.

선한 곳이 하나도 없는 우리가 선을 이룰 수 있다고 착각하는 것,
죄인인 내가 착하게 살 수 있는 존재인 것처럼 착각하는 것,
인간이 이룬 선행을 숭고한 것으로 바라보는 것이 선한 것이라고 착

각하는 것,

우리의 노력의 선행을 쌓아서 올려 드리면 하나님께서 기뻐 받으실 것이라고 착각하는 것,

이런 착각들은 하나님께 선악과의 열매를 드리면서 생명나무 열매를 드렸다고 생각하는 착각인 것이다.

오히려, 내가 선한 곳이 하나도 없어서 내 힘으로는 선을 이룰 수 없는 것을 깨닫고, 죄인인 나는 착하게 할 수 있는 능력이 없다는 사실을 깨닫고, 인간이 쌓은 선행은 자기의 공로로 쌓아지는 것이지, 하나님 앞에 선으로 쌓아지지 않는 것임을 깨닫고, 우리의 노력의 선행을 쌓는 것보다 "하나님의 구하시는 제사는 상한 심령이라"(시 51:1a) 는 것을 깨닫게 되면, 그것은, 우리가 선악과의 열매를 거부하고 우리 자신을 십자가에 내려놓게 되는 것이다.

그렇게 상한 심령으로 나의 무능함을 깨닫고, 주님의 능력을 온전히 믿을 때, 십자가의 부활의 능력으로 우리의 힘이 아닌, 내 안에 사시는 주님의 능력으로 인간의 선행이 아닌, 주님이 역사하시는 선행들이 이루어진다.

십자가에 나를 온전히 내려놓고, 주님의 부활의 능력을 온전히 믿기만 하면, 나의 선악과의 열매가 아닌, 내 안의 주님의 생명의 역사가

항상 역사하게 되는 진리, 그것이 십자가의 진리이고, 그래서 십자가는 우리의 능력이다. 그렇기 때문에 "내게 능력 주시는 자 안에서"(빌 4:13) 우리는 무엇이든지 할 수 있다!

이러한 십자가의 능력으로 사는 삶을 다른 종교의 인간적인 선을 이루어서 영생을 얻어 보려는 삶과 같다고 할 수는 도저히 없을 것이다. 그래서 우리는 다른 종교와 같이 하나 될 수 없다는 고집을 부릴 수 있는 이유가 충분하다!

9

매일 죽는 삶의 축복

지난 글에서 이야기한 '선악과의 선의 열매도 사망이고 사망은 생명의 적이다'라는 내용을 생각하면서, 얼마나 많이 나도 모르게, 내가 생명의 적에 자리에 서게 되는가 하는 생각을 했다.

좋은 마음에서, 잘 해 보려고, 열심히 하려는 마음으로…

그런데, 제일 큰 문제는, 주님으로 인해 나온 것이 아닌 내 안에서 나오는 것은, 선한 모양을 띠더라도 생명이 있을 수 없다는 사실을, 너무나도 망각한다는 것이었다. 내 수준, 내 능력의 참 모습을 자꾸 잊어버리는 나를 본다.

그럴 때 힘이 된 말씀은 고린도전서 15장 31절의 사도바울에 "나는 매일 죽노라"라고 한 선포이다. 우리는, 나에 대해서 망각하지 않도록, 주님 뵐 때까지 매일 매일 십자가에 나의 뜻을 내려놓는 것이 필요하구나 하는 생각을 했다.

그러면서, 프리메이슨, 빌리 그래함 목사, 프란치스코 교황 등에 관하여서 공통적으로 연결되어서 생각을 하게 된 부분들이 있었다.

프리메이슨들의 글들을 보고 생각하게 된 것은, 그들은 사회에 이로운 일들을 도모한다는 자부심을 많이 가지고 있고, 그러한 긍지의 마음들이, 그들의 역사를 설명하는 가운데에도 많이 나타난다. 유럽의 혁명들 가운데 나타난 프리메이슨의 역할이나, 프리메이슨 멤버였던 미국에 여러 건국의 아버지에 대한 자긍심이 강하고, 그러한 정신을 이어가고자 한다는 자신들의 의지가, 책마다 많이 표현되어 있었다[45]. 하지만, 영적 예식과 저주들을 통해서 멤버들의 영혼의 헌신을 얻는 부분은 온 몸과 마음과 뜻을 하나님께만 드려야 하는 우리 크리스천과는 절대로 합해질 수 없는 부분이다. 그러니까, 이들의 모양이 선악과의 선의 모양들을 나타낸다고 해도 그것은 생명의 열매가 아닌 사망의 열매일 수 밖에는 없다.

빌리 그래함 목사 관련 글들 가운데에는, 빌리 그래함 목사의 성품은 착하고 모든 사람을 기쁘게 하려는 마음이 강하다는 표현들이 있었다. 그러한 성품으로, WCC의 모든 교회들이, 하나 되는 모습이 된다는 것에 대해서, 긍정적인 생각을 갖기도 하였다는 내용도 있었다. 모든 사람을 기쁘게 하려고 하다 보니까, 어디에서 후원이 오든지 거절하지 않은 모양에 대한 내용도 여러 군데 있었다(46). 하나님의 말씀에 반대되는 자들과도 손을 잡고 융화하면서 화목을 이루려는 모습은, 인간적인 선함일 수는 있어도, 하나님의 생명의 역사일 수는 없을 것이다. 인간적인 선함은 선악과의 선의 열매이고, 선악과의 열매는, 어떤 열매이든 생명에 이르지 못하고 사망에 이르게 된다는 사실은 부정을 할 수 없다.

　프란시스코 교황은 검소한 모양으로 사는 삶의 본을 보이려고 하고, 소외된 사람들을 향한 관심을 많이 보인다. 모든 사람들에게 축복을 주는 것을 소망한다고 선포를 하고 Indulgence(면죄, 대사, 죄를 사하여 주는 것)를 많이 부여하여 주었다(47). 그러나 어떠한 좋은 마음으로 한다고 해도, 사람이 하나님 대신 죄를 사하여 주는 것은 하나님 말씀에 어긋나는 것이기 때문에 선악과의 열매이지 생명나무의 열매가 절대로 될 수 없다.

　우리가 기억해야 할 것은, 선악과의 선의 열매를 쌓으면서 살 때, 그것은 우리의 공로가 되고 자긍심이 되기 때문에, 우리는 선을 쌓고 있다고 생각하지 어두움을 쌓고 있다는 생각을 하지 않을 수 있다는 것이다.

그리고 중요한 사실은, 하나님의 적은 사단이라는 것이다. 하나님의 적인 사단이 우리 인간을 사용하여서 하나님을 적대시 하는 어두움의 일들을 한다. 하나님의 적인 사단이 사람들을 사용해서 사망으로 이르는 일들을 할 때에, 그 사람들에게 악을 도모하는 생각을 통해서 역사를 하기도 하지만, 선을 도모한다는 생각을 통해서 역사를 하기도 한다. 그런데, 그렇게 사용을 당하게 되는 대상은, 선악과의 열매를 따는 모든 사람들이다. 선의 열매를 따려고 하든지 악의 열매를 따려고 하든지, 선악과를 따는 자는 반드시 죽으리라고 하신 말씀처럼, 결국 사망에 이르는 사단의 어두움에 일에 사용을 당하는 것이다.

마지막 때에 하나님 중심적으로 분별을 잘 해야 한다는 것이 너무나도 중요하다는 것을 느낀다. 그런 분별을 할 때에, 그 사망의 일의 주체가 되는 하나님의 적인 사단을 정죄해야지, 거기에 사용을 당한 사람들을 지목해서 정죄를 한다면, 우리 어느 누구도 그 정죄함에서 온전히 자유로울 사람은 없을 것이다. 그렇기 때문에, 깨어 있지 못하고 내 중심적일 때, 언제든지 깨닫지도 못하는 사이에 사용당할 수 있는 우리들의 배후에서, 사망에 이르는 일을 구상하고 조정하는 하나님의 적 사단을 정죄하고 대항하고 깨어 있어야 하는 것이 참 중요하겠다는 생각을 했다.

또한 이런 사실들로 인해서 더욱더 깨달아진 것이, 매일 죽는 삶의 축복이었다.

'모든 자들이 십자가 없이는 사단의 역사에 노출이 된다.'

이런 사실에 관하여서 은혜가 된 말씀이 갈라디아서 2장 20절이었다.

"내가 그리스도와 함께 십자가에 못박혔나니 그런즉 이제 내가 사는 것이 아니요 오직 내 안에 그리스도께서 사신 것이라."

'내가 살아서 사망의 열매를 맺게 되는 것이 아니라, 내 안에 그리스도께서만 사셔서 생명의 열매만을 맺게 되는 그런 부흥의 삶을 소망합니다.'

10

의인은 믿음으로 말미암아 살리라

가톨릭에 대해서 알아보기 위해서 제일 먼저 가톨릭의 상황이나 문제점을 가장 잘 알고 분석했었던 마틴 루터에 대해서 알아보기로 했다.

그런데, 마틴 루터의 글들과 그때의 상황들을 접하고 알아 가면서, 참 많은 감사와 기쁨이 있었다. 그렇게도 캄캄하게 참 복음이 참 믿음이 아닌 모양으로 포장되어서 사람들의 구원의 길을 막고 있었을 때, 바른 믿음을 아는 사람을 일으키셔서 영원한 영생에 이르는 참 믿음의 메세지를 선포하게 하신 것, 또한, 그로 인해서 많은 사람들에게 바른 구원의 길을 비춰 주신 하나님께 감사한 마음에 많이 들었다.

마틴 루터가 95개 조항을 비텐베르크 성벽교회 출입문에 내걸었을 때의 상황은, 개혁을 일으키겠다는 마음이 아니라, '이건 정말 아니지 않습니까? 이렇게 해서는 안 되는 것 아닙니까? 이것에 대해서 도대체 어떻게 생각을 하시는지, 교황도 이것에 동의를 하시는지 한번 토론해 보기를 원합니다' 하는 뜻으로 토론 조항들을 교회 벽에 내걸게 된 것이었다. 그런데, 그 조항들은 그때만이 아니라 지금에도 참 바른 구원의 길을 온전히 알리고 인도하기 위해서 중요한 내용들이었다.

마틴 루터의 조항들은 Penance, Purgatory, Indulgence 이 세 가지의 내용을 포함하고 있다. Penance는 참회라는 뜻인데, 하나님께 참회를 하는 것이 아니라, 사제에게 고백 성사를 하고 거기에서 죄사함을 선포받는 잘못된 부분들을 지적을 했다. Purgatory는 연옥인데, 죽은 사람의 죄 사함을 살아 있는 사람들에게 부담시키는 부분을 지적했다. Indulgence는 교황으로부터의 면죄, 대사, 죄를 사하여 주는 것에 대한 내용이고, 면제부를 파는 상황에 대해서 지적을 했다.

이 내용들은 죄 사함에 관한 내용들을 담고 있기 때문에 영혼 구원에 관련하여서 아주 중요한 문제였다. 그때 당시에는 베드로 성당을 짓기 위해서 돈을 모으려고, 모든 사람들에게 자신들과 죽은 가족들의 죄사함을 받기 위한 면죄부를 사도록 강요를 하였다. 그리고, 그 면죄부를 산 사람들은, 그 면죄부로 인해서 모든 죄를 사함받았다고 믿었고, 또 죽은 사랑하는 가족도 더 이상 연옥에 있지 않고 하늘나라로 갔다는 안도감에 평안을 누렸다.

그렇게 말이 안 되는 상황에 대하여서 지적을 하였는데, 그것이 토론이 되고 수정이 된 것이 아니라, 오히려 마틴 루터는 이단으로 지목이 되고, 끊임없는 목숨의 위험과 핍박에 시달리는 삶이 시작이 되었다(48).

그럼, 지금 상황은 어떤가?

달라진 것은 단 한 가지, 면죄부를 돈을 받고 파는 것이 아니라, 돈을 받지 않고도 나누어 주게 되었다는 것만이 달라진 부분이다. 당시의 문제점이 돈을 받고 면죄부를 팔았던 것말고는 없다고 이해를 하는 것으로 해석된다.

그때 당시, 마틴 루터가 쓴 조항에 관한 내용의 책자들이 인쇄되어서, 일반인들이 이 내용을 접하게 되었는데, 영혼의 준비가 되어 있던 많은 일반인들이, 그때 당시의 구원에 관한 메세지가 잘못되었다는 사실들을 깨닫고, 많은 영혼들이 참 믿음을 구하고 결국 참 믿음을 소유하게 되는 축복을 누렸다. 그때 당시 믿음의 메세지를 정확하게 알지는 못하고 있었더라도, 참 믿음을 갈망하는 마음이 준비된 영혼들이 그렇게 많았었다는 것이었다(49).

이 조항들에서 돈을 받고 면죄부를 파는 지적에 대한 내용이 많이 있는 것은 사실이지만, 마틴 루터가 여기에서 진정 알리고자 하는 메세지는, 참된 내적 참회의 중요성, 잘못된 구원의 확신을 가지고 평안을 누리는 것의 문제점, 죄 사함을 받고 영생을 얻는 것은 면죄부를 통해서 절대로 할 수 없다는 것, 그리고 하나님의 은혜와 십자가에 도에 관한 것이었다. 아래 내용은 관련 부분 95개 조항을 번역한 내용이다(50).

1. 우리 주 예수 그리스도께서 "참회하라"라고 하셨을 때 Penance(참회)는 믿음자의 삶 전체가 참회의 삶이 되기를 원하시는 것입니다.

1. Our Lord and Master Jesus Christ, when He said Penance, willed that the whole life of believers should be repentance.

32. 면죄부를 통해서 구원을 얻을 수 있다고 믿는 사람들은 그들의 교사와 함께 영원한 저주를 받을 것입니다.

32. They will be condemned eternally, together with their teachers, who believe themselves sure of their salvation because they have letters of pardon.

36. 진정으로 참회하는 그리스도인은 면죄부 편지가 없이도 죄책감과 형벌에서 온전히 사함을 받을 수 있습니다.

36. Every truly repentant Christian has a right to full remission of penalty and guilt, even without letters of pardon.

68. 면죄부는 진정으로 하나님의 은혜와 십자가의 도의 견주어

서 너무나도 작은 은혜입니다.

68. Yet they are in truth the very smallest graces compared with the grace of God and the piety of the Cross.

93. 그리스도 백성에게 십자가가 없을지라도, 십자가, 십자가를 외치는 모든 선지자들은 복을 받을지어다.

93. Blessed be all those prophets who say to the people of Christ, "Cross, cross," and there is no cross!

94. 그리스도인들에게 그들의 머리이신 그리스도를 형벌과 죽음과 지옥을 통해서 부지런히 따르도록 권고해야 합니다.

94. Christians are to be exhorted that they be diligent in following Christ, their Head, through penalties, deaths, and hell;

95. 이런 식으로 그들은 평화로 인한 확신이 아닌 많은 환란을 통해서 하늘나라에 들어가는 확신을 가질 수가 있게 될 것입니다.

95. And thus be confident of entering into heaven rather through many tribulations, than through the assurance of peace.

이 내용들을 보고 감사했었던 것은, 마틴 루터의 "의인은 믿음으로 살리라" 하면서 외쳤던 '믿음'이 갈라디아서 2장 20절의 말씀처럼 십자가에 내가 죽고, 내 안에 그리스도가 온전히 사시고 역사하시도록 믿는, 십자가를 통한, 인간 수준의 믿음이 아닌 부활하신 주님 수준의 믿음을 이야기하는 것이었다(51).

마틴 루터는, 참 통회를 통한 십자가에 우리가 온전히 죽게 되는 것과, 하나님의 은혜의 구원과 십자가의 도로 인해 우리가 누리게 되는 믿음의 삶에 대해서, 너무나도 확실한 제시를 하였고, 그러한 믿음만이 참 구원의 이르는 길이라는 사실을 설명하였던 것이었다(52).

참 감사한 마음이었다. 그렇게 암흑처럼 교회의 전통과 세습들로 물들어서, 구원의 메세지가 희석이 되고 말씀이 왜곡되었던 그 시대에, 이렇게 정확하게 육의 수준이 아닌, 영의 수준의 믿음을 알게 하시고, 결국 엄청난 구원의 역사를 일으키신 하나님께 너무나도 감사한 마음이 들었다.

하지만, 이러한 십자가를 통해서 육에서 영으로 거듭나야 하는 믿음에 대한 메세지를, 가톨릭 교회에서는 깨닫지 못하였다. 그들이 제시하는 믿음은, 육에서 영으로 거듭나는 믿음이 아닌, 육에서 최선을 다해서 구원을 이루려고 하는 믿음이었기 때문에, 영의 메세지를 깨달을 수가 없었다. 그리고, 그들의 박해는 수백년을 이어가게 되었다. 안타깝게도, 현재에도 가톨릭 교회의 구원의 메세지는, 마틴 루터 때와 달라진 것이 없다(53).

그럼 마틴 루터로 인한 종교 개혁을 통해서 세워지게 된, 현 개신교의 구원의 메세지는 어떠한지를 생각해 보았다.

분명히 믿음으로만 구원을 받는다고 이야기한다. 그리고 믿기만 하면 구원을 받을 수 있는 은혜에 대해서 설교를 하고, 영접 기도를 하면서 주님을 받아들이도록 한다. 그렇지만, 내가 죽고 주님이 사시는 구원, 육에서 영으로 거듭나는 구원을 이루는 참 믿음, 그 참 믿음이 종교 개혁 당시와 같이 회복되기 위해서, 우리 안에 부흥이 절실히 필요할 때 임을 느낀다.

마틴 루터 때에 아무리 암흑과 같은 세상에 있었더라도, 참 영의 수준의 믿음의 메세지가 선포되었을 때, 온 세상에 구원의 역사가 펼쳐지게 되는 엄청난 능력이 되었다. 그러한 하나님의 역사는, 지금도 동일하게 역사하실 수 있으신 능력의 역사이며, 참 믿음을 통해서 역사를 이루어 가실 하나님을 오늘도 기대한다.

11

하나님의 소원

부흥이라는 것에 대해서 참 많이 생각을 해 보았다.

부흥, Revival은 결국 다시 사는 것이다. 부활과 같은 의미인 것이다. 그런데 부흥은 부활의 삶이 이루어진 역사 전체를 표현하는 느낌이 들어서 참 좋아하는 단어이다.

그런데 우리 한 사람 한 사람의 삶 가운데에, 온전히 부활의 삶이 이루어져서 참 믿음을 가지고 살게 되는 것을 가장 바라시는 분은 결국 하나님이시다. 왜냐하면, "믿음 없이는 기쁘시게 못하나니"라고 말씀을 하셨다. 그런데, 하나님께서 말씀하시는 믿음은, 육의 수준의 믿음이 아닌, 육에서 영으로 거듭난, 나를 의지하는 믿음이 아닌, 내가 죽고 온전히 하나님만을 의지하는 믿음이며, 그것은 부활이 이루어진 삶에서만 나타나는 열매이기 때문이다.

하나님께서 얼마나 우리의 부흥을 바라시고 소원하실지 알기에, 부홍의 역사들에 대해 관심이 많이 있었다. 그런데, 이번에 가톨릭에 대해서 알아보면서 마틴 루터의 삶과 메세지를 자세히 접하고, 역사적으로 예수님이 오셔서 일으키신 부흥 외에 가장 엄청난 부흥의 역사가 바로 이 종교 개혁의 역사인 것을 깨달았다.

하나님께서 이때의 부흥을 통해서, 너무나도 많은 하나님을 목숨 다해 사랑하는, 영의 수준의 믿음을 가진 자녀들을 얻으시게 되셨다. 그때의 부흥이 없었다면, 그 많은 영혼들이 '이건 아니지 않은가' 하는 마음이 있더라도, 용감하게 목숨까지 내어놓는 그 다음 단계의 발을 띄지는 못했을 것이다. 그 당시 가톨릭 교회에 속해 있을 때, 그들이 예수님을 믿지 않는 것이 아니었고, 삼위 일체 되심을 믿지 않는 것이 아니었다. 또한, 동정녀에서 주님이 죄없이 나셨음을 믿지 않는 것이 아니었고, 예수님께서 부활하셨다는 것을 믿지 않는 것이 아니었고, 하나님의 말씀을 믿지 않는 것이 아니었다. 완전히 다른 종교로 개종을 하면서 그렇게 엄청난 핍박과 박해를 받은 것이 아니라, 같은 예수님을 믿는다고 하는 상황에서도, 목숨을 걸고 신앙을 지켰던 성도들에게는, 하나는 어두움이며 사망이었고, 하나는 빛이며 생명이었던 것이었다.

마틴 루터가 외쳤던, "의인은 믿음으로 말미암아 살리라" 하는 말씀 가운데에서의 메세지는, 이 '믿음'이 이루어지지 않은 신앙은 아무리 경건과 선함의 모양을 갖추었다고 하더라도 생명이 없다는 선포였던 것이었다.

어두움이 무엇인지를 분별했기 때문에 참 빛을 찾을 수 있었고, 생명이 아닌 것이 무엇인지를 분별을 했기 때문에 생명으로 거듭나는 엄청난 부흥의 역사를 경험하였었던 것이었다.

사단은 지금도 같은 속임수로 우리를 공격한다. 경건의 모양, 선함의 모양을 갖추어서 분명히 어두움인데 어두움으로 분별이 안 되도록 우리를 속이고 있다. 온전한 빛이라면, 주위에 어두움이 물러가게 되는 능력을 당연히 가지게 된다. 그런데 어떤 어두움을 향한 역사도 없다고 할 때, 우리가 참 빛 가운데에 있는 것인지를 의심해 보는 것은 이 시대에 꼭 필요한 일일 것이다.

부흥은 하나님의 소원이면서, 하나님께서 직접 감당하시는 구원의 역사이다.

요한일서 5장 14절 말씀에 "그를 향하여 우리의 가진 바 담대한 것이 이것이니, 그의 뜻대로 무엇을 구하면 들으심이라" 하셨다.

하나님의 전능하신 능력에는 의심의 여지가 없더라도, 하나님의 뜻과 소원을 향한 확신이 없을 때는 담대히 구하게 되지를 않는다. 하지만 하나님의 뜻에 맞추어서, 하나님의 소원에 따라서 구할 때는, 들으심을 알기에 담대하게 구할 수 있다.

하나님의 뜻, 하나님의 소원이 부흥이다.
그것은, 우리 영혼을 불쌍히 여기시고 사랑하시는 아버지의 성경 전체를 통한 메세지이기도 하다.

그렇다면, 우리가 하나님의 소원, 하나님의 뜻을 알기에, 담대히 구할 수 있는 조건이 채워진 것이다.

누군가를 진정으로 사랑할 때, 온전히 중심이 상대방으로 향한 사랑을 할 때, 그 상대방의 소원을 알고 그 소원을 이루어 주고자 하는 소망이 생긴다.

우리한테 부흥이 그런 것이었으면 좋겠다.

하나님의 소원은 부흥인데…
하나님께서 역사를 이루실 때, 우리의 믿음과 우리의 기도를 사용하셔서 역사하시는 하나님이신 것을 우리가 아는데…

애타는 하나님의 소원을 이루시도록 해 드리고자 하는 소원이, 우리 마음의 부흥의 소원이었으면 좋겠다.

　믿음의 통로, 기도의 통로를 만들어 드려서, 아버지께서 온전히 역사하실 수 있도록 해 드리고자 하는 것이, 우리의 인생의 소원이고, 목표이고, 사명이 되었으면 좋겠다.

12

마음의 중심

성경 전체는 중심에 대한 말씀이다.

나의 마음의 중심.

사무엘상 16장 7b절 말씀에서 "사람은 외모를 보거니와 나 여호와는 중심을 보느니라"라고 하신 하나님은, 사람의 중심을 감찰하시고, 우리의 마음의 중심이 하나님께 드려지기를 간절히 원하신다. 그분의 나를 향한 소원은, 내가 온 마음을 다해 나의 중심을 다 드려서 그분만을 사랑하기를 원하시는 것이다.

그래서 성경 전체는, 나 중심적이고 이기적인 악한 나의 자아가, 하나님 중심적인, 하나님의 말씀 쪽으로 향하게 되는 것에 대한 방법 이야기이다.

나 자신을 그리스도와 함께 십자가에 못 박힌 몸이라고 여기라는 말씀은, 나의 자아, 나 중심적인 마음을 가질 자격이 나에게 없는 사실을 기억하라는 말씀이다.

믿음으로 살라고 하신 말씀은, 나를 믿고 의지하며 살던 나의 중심을, 하나님을 믿고 하나님을 의지하며 하나님 중심으로 문제를 바라보며 살라고 하시는 말씀이다.

이웃을 사랑하라고 하시는 말씀은, 이기적인 나를 향하는 마음이 아닌, 하나님 중심적인 마음으로 다른 사람을 하나님께서 귀하게 보시는 영혼으로 바라보고 살기를 원하신다는 말씀이다.

순종이 제사보다 낫다고 하시며 순종을 요구하시는 말씀은, 말씀에 어긋나서 나 중심적인 모습으로 살기 원하는 나의 마음의 중심을, 말씀 쪽으로 옮겨서 살기를 원하신다는 말씀이다.

그런데 요즘 프리메이슨과 가톨릭에 대해서 알아 가면서, 마음 중심에 있어서의 사단에 역할에 대해서 내가 너무나도 잘못 생각을 하고 있었구나 하는 사실들을 깨달았다.

여지까지 나는 영적 전쟁을, 하나님과 사단의 우리의 마음의 중심을 갖기 위한 전쟁이라고 생각을 했었다. 하나님께서 우리의 마음의 중심을 원하시는 것처럼, 사단도 우리의 마음의 중심을 얻으려고 세상의 부귀와 영화를 가지고 유혹을 하며, 또한 세상적인 편안함과 안락함을 제시해 가며, 하나님께 향하는 나의 중심을 자신에게로 옮기려고 노력을 한다고 생각을 했다.

하지만 사단이 내가 생각했던 것처럼 단순하지 않다는 것을 이번에 확실히 깨달았다.

프리메이슨만 하더라도, 신앙을 가지고 있지 않는 사람은 멤버가 될 수 없고, 각자의 섬기는 교회에서 충성을 다하라고 권고를 한다. 그들이 출판한 성경 말씀 공부 관련 서적도 많이 있다. 또한 가톨릭 교회에서도 주님을 섬기고 사랑할 것을 권고하고 말씀에 순종하는 삶을 살라는 메세지를 많이 선포한다. 하나님께 가까이 가도록 권고를 하고 기도 생활을 당부한다.

그러면서 깨닫게 된 사실이 있었다.

사단이 하나님을 대항해서 우리의 마음을 서로 빼앗으려고 전쟁을 하는 모습이 아니고, 하나님께 마음을 드리라고 권고를 하면서 우리의 마음의 100%가 하나님께 드려지는 것만을 막으려고 했었던 것이었다. 사단은 우리보다 더 영적 비밀을 잘 알고 있었던 것이었다.

요한복음 12장 24절의 말씀에서, "내가 진실로 진실로 너희에게 이르노니 한 알의 밀이 땅에 떨어져 죽지 아니하면 한 알 그대로 있고 죽으면 많은 열매를 맺느니라"라고 말씀을 하셨다. 한 알의 밀이 땅에 떨어졌을 때, 죽지 않고 마른 채로 있게 되면, 아무리 많은 시간이 지나도 열매를 맺을 수는 없는 것이다. 그러니까, 꼭, 죽고 나야지만 그 후에 많은 열매를 맺는 단계로 갈 수 있다. 그렇기 때문에, 우리의 하나님을 향한 100%의 온전한 마음이 십자가에 내려놓아질 때, 부활의 역사를 통해서, 내가 사는 것이 아니고, 내 안에 주님이 역사하셔서 열매를 맺는 단계로 나아갈 수 있는 그 진리, 그 진리를 우리는 몰랐어도 사단은 알고 있었던 것이었다.

그러니까, 사단의 입장에서는, 아무리 우리가 말씀을 이야기하고 교회 중심으로 산다고 하고 믿음을 이야기한다고 해도, 나의 온 마음을 드리는 삶이 아니면, 겁날 게 없는 것이다. 왜냐하면, 온 마음을 드리는 삶을 살게 되면, 그것은 나의 수준이 아닌 하나님의 수준으로 사는 삶으로 바뀌게 되는데, 99%까지 드린다고 하더라도 온전히 나를 다 내려놓는 죽음의 단계가 없을 때, 아직도 그것은 하나님의 수준으로 역사하실 수 없는, 나의 노력과 힘으로 살아야 하는 수준이기 때문이었다.

그래서 그렇게도 온 몸과, 온 마음과, 온 힘을 다해서 하나님을 사랑하라고 권고를 하셨구나.

　그래서 그렇게도 하나님 외에는 어떤 다른 신도 우리에게 있지 않게 하라고 당부하셨구나.

　그래서 그렇게도 온전히 하나님을 따르라고 부탁을 하셨구나.

　하는 생각을 했다.

　우리에게 가장 큰 축복이 여기에 있었던 것이었다.

　하나님께 온 마음의 중심을 드릴 때의 그 엄청난 축복, 사단은 알고 있었지만 우리는 알지 못하고 있었던 그 심오한 축복, 나의 수준으로 사는 것이 아니라 그리스도의 수준으로 살게 되는 부활의 삶의 축복. 우리 가운데에서의 그러한 부활의 삶이 이루어지는 것이 곧 우리 마음의 부흥일 것이다.

13

사단이 감추는 우리의 참 능력

부모의 마음을 생각해 보았다. 자식에게 자격을 갖추어 주고, 수단이 될 수 있는 것들도 다 주었는데, 아무리 알려 주어도, 자기 위치도 모르고, 자격도 모르고, 능력도 모르고, 자신을 비관하고, 낙담하고, 비굴한 모습으로 하루 하루를 살고 있으면, 정말 부모 입장에서의 답답함은 말로 다 못할 정도일 것이다.

우리를 바라보시는 하나님의 마음은 어떠실까를 생각해 보았다. 종교 개혁 당시처럼, 성경을 가지지도 못하고 보지도 못하는 상황도 아니고, 영적 부흥을 일으켰던 마틴 루터의 믿음의 메세지를 접하지 못하게 되어 있는 것도 아니다. 그런데, 목숨을 다해서 주님을 따르고 엄청난 희생을 통해서 우리에게까지 이 축복의 복음을 전해 주신 믿음의 선조들의 믿음은 찾아볼 수가 없고, 세상에 치여서, 세상에서 살아남기 위해서 바둥거리며, 세상의 걱정 근심으로만 꽉 차서 하루 하루를 살고 있는 우리의 모습이, 하나님의 마음을 기쁘시게 해 드릴 모습이 아니라는 것은 확실하다.

그렇다면 어떤 것이, 이러한 종교 개혁 당시와 지금의 차이를 일으키게 된 것일까를 생각해 보았다. 그러면서 깨닫게 된것은, 참 능력의 원인, 출처, 원천에 대해서 잘 모르고 있기 때문에 그것을 우리가 사용을 하지 못하고 있구나 하는 생각을 했다.

빌립보서 4장 13절에서는, "내게 능력 주시는 자 안에서 내가 모든 것을 할 수 있느니라"라고 하셨다.
요한복음 14장 12절에서는, "내가 진실로 진실로 너희에게 이르노니 나를 믿는 자는 내가 하는 일을 그도 할 것이요 또한 그보다 큰 일도 하리니"라고 하셨다.
고린도전서 1장 18절에서 "십자가의 도가 멸망하는 자들에게는 미련한 것이요 구원을 받는 우리에게는 하나님의 능력이라"라고 하셨다.

우리는 우리에게 능력이 되시는 주님 안에서 모든 것을 할 수 있되, 주님이 하신 일을 하는 것 뿐만이 아니라, 그보다 더 큰일도 할 수 있는 그러한 능력을 우리에게 주셨는데, 그 능력은 십자가라고 하신 말씀이다.

그런데 이러한 말씀에 대해서, '우리에게 주신 능력이 십자가 인 것은 알겠는데, 그러면 십자가를 어떻게 사용을 해야지 우리에게 능력이 되는 것인지 모르겠다. 그리고, 십자가는 죽음과 고난의 의미라고 생각했는데, 그런 것이 아닌가?' 하는 질문이 생기게 된다.

주님께서 말씀하신 "자기 십자가를 지고 나를 따르라"(마 16:24b)라고 하셨을 때, 주님을 '죽으면 죽으리라'는 마음으로 매 순간 따라가는 삶 가운데, 우리 자신의 십자가가 있지만, 우리는 또한 주님이 부활 승리를 거두신 능력의 십자가도 있다. 부활 승리를 거두신 십자가이기에, 거기에는 이 세상에서의 가장 큰 능력이라고 하는 사망 권세를 이기신 능력이 있다.

그래서 믿는 사람들과 믿지 않는 사람들의 궁극적인 차이는 '십자가'이다. 믿지 않는 사람들에게는 십자가란 저주이고, 괴로움이지만, 우리 믿는 자들에게는 십자가는 능력이고 축복이 된다.

믿지 않는 사람들에게, 세상 방식으로는 버리고, 내려놓고, 죽게 되면 결국 없어지게 되는 것이다. 그러나 십자가를 가진 믿는 자들은, 십자가에다 버리고, 내려놓고, 죽게 하고, 그 이후에 하나님께서 하나님의 수준으로 역사하실 것을 믿기만 하면, 부활의 역사에 힘 입어서 항상 30배, 60배, 100배의 영적 수준의 열매를 맺게 된다.

그래서, 믿지 않는 사람들은 버릴 수가 없고, 내려놓을 수가 없고, 죽게 할 수가 없지만, 십자가를 가진 믿는 우리는, 우리가 내려놓을 때, 버릴 때, 죽을 때 엄청난 하나님 수준으로 주님께서 직접 개입하셔서 역사하시고 열매 맺게 하실 것을 알기에, 담대하게 내려놓으면서 기대하고 기뻐할 수 있다.

십자가에 돈 욕심을 온전히 가져다 내려놓고 포기하여 죽게 하고 나서, 최선으로 인도하실 주님을 믿기만 하면, 오히려 돈에 집착에 초월하게 하시고, 돈을 다루는 자로 사용하시는 열매를 부어 주신다.

십자가에 인간의 사랑을 받으려는 나의 노력과 욕심을 온전히 가져다 내려놓고 포기하여 죽게 하고 나서, 최선으로 인도하실 주님을 믿기만 하면, 오히려 인간 관계 가운데에서의 집착에 초월하게 하시고, 영의 사랑 가운데 자유하는 관계가 이루어지고, 하나님의 사랑 안에서 인간 관계에서의 열매를 맺게 하신다.

십자가에 내가 높아지려고 하는 나의 교만과 명예와 욕심을 온전히 가져다 내려놓고 포기하여 죽게 하고 나서, 최선으로 인도하실 주님을 믿기만 하면, 오히려 새로운 가치관을 주셔서, 세상 명예에 초월하게 하시고, 하나님 나라의 명예를 바라보면서 인간의 눈에서 온전히 자유하게 하신다.

십자가만 있으면 모든 문제는 해결이 되고, 그 부분에서 부활의 역사를 체험하게 되기 때문에, 십자가에 내려놓은 부분에서, 온전히 세상 관점을 초월하는 하늘나라의 평안과 열매를 누리게 하신다.

그런데, 이러한 엄청난 십자가의 능력을 체험하는 삶을 살기로 결정하고 나서 우리가 실수를 하는 부분이 있다. 그것은, 우리가 십자가에 우리 짐을 다 내려놓고 버리고 죽게 했다고 하면서, 우리의 해야 할 일들까지도 다 '주님이 알아서 하시겠지' 하면서 내려놔 버리는 그 부분이다. 십자가에 모든 짐을 내려놓았을 때에, 이제는 그 일을 이끌어 나가실 분이 주님이시기 때문에, 나의 걱정, 근심, 두려움, 초초함이 온전히 내려놔지는 것이다. 그렇지만, 주님이 직접 하시는 엄청난 일을 확신하며 기대하며, 더 열심히 일을 해야 하는 일이 내려놔지는 것은 아니다. 십자가에 죽어지는 것은, 나의 걱정, 근심, 두려움, 초조함이다. 믿음으로 바라보며 주님께서 역사하시도록 순간 순간 최선을 다하는 것은, 내려놔야 할 부분이 아니고 누려야 할 부분인 것이다.

십자가는 부활의 능력의 역사가 이루어지는 장소이며, 우리의 육에 수준의 삶이 하나님의 영의 수준의 삶으로 바뀌는 통로이다.

우리가 그리스도와 함께 못 박혀 죽은 만큼 우리 삶 가운데 일어나는 성령의 역사, 우리가 포기된 만큼 우리 삶 가운데 성령의 인도하심,

우리가 낮아진 만큼 들어 써 주시는 하나님의 은혜, 우리 것을 버린 만큼 하나님의 것으로 채워 주시는 주님의 손길, 세상것을 배설물로 버린 만큼 영적인 축복으로 바꾸어 주시는 하나님의 역사, 이것이 부활의 역사이고 부흥의 역사이다.

십자가가 이렇게 축복인데, 사단은 십자가가 축복임을 인식하지 못하고 깨닫지 못하게 한다. 선한 일, 경건한 일, 착한 일 등을 아무리 많이 이야기를 하면서도, 이렇게 큰 능력이 되는 십자가의 도와 축복에 대해서는 숨기고 우리가 알지 못하게 하도록 한다.

하나님의 가치관이 우리의 가치관이 되어서, 하나님께서 축복이라고 하시고 능력이라고 하시는 이 십자가를 온전히 누리고 승리하는 삶을 사는 것이, 우리 안에 부흥을 이루는 삶일 것이다.

14

선택

    빌리 그래함 목사 관련 글을 쓰면서 그의 사역에 후원으로 연결된 단체들을 알아 보기로 하였었는데, 이번에는 가톨릭에 이어서 WCC(World Council of Churches)에 대해서 알아 보기로 했다.

    WCC(세계 교회 협의회)는 교회 연합 단체라고 되어 있고, "세계 교회 협의회는 성경에 따라서 주 예수 그리스도를 하나님과 구세주로 고백하고 하나님 아버지, 아들, 성령의 영광에 대한 공동의 소명을 함께 성취하고자 하는 교회 협회"라고 website에 소개되어 있었다(54).

    website로 나타난 그들의 소개 내용으로 그들을 자세히 알기는 어려워서, 그들이 어떤 목소리를 내고 있는지, 그들이 내는 글들을 읽어 보기로 하였다.

    살 수 있는 책들 중에서는 가장 최근 2012년에 발간된 책이 있어서 구입을 했는데, WCC 의 멤버들, Lutheran World Federation, the Pontifical Council for Promoting Christian Unity, the World Communion of Reformed Churches, and the World Methodist Council 이 다 같이 모여서 낸, 『The Biblical Foundations of the Doctrine of Justification(칭의 교리의 성경적 기초』이라는 책이었다[55].

이 책에 서문에서 나온 내용은, "We were a group of four Old Testament and six New Testament scholars plus two systematic theologians, coming from four continents and representing the Catholic, Lutheran, Methodist, and Reformed theological tradition. We have been called together to fulfill the commitment made by the signing partners of the Joint Declaration on the Doctrine of Justification." "우리는 4명의 구약 학자와 6명의 신학 학자, 2명의 조직신학자들로, 가톨릭, 루터교, 감리교, 개혁주의 전통 신학을 대표하여서 모였습니다. 우리는 칭의의 교리에 관한 공동 선언의 약속을 이행하기 위해 함께 소집 되었습니다."라고 설명되어 있었다.

이 책을 펴낸 단체들은,

Lutheran World Federation(루터교 세계 연맹)은, 전 세계 79개국 144개의 회원 교단과 7,200만여 명의 회원을 보유한 대표적 루터교 연합이다.

World Communion of Reformed Churches(세계개혁교회협의회)
는 세계에서 규모가 가장 큰 개혁교회 연합체이다. 110개 국가에 있는
233개의 교단으로 구성되어 있고 1억 명의 신도를 가지고 있다.

World Methodist Council(세계감리교협의회)는 전 세계의 감리교회
교단들과 감리교 전통을 지닌 교단의 협력체이고 구성은 총 132개국
76개 교단의 8500만 회원으로 되어 있다.

Pontifical Council for Promoting Christian Unity(그리스도인일치촉
진평의)는 로마 가톨릭 교회 교황청 내에 있는 부서이다.

그 책에서 가장 관심이 가는 부분이 3.2장, 'By Faith alone?'이었다.
거기에서 '오직 믿음?'이라는 3.2장에서 이런 주장을 써 놓았다(56).

> "After the Reformation, Roman Catholic theology in German could
> not deal with Rom 3:28 without taking Luther's translation into
> account. In the nineteenth century, Johan Adam Mohler did not
> reject Luther's translation of Rom 3:28 but rather the consequences
> that he saw Luther as having drawn from his theology of faith:
> 'Luther added an 'alone' after pistei, 'faith.' This in itself does not
> need to be criticized since the genius of the German language

allows for it - even required it in order to express sharply the opposition. For this, Luther is not to be criticized, but rather for the fact that he not only misunderstood faith and the opposite of faith, but also made this misunderstanding the basis of his doctrine. For him, the works that follow from it, so that his concept of justifying faith excluded the concept of love and good works."""

"A more severe judgment came from a widely used twentieth-century scholastic textbook: "Luther got into an open contradiction to the Holy Scripture when he distorted Rom 3:28 by introducing the small word "alone" and when he rejected the letter of James as an 'epistle of straw.""""

"종교 개혁 이후에 로마 가톨릭 신학은 독일어로 된 루터의 번역을 고려하지 않고서는 로마 3:28을 다룰 수 없었습니다. 19세기에 요한 아담 묄러는 루터의 롬 3:28 번역을 받아들이지 않은 것이 아니라 루터가 자신의 믿음에 관련한 신학이 그가 그렇게 번역을 하도록 하였다고 보았는데, "루터는 pistei(믿음) 뒤에 '오직'을 추가했습니다. 독일어의 독창성이 허용하기 때문에 그 자체로는 비판을 받을 필요가 없고, 오히려 반대 되는 것을 날카롭게 설명하기 위해서도 필요했습니다. 이에 관련하여서 루터가 비난을 받아야 하는 것은 아니지만, 이 사실로 인해서 믿음에 대해서 잘못 이해를 하게 되었을 뿐만 아니라 그러한 틀린 생각을 자신의 교리의 기초로 삼게 되었습니다. 그에게는, 믿음으로 의롭다 함을 받는다는 그의 개념으로 인해서 그것에 따르는 사랑과 선행의 개념이 배제되게 되었습니다.'"

"이보다 더 심한 비판이 20세기에 널리 사용된 교과서에 나옵니다. "루터는 "오직"이라는 작은 단어를 삽입하고, '지푸라기 서신'이라며 야고보서를 배제하였을 때 로마서 3:28을 왜곡하고, 성경과 공개적 모순이 되었습니다.'"

이 말로 3. 2장이 끝났다.

어디에서 인용한 글인지를 찾아보았더니, 첫 번째 인용한 글은 19세기 가톨릭 신학자 Johann Adam Mohler가 쓴 글이고, 두 번째 인용을 한 글은 Joseph Pohle and Joseph Gummersbach의 20세기에 가톨릭 관련 책인데, Joseph Pohle은 가톨릭 신학자였으며 and Joseph Gummersbach에 대해선 알려진 내용이 없었다.

개신교의 가장 중심이 되는, 우리의 선행이 아닌, 믿음으로 구원을 받는다는 신앙의 메세지를, 우리를 그렇게도 박해하고, 우리의 신앙을 그들과 같게 하려고 해왔던 가톨릭의 신학자들의 말을 빌려서, 믿음으로만 구원받는 것이라고 주장하는 것이 틀렸다고 선포를 해 버린 것이었다.

이 글의 내용으로 인해서 루터가 실수를 해서 그렇게 많은 사람들이 박해를 당하고 죽고 분열이 일어난 것으로 되어 버렸고, 2억5천 명이나 되는 크리스천들이 그렇게 생각하는 것으로 인정한다는 것이 되어 버렸다.

개신교 교단에서 믿음에 대해 이런 견해를 가지고 있다는 것에 대해 놀라지 않을 수 없었다.

이렇게 생각하는 것이 진정 개신교 크리스천들이 생각하는 바라고 한다면, 당연히 그러한 생각을 하는 개신교는 가톨릭과 합쳐져야 하는 것이 맞는 것이고, 가톨릭이 모든 종교를 하나로 인정하기를 원하듯이, 같은 마음으로 다른 종교와 하나 되며 연합하는 것이 맞다.

개신교 크리스천이, 진정으로 이렇게 생각을 한다면, 그들에게 종교개혁은 실수였던 것이고, 하나님의 역사라고 할 수 없는 것이다.

이렇게 생각하는 생각이 진정 WCC 멤버들의 생각이라면, 그들의 생각은 가톨릭과 벌써 하나가 되어 있는 것이 맞다.

이것은, 문제를 삼을 일이 아니겠구나 하는 생각이 들었다.

예수님께서 니고데모에게 "육으로 난 것은 육이요 영으로 난 것은 영이니"(요 3:6)라고 이야기하시며 육에서 영으로 거듭남을 이야기하였을 때 "내가 땅의 일을 말하여도 너희가 믿지 아니하거든 하물며 하늘의 일을 말하면 어떻게 믿겠느냐"(요 3:12) 하시고 영적인 부분을 육으로 이해할 수 없는 것에 대해서 이야기하셨었다.

대화가 될 수 있는 상태가 아닌 이상, 누구를 질타하고 공격할 일이 아니고 인정할 일이라는 생각이 들었다.

다르다는 것을 인정하고 동조하지 않거나, 같다고 인정을 하고 하나가 되거나.

나는 전자를 선택한다.

15

하나됨을 거부하는 이유

오늘은 WCC 측에서 직접 출판한 책이 있길래 사서 읽어 보았다. 어떤 분야에서 전체적인 교회의 목소리를 내고자 하는 지에 대한 궁금함에 그 책을 읽으면서, 나의 의견을 넣어서 설명을 하는 것은 오히려 바른 전달이 되지 않겠구나 하는 생각이 들었다. 보통 역사책들처럼 사실을 전달을 하는 내용이라기보다는, 그 내용들로 의도하는 바가 있는 내용의 글들이었다.

그래서 그중에 한 부분에 내용을 번역해서 적어 보았다.

이 책은, WCC에서 출판한 『Spirit, Gospel, Cultures(성령, 복음, 문화)』라는 이름의 Bible Studies on the Acts of the Apostles(사도행전 성경공부) 책이었고 7개의 Study 로 되어 있었다. 그중에 2번째 Study 가 사도행전 2-4장의 본문이었고, 그 성경 내용 관련한 story 내용이, 지금 번역해서 적어 보는 내용이다[57].

In May 1993 a group of three hundred youth gathered in Kansas City, Missouri, USA, hosted by two inner-city churches. They came from many parts of the country and from different cultures and religious understandings. They were Latinos, Native Americans, African American, young men and young women. They were Christians, Muslims, black Hebrews, people of traditional native religions. They were Crips, Bloods, Disciples - gangs that saw each other as enemies, creating a culture of death. But in three days they came to choose life over death, friendship over enmity.

1993년 5월 미국 미주리 주 캔자스 시티에 두 개의 도심 교회가 주최로 300명의 청소년들이 모였습니다. 그들은 라틴계, 아메리카 원주민, 아프리카 계 미국인, 젊은 남여 청년들이었습니다. 그들은 기독교인, 무슬림, 흑인 히브리인, 전통적인 토착 종교의 종교들을 가지고 있었습니다. 그들은 Crips, Bloods, Disciples들로서 서로를 적으로 보는 죽음의 문화를 창조하는 갱단들이었습니다. 그러나 3일만에 그들은 죽음보다는 삶을, 적대심보다는 우정을 선택하게 되었습니다.

For three days they labored and struggled to strategize and envision a new future living together, respecting and affirming each other's identity. They were volatile moments when conflict arose, but each time prayed and waited until they could hear each other and understand in their own cultural language. Some prayed in the name of Jesus; other prayed in the name of Allah or Jehovah. At each of the moments of decision, as we waited we could feel the power of the Spirit moving allowing us to hear one another, creating new community. During the three days we ate together, prayed together, danced together and worshipped together.

The Christian community shared its resources to enable this moment of Pentecost to happen. All were transformed as the Holy Spirit enabled us to hear and see each other anew.

3일 동안 그들은 서로의 정체성을 존중하고 긍정하며 함께 사는 새로운 미래를 계획하고 구상하기 위해 노력하고 고군분투했습니다. 갈등이 일어났을 때는, 서로를 들어주고, 자신의 문화 언어로 이해할 수 있을 때까지 기도하고 기다렸습니다. 어떤 이들은 예수의 이름으로 기도했습니다. 다른 사람들은 알라나 여호와의 이름으로 기도했습니다. 결정의 순간마다, 우리가 기다릴 때 영의 힘이 움직이는 것을 느낄 수 있었기 때문에 우리는 서로를 듣고 새로운 공동체를 만들 수 있었습니다. 3일 동안 우리는 함께 먹고, 함께 기도하고, 함께 춤을 추고, 함께 예배를 드렸습니다.

기독교 공동체는 이 오순절의 순간이 일어날 수 있도록 자원을 공유했습니다. 성령께서 우리가 서로를 새롭게 듣고 볼 수 있게 하셨기 때문에 모든 것이 변화되었습니다.

이 스토리의 제목은 'A Moment of Pentecost(오순절의 순간)'이었다.

이 스토리를 비롯해서 이 책 전체를 읽고 느낀 것은, 선함과 착함을 추구하고 그런 선행으로 신에게 구하고 위안을 받고 만족을 누리게 되는 것이 종교구나 하는 생각을 했다. 이 스토리는 분명히 종교적인 착하고 선한 이야기였다.

그러나 오순절의 역사는 생명의 역사였다.

이 세상에서 서로 이해하고 싸우지 않고 착하게 살게 되는 역사가 아닌, 예수 그리스도의 죽음을 이기신 부활의 능력으로 인해서 우리도 죽음을 이기고, 하나님의 왕국에서 주님과 영원히 사는 축복을 누리게 되는 그런 생명의 역사였다.

하나님께서 사시는 하나님의 왕국에 들어갈 수 있는 자격이 될 수 있는 사람은 없다. 아무리 착하게 살아도, 아무리 많은 선행을 하여도 그런 자격이 되지는 않는다. 아무리 갱단의 멤버들이 싸우지 않고 살게 되었어도, 예수님의 부활의 능력이 없이 하나님 왕국에서 살 수 있는 자격을 얻을 다른 방법은 없다.

종교 개혁으로 인해서 이어오게 된 우리 개신교 신앙은, 십자가에 내가 온전히 죽고, 내 안에 사시는 예수님을 온전히 의지함으로 인해서, 부활의 능력으로 육에서 영으로 거듭나게 되는 신앙이다. 그러한 거듭난 영혼으로 인해서 하나님의 왕국에서 영원히 사는 영원한 생명을 얻게 되는 것, 그것이 생명의 역사이다.

그런데, 이 책에서 크리스천은 하나님께, 무슬림은 알라에게, 유대교인은 여호와에게 기도하면서 그들 안에서 평화를 누릴 수 있었기 때문에 그것은 오순절의 역사라고 이야기를 하는 것은, 생명의 역사의 근원이 되시는 주님만을 의지하는 삶이 아닌, 모든 다른 종교와 같이 주님의 공로 없이, 자신들의 선행과 열심으로 구원을 이룰 수 있다고 이야기하는 것이다.

이 책이 개신교의 협력 단체라고 하는 데에서 출판이 되었다고 하는 사실이 의아했다.

그리고 생각했다.
생명의 역사의 선포가 있고 없고의 차이는, 하나되거나 하나되기를 거부하는 이유가 될 수밖에는 없다.

16

수동적으로 이루는 선

우리에게는 95개 논제만이 마틴 루터의 반박문으로 잘 알려져 있다. 그렇지만, 95개 논제는, 면죄부를 파는 문제에 대한 심각성을 알리고자 하는 내용에 초점이 되어 있고, 6개월 후에 마틴 루터가 Heidelberg 에서 발표한 Heidelberg Disputation(헤이델베그 28개 논제)는 그가 주장하는, 믿음만으로 구원을 받는 신앙에 대한 정확한 논리를 제시해 준다. 이 논제의 내용을 볼때, 마틴 루터의 믿음으로만 구원을 받는 신앙에 이의를 제기하고 인간의 선행을 구원의 조건에 더하려고 하는 자들의 어리석음이 명확하게 조명된다.

자체가 귀한 내용이어서, 28개 조항 전체를, 영어로 된 내용과 번역을 한 내용을 같이 넣었다(58).

Heidelberg Disputation Theological Theses (1518) - Martin Luther

1. The law of God, the most salutary doctrine of life, cannot ad-

vance man on his way to righteousness, but rather hinders him.

1. 생명의 가장 유익한 교리인 하나님의 율법이, 인간이 의의 길로 나가는 것을 전진하도록 하는 것이 아니라 오히려 방해합니다.

2. Much less can human works, which are done over and over again with the aid of natural precepts, so to speak, lead to that end.

2. 자연 법칙에 의지한, 계속해서 반복해서 하는, 인간의 행위로 할 수 있는 것은 그보다도 훨씬 적습니다. 그 결국에 이른 것이라 하겠습니다.

3. Although the works of man always appear attractive and good, they are nevertheless likely to be mortal sins.

3. 사람의 행위가 언제나 선하고 아름다워 보인다고 할찌라도, 오히려 그것은 죽음에 이르는 죄가 될 수 있습니다.

4. Although the works of God always seem unattractive and appear evil, they are nevertheless really eternal merits.

4. 하나님의 역사는 항상 관심이 가지 않는 모양에 악해 보이기도 하지만 그럼에도 불구하고 그것은 영원에 이르는 공로가

됩니다.

5. The works of men are thus not mortal sins (we speak of works which are apparently good), as though they were crimes.

5. 죽음에 이른 죄가 아니라고 하는 사람의 행위들 (우리는 분병히 선한 행위를 이야기하는 것입니다) 이 그들의 범죄함이 됩니다.

6. The works of God (we speak of those which he does through man) are thus not merits, as though they were sinless.

6. 공로라고 할 수 없는 하나님의 역사 (우리는 사람을 통해서 하는 일에 대해서 말합니다) 가 그들의 온전함이 됩니다.

7. The works of the righteous would be mortal sins if they would not be feared as mortal sins by the righteous themselves out of pious fear of God.

7. 만약 그들이 하나님에 대한 종교적 두려움으로, 자신의 의로움을 의지하며, 죽음에 이르는 죄에 대해 두려워하지 않고 한, 의롭다는 자의 행위는 죽음에 이르는 죄가 됩니다.

8. By so much more are the works of man mortal sins when

they are done without fear and in unadulterated, evil self-security.

8. 순진함과 잘못된 자기 안전에 의해서 두려움 없이 행하는 사람의 행위는 훨씬 더 죽음에 이르는 죄가 됩니다.

9. To say that works without Christ are dead, but not mortal, appears to constitute a perilous surrender of the fear of God.

9. 말하자면, 그리스도가 없는 행위들은 죽은 것입니다. 그러나 하나님께 대한 두려움으로 엄격한 복종을 이루는, 죽은 것이 아닌 것처럼 보여집니다.

10. Indeed, it is very difficult to see how a work can be dead and at the same time not a harmful and mortal sin.

10. 참으로, 어떤 일이 죽은 일이고, 또 동시에 (어떤 일은) 해롭지 않으며, 죽음의 이르는 죄가 아닌지 (눈으로) 보기는 매우 어렵습니다.

11. Arrogance cannot be avoided, or true hope be present unless the judgment of condemnation is feared in every work.

11. 모든 일들 가운데 정죄하심의 심판을 두려워하지 않는 한, 오만함을 피할 수 없으며, 진정한 희망이 있을 수 없습니다.

12. In the sight of God sins are then truly venial when they are feared by men to be mortal.

12. 그들이 죽음에 이르는 죄에 대한 두려움이 있을 때에는, 하나님 보시기에, 죄는 진정으로 용서할 만한 것입니다

13. Free will, after the fall, exists in name only, and as long as it does what it is able to do, it commits a mortal sin.

13. 타락 후에 자유 의지는, 그 이름만 남은 것입니다, 그리고 그것이 할 수 있는 일을 하게 하는 한, 그것은 죽음에 이르는 죄를 짓습니다.

14. Free will, after the fall, has power to do good only in a passive capacity, but it can do evil in an evil capacity.

14. 타락 후에 자유 의지는, 수동적인 범위 안에서만 선을 행할 수 있는 힘이 있습니다. 그러나 악의 범위 안에 있을 때에는 악을 행합니다.

15. Nor could the free will endure in a state of innocence, much less do good, in an active capacity, but only in a passive capacity.

15. 자유 의지는 순결한 상태를 유지할 수 없으며, 능동적인 범위

안에서 선한 일은 더더욱 할 수 없습니다. 그러나 단지 수동 적인 범위에서만 할 수 있습니다.

16. The person who believes that he can obtain grace by doing what is in him adds sin to sin so that he becomes doubly guilty.

16. 자기 안에 있는 것을 행함으로 은혜를 얻을 수 있다고 믿는 사람은, 죄에 죄를 더하여 두 배의 죄를 짓게 되는 것입니다.

17. Nor does speaking in this manner give cause for despair, but for arousing the desire to humble oneself and seek the grace of Christ.

17. 이렇게 이야기하는 것이 낙담을 하게 하려는 것이 아니라, 자신을 낮추고 그리스도의 은혜를 구하려는 소망을 불러 일으키고자 하는 것입니다.

18. It is certain that man must utterly despair of his own ability before he is prepared to receive the grace of Christ.

18. 확실한 사실은, 사람이 그리스도의 은혜를 받고자 준비됨에 있어서, 그 전에 자신의 능력에 대해 완전히 절망하게 되어야 한다는 것입니다.

19. That person does not deserve to be called a theologian who looks upon the invisible things of God as though they were clearly perceptible in those things which have actually happened[Rom. 1. 20].

19. 보이지 않는 하나님의 것들을 실제로 일어난 눈에 선명히 보이는 것처럼 보는 그 사람은 신학자라고 불리울 자격이 없습니다(로마서 1:20).

20. He deserves to be called a theologian, however, who comprehends the visible and manifest things of God seen through suffering and the cross.

20. 가시적이고 명백한 하나님의 것들을 고난과 십자가를 통해 이해하는 그 사람은 신학자라고 불리워질 자격이 있습니다.

21. A theologian of glory calls evil good and good evil. A theologian of the cross calls the things what it actually is.

21. 영광의 신학자는 악을 선이라, 선을 악이라고 부릅니다. 그러나 십자가의 신학자는 실제로 있는 그대로 부릅니다.

22. That wisdom which sees the invisible things of God in works as perceived by man is completely puffed up, blinded and

hardened.

22. 하나님의 보이지 않는 것들을 사람의 보이는 행위로 본다고
하는 지혜는 완전히 주제넘는 것이고, 눈이 가려진 것이며,
마음이 굳은 것입니다.

23. The law brings the wrath of God, kills, reviles, accuses, judges,
and condemns everything that is not in Christ[Rom. 4.15].

23. 율법은 하나님의 진노를 불러오고, 죽이고, 모욕하고, 비난하
고, 판단하고, 그리스도 안에 있지 않은 모든 것을 정죄합니
다(로마서 4:5).

24. Yet that wisdom is not of itself evil, nor is the law to be evad-
ed; but without the theology of the cross man misuses the best
in the worst manner.

24. 그러나 그 지혜는 그 자체가 악한 것이 아니고 또한 피해야
할 법도 아닙니다. 그러나 십자가의 신학이 없으면 인간은
최선을 최악의 방법으로 오용합니다.

25. He is not righteous who does much, but he who, without
work, believes much in Christ.

25. 많은 일을 하는 사람이 의로운 것이 아니라, 일을 제외하고,

그리스도를 많이 믿는 자가 의로운 것입니다.

26. The law says "Do this", and it is never done. Grace says, "believe in this" and everything is already done.

26. 율법은 "이것을 하라"고 말하고 있습니다. 그러나 그것은 결코 행해지지 않습니다. 은혜는 "이것을 믿으라"라고 이야기합니다. 그리고 모든 것은 이미 이루어졌습니다.

27. Actually one should call the work of Christ an acting work and our work an accomplished work, and thus an accomplished work pleasing to God by the grace of the acting work.

27. 사실 우리는 그리스도의 사역을 실제로 행하신 우리의 성취된 사역이라고 불러야 합니다. 따라서 그것은 은혜의 역사하심에 따라 하나님을 기쁘시게 하는 성취된 사역입니다.

28. The love of God does not find, but creates, that which is pleasing to it. The love of man comes into being through that which is pleasing to it.

28. 하나님의 사랑은 찾게 되는 것이 아니고 기뻐하시는 대로 창조되는 것입니다. 사람의 사랑은 기뻐하시는 것을 통해서 존재하게 됩니다.

마틴 루터는 우리 인간의 처지, 상태, 수준을 향한 정확한 진단과 파악을 했으며, 우리 안에서 나오는 어떤 것도 선한 것이 있을 수 없고, 내 안에 사시는 그리스도로 인해서만 선한 것이 나올 수 있다는, 명확한 제시를 이 28개의 논제를 통해서 해 주었다.

우리 인간이 자꾸 실수를 하고, 우리가 무슨 선한 일을 할 수 있는 것처럼 생각을 하게 되는 것은, 우리의 처지, 수준, 주제를 잘 파악하지 못하기 때문이다. 우리는 에덴동산에서 죄를 범하여 타락을 하게 된 상태이고, 이 상태는 마틴 루터가 말한 대로 내가 주인이 되지 않고 주님이 주인이 되셔서, 우리가 수동적으로 따라가는 상태에서만, 주님으로 인해서 선한 열매를 맺을 수 있는 자들이다. 그래서, 우리의 선한 행동을 보시고 우리를 사랑을 하시고 구원을 하신 것이 아니라, 우리의 처지를 알고 그분을 의지하는 우리에게, 주님께서 우리 안에 오셔서 새 사람으로 창조해 나가신 것이라는 것이, 마틴 루터가 제시한 하나님의 사랑이다.

그리고 이런 믿음과 선행에 대한 메세지는, 말씀을 통해서도 우리에게 확증을 해 주셨다.

갈라디아서 2장 16절
"사람이 의롭게 되는 것은 율법의 행위에서 난 것이 아니요 오직 예수 그리스도를 믿음으로 말미암는줄 아는고로 우리도 그리스도 예수를 믿나니 이는 우리가 율법의 행위에서 아니고 그리스도를 믿음으로서 의롭다 함을 얻으려 함이라 **율법의 행위로서는 의롭다 함을 얻을 육체가 없느니라**"

로마서 9장 30-33절

"그런즉 우리가 무슨 말 하리요 의를 좇지 아니한 이방인들이 의를 얻었으니 곧 믿음에서 난 의요, 의의 법을 좇아간 이스라엘은 법에 이르지 못하였으니, 어찌 그러하뇨 이는 **저희가 믿음에 의지하지 않고 행위에 의지함이라 부딪힐 돌에 부딪혔느니라.** 기록된바 보라 내가 부딪히는 돌과 거치는 반석을 시온에 두노니 저를 믿는 자는 부끄러움을 당치 아니하리라 함과 같으니라"

로마서 3장 28절

"그러므로 사람이 의롭다 하심을 얻는 것은 **율법의 행위에 있지 않고 믿음으로 되는줄 우리가 인정하노라**"

참 감사한 일이다.

우리의 믿음의 선조들이 목숨을 걸고 지켜준 이 구원의 메세지가, 누군가의 말처럼 성경을 오해하여서 그 많은 사람을 희생시킨 실수가 아닌, 엄청나게 많은 사람들을 어두움 가운데에서 빛으로 인도하고 영원한 축복을 누리게 한, 하나님의 부흥의 역사였다는 사실이 참 감사한 일이다.

우리 안에 선한 부분을 찾으실 수 없으셨지만, 그럼에도 불구하고 그분을 의지하는 우리를 불쌍히 여기시고, 우리 안에 오셔서 창조의 역사를 이루어 가시는 하나님의 사랑, 그러한 사랑에 감격해서 하나님을 믿고 사랑하게 된 이 축복의 역사는, 정말 참 감사한 일이다.

능동적으로 우리가 우리 힘으로 우리 안에서 선행을 이룰 수 없는 존재라는 것을 깨닫게 해 주셨고, 주인 되시는 주님을 따라가면서 우리 안에 계시는 주님을 통해서 수동적으로 선을 이루는 삶을 살 수 있는 축복을 주신 하나님의 은혜가 정말 참 감사하다.

그리고 나는 매 순간 내가 주인이 되지 않는, 주님이 주인이 되시는, 수동적으로 하나님이 기뻐하시는 선을 이루는 삶을 살기를 소망한다.

17

사랑의 수준

아래의 내용은 WCC의 한국 지역 협회인 NCCK의 website에서 이 단체에 대해서 설명을 하는 내용이다[59].

"한국기독교교회협의회는 예수 그리스도의 복음이 널리 전파되어 이 땅에 사랑과 정의에 기초한 평화, 곧 그리스도의 평화가 이루어지도록 하는 것을 선교 사명으로 삼고 있습니다. 우리는 이일을 위해 대립과 차별을 해소하며 남북화해와 평화통일에 힘쓰고 인권을 증진하며 이웃사랑을 실천하되 우선적으로 가난한 자와 억눌린 자, 소외당하는 자와 차별받는 자의 입장에 서는 예언자적 전통을 계승하고자 합니다. 우리는 창조주 하나님께서 지으신 자연세계를 보전하고, 모든 생명이 위협받지 않고 번성하도록 하기 위해 일하고 있습니다."

이 단체의 목적과 방향에 대해서 알아 가면서 드는 생각이 있었다.

세상은 사랑을 이야기한다. 어떻게든 사랑으로 하나 되고, 이웃 사랑을 실천하고, 가난한 자와 억눌린 자, 소외당하는 자와 차별받는 자들 입장에서 위해 주는, 그러한 사랑을 우리는 이야기한다. 기독교에서만이 아니라, 가톨릭에서도, 그 외에 다른 종교들도, 마음을 합하고, 불쌍한 자들을 위해서 사랑을 베풀고, 서로 이해하고 안아 주며 하나 되는 사랑을 하자는 메세지가 가득하다.

그리고, 그러한 메세지는 가장 큰 가치를 제시하는 것으로 인정이 된다. 왜냐하면, 예수님께서는 요한복음 13장 34a절에, "새 계명을 너희에게 주노니 서로 사랑하라"라고 하셨다. 그리고, 예수님께서 "무슨 선한 일을 하여야 영생을 얻으리이까(마 19:16b)"라는 질문을 받으셨을 때에, "네가 생명에 들어가려면 계명들을 지키라(마 19:17b)"라고 대답을 하셨다. 또한, "간음하지 말라, 살인하지 말라, 도적질하지 말라, 탐내지 말라 한 것과 그 외에 다른 계명이 있을찌라도 네 이웃을 네 자신과 같이 사랑하라 하신 그 말씀 가운데 다 들었느니라(롬 13:9)"라는 바울의 말씀처럼, 주님이 주신 새계명, 서로 사랑하라는 계명이, 영생을 얻을 수 있는 가장 큰 가치인 것은 누구도 거부할 수 없는 진리이다.

그래서, 구제하고 희생하며 사는 삶을 요구하는 메세지는, 의심할 여지 없이, 하나님의 메세지로 받아들여지게 되고, 하나님의 인도하심으로 인정을 하게 된다.

그런데, 고린도전서 13장 3절 말씀에서 이렇게 말씀하신다. "내가 내게 있는 모든 것으로 구제하고 또 내 몸을 불사르게 내어 줄찌라도 사랑이 없으면 내게 아무 유익이 없느니라"

참 이해가 안 되는 말씀이다.

내게 있는 모든 것으로 구제를 하는 것 자체가 사랑이 아닌가?

내 몸을 불사르게 내어 주는 것보다 더 큰 사랑이 어디 있을 수 있는가?

마음이 없이 내게 있는 일부는 나누어 주더라도 모든것을 나누어 주는 구제를 할 수는 없는 일이고, 또한, 마음 없이 내 몸을 남을 위해서 불사르게 나누어 주는 것도 불가능한 일인데, 그 행동 자체가 사랑이 되지 않는다면, 도대체 사랑이 무엇이라는 것인가?

하는 질문이 생긴다.

그러면서, 우리가 하나님이 제시하시는 "사랑"이 뭔지를 제대로 알고 있지 못하나보다 하는 생각을 하게 되고, 또, 주님이 말씀하시는 "사랑"의 참 의미를 정확히 알아야 진정한 주님의 계명에 순종을 하는 삶을 살 수 있겠구나 하는 생각을 하게 된다.

주님이 말씀하시는 "사랑"의 참 의미가 무엇일까?

아무리 생각을 해도, 다른 사람들을 위해서 내가 가진 것이나, 목숨까지도 다 내어주는 희생보다 더 큰 사랑은 없는 것처럼 느껴진다.

그러면서 생각나는 성경 구절이 있었다.
요한일서 4장 16b절 "하나님은 사랑이시라."

결국 사랑의 정의는 하나님이셨다. 하나님이 곧 사랑이시고, 사랑은 곧 하나님이시다.

이제야 사랑에 대해서 이해가 되기 시작했다.

우리가 사랑이라는 것이 무엇인지 모르는 상태에서, 세상에서 보여지는 인간의 눈으로 선하다고 느껴지는 모습들로, 우리 안에 나름대로의 세상적인 사랑의 정의가 자리를 잡아 버렸다. 그런데, 하나님이 정의하시는 사랑은 하나님 자신이시다. 그러니까, 우리가 하나님을 모르면 사랑을 모르는 것이다. 그래서, 하나님 없이 하는 인간적인 희생이나 헌신이, 아무리 내게 있는 모든 것으로 구제하고 또 내 몸을 불사르게 내어 주는 일일지라도, 하나님이 정의하시는 사랑이라고 할 수는 없는 것이다.

그렇기 때문에, 어느 종교든지 사랑하는 것을 요구하고 있고, 그러한 사랑의 헌신과 희생을 통해서 모든 종교가 결국 다 영생을 얻을 수 있는 모양으로 보여진다고 해도, 그것은 우리 주님이 말씀하신 사랑하라는 계명을 지킨 것이 될 수는 없다는 말이다.

결국, 하나님만이 사랑이시기에, 하나님을 알지 못하면, 우리가 이웃을 사랑하는 것을 한다는 것은 불가능한 일이고, 우리가 하나님을 사랑한다는 것은 더더욱 불가능한 일이 된다.

그런데 보이지 않으시는 하나님을 우리가 어떻게 알고 참 사랑 자체이신 그분의 사랑을 우리도 할 수 있게 되는 것일까?

히브리서 11절 1장의 "믿음은 바라는 것들의 실상이요 보이지 않는 것들의 증거니"라는 말씀처럼, 보이지 않으시는 하나님을 보듯이 알 수 있는 증거가 되고, 그분을 알고자 소원하고 바라는 것에 실상이 되는 것이 곧 믿음이다.

우리는 믿음으로 하나님을 알 수 있고, 하나님을 알게 됨으로 인해서 참 사랑을 알 수 있게 된다. 믿음으로 하나님을 알고, 사랑을 알고, 주님의 "서로 사랑하라"라는 계명을 지키는 삶, 그것은, 다른 어떤 인간적인 희생이나 헌신을 하는 삶을 이야기하는 것이 아니라, 하나님의 심정으로 다른 사람을 품고, 하나님의 마음으로 다른 사람들을 대하며, 하나님이 바라보실 눈으로 다른 사람을 바라보는 것이다. 하나님을 알고 하나님의 마음을 가지지 않는 한, 참 이웃 사랑을 할 수는 없다는 이야기가 된다.

그런데, 이 세상에서 부모의 사랑을 볼 때도 부모 사랑의 수준에 차이가 있다.

편안하게 잘 먹고 잘 입고 잘 누리도록 해 주는 것을 최고의 사랑이라고 생각하는 부모가 있는 반면, 현재 고달프고 힘들어도 훈련하고 준비하여서 더 나은 미래를 누리도록 돕는 것이 더 중요한 사랑으로 생각하는 부모가 있다. 우리가 볼 때에도 전자보다는 후자가 더 높은 수준의 사랑으로 여겨진다.

이러한 부모의 사랑에 비해 하나님의 사랑은 그보다 더 높은 수준이어서 가끔은 우리에게 생소하게 느껴지기도 한다. 하나님의 사랑은 이 세상에서 누릴 수 있는 모든 것을 내려놓고서라도, 하나님의 왕국의 영원한 생명을 우리가 얻기를 소원하시는 수준의 사랑이시다. 그 영원한 생명에 대한 가치를 누구보다도 더 잘 아시는 분이시기에, 가장 좋은 것을 자녀에게 주시기를 소원하시는 마음이, 곧 하나님의 마음이고 그것이 곧 참 사랑이기 때문이다.

이러한 하나님의 심정, 하나님의 마음으로의 사랑을 알고 나면, 다른 이웃을 위해서 최선을 바라는 우리의 사랑의 마음도 그 수준이 달라진다. 우리가 사는 "이 땅에 사랑과 정의에 기초한 평화"나, "자연세계를 보존하고, 모든 생명이 위협을 받지 않고 번성 하도록" 하는 삶을 누리게 돕는 선행을 넘어서, 그 한 영혼 영혼이 하나님과 함께 영원한 생명을 누리는 축복을 나누고자 하는 데에 더 큰 목적을 두게 된다.

그리고, 그렇게 한 영혼 영혼에게 영원히 누릴 수 있는 너무나도 귀한 축복을 주시고자 소원하시는 하나님의 사랑을 알 때, 그러한 마음으로 나에게 매 순간 역사하시고 인도하시는 하나님의 마음에 감사하고 감격하여서, 하나님을 온 몸과 온 마음과 온 뜻을 다해서 사랑하고 따르지 않을 수 없게 된다.

18

모방된 하나님의 속성

이번엔, 빌리 그래함 목사의 후원단체 중에 하나였던 Modernist(현대주의자)에 대해서 알아보기로 했다.

미국에서 현대주의가 가장 부각이 된 것은, 1920~1930년도에 있었던 Fundamentalist-Modernist Controversy(근본주의자와 현대주의자의 논쟁)으로 인해서이다. 현대주의의 시작점이 그때였다기보다는, 그때가 논쟁으로 인해 현대주의가 가장 부각이 되었던 때였다. 진화론과 Higher Criticism(역사 비평 or 고등 비평)의 새로운 관념이 자리를 잡게 되면서부터, 신학자들로부터, 성경의 초자연적인 하나님의 역사의 부분을 인정하지 않고, 모든 성경말씀을 자연적이고 현실주의적인 생각으로 이해하고 해석하는 모양이 부각되고 인정이 되기 시작되면서, 전통적인 기독교 신앙과 마찰이 되기 시작하였다. 이 분열은 감리교와 프린스톤 대학교에서 시작을 해서 모든 기독교 교단에까지 영향을 미치는 결과를 낳았다(60).

Modernists들의 생각을 자세하게 이해하기 위해서, 그때 당시 자신들의 이념을 상세히 표현한 글들을 번역하여서 넣어 보았다.

아래 내용은 당시의 Oxford 대학의 Modernists 7명이 출판한 『Foundation; A statement of Christian Belief in terms of Modern Thought(기초: 현대주의 사상에 대한 기독교 신앙의 진술)』이라는 1913년도 책에서 현대주의의 이념을 표현한 내용이다.

It was the life of the historical person, Jesus of Nazareth, which created Christianity[61].

그것은, 기독교를 창조한 역사적 인간, 나사렛 예수의 삶이었다.

The logical attributes of God do not seem applicable to the historic Christ; and the "moral attributes," which are conspicuous in Christ, are not obviously characteristic of the Ruler of the Universe[62].

하나님의 논리적 속성이 역사적 그리스도에게는 적용되지 않는 것 같다. 그리고, 그리스도에게서 눈에 띄는 "도덕적 속성"은 분명히 우주의 통치자의 성격이 아니다.

And because man is meant for God, and only realizes his true nature when in union with God, the life of Jesus was the highest achievement and example of the possibilities of unspoiled man-hood(63).

그리고 인간은 하나님을 위한 것이며, 하나님과 연합할 때에만 그의 본성을 깨닫기 때문에, 예수의 삶은, 때묻지 않은 인간으로서의 가능성에 있어서, 가장 높은 성취이자 모범이었다.

Jesus was an historical figure and his death had historical causes(64).

예수는 역사적인 인물이었고 그의 죽음에는 역사적인 원인이 있었다.

nothing done or suffered by Jesus could make a vital difference to the characters of men(65).

예수가 한 일이나 받은 고통으로 인해서 사람들의 성품에 중대한 변화를 가져올 수 없다.

Jesus of Nazareth claimed that He was the Founder of the kingdom of God. That claim will never be admitted as a consequence of reasoning(66).

나사렛 예수는 자신이 하나님 나라의 창시자라고 주장했다. 그 주장은 추론의 결과로 절대로 인정되지 않을 것이다.

아래 내용은 당시의 현대주의의 중심이었던 University of Chicago 의 Divinity School 의 학장 Shailer Mathews 의 『Faith of Modernism(현대주의의 믿음)』이라는 1924년도 책에서 현대주의의 이념을 표현한 내용이다.

The belief in miracles is a pre-scientific exposition of the relations of God and the world[67].

기적을 믿는 것은 하나님과 세상의 관계에 대한 과학적 설명이 있기 이전의 해석이다.

The fact that men increasingly think of all events as involved in the general processes of cause and effect, makes belief in miracles ineffective[68].

사람들의 점점 더 모든 사건을 원인과 결과의 일반적인 과정과 관련된 것으로 생각하게 된 사실이, 기적을 믿는 것을 의미 없게 만든다.

But while it is difficult to establish the precise degree of Jesus' participation in the current messianic expectations with which we are now so familiar, it is beyond question that he shared in the general life of his time[69].

그러나 현재 우리에게 너무나 익숙한 메시아를 향한 기대에 예수가 얼마나 부응했는지를 정확히 파악하기는 어렵다. 하지만, 그가 그 시대의 평범한 사람의 삶을 산 것에 관련하여서는 의심할 여지가 없다.

Such an influence of the Holy Spirit upon an unborn child through the mother does not of necessity carry with it the denial of a human father, and such a view is not likely to be rejected by any believer in the influence of God on man[70].

어머니를 통해 태어나지 않은 아이에게 부어진 성령의 영향력이라는 것이, 인간 아버지 에 대해 부인하는 것이라고 할 필요가 없는 것이며, 그러한 견해는 인간에 관한 하나님의 영향력에 대하여 어느 신자에게서도 거부되지 않을 것이다.

The Jesus of history was not a lawgiver. He was a teacher and poet. For this reason we cannot treat his words as if they were prescriptions for our daily lives[71].

역사의 예수는 법을 주는 자가 아니었다. 그는 교사이자 시인이었다. 이런 이유로 우리는 그의 말을 우리의 일상 생활의 규정인 것처럼 취급할 수 없다.

The uncertainty which attends the historical testimony to the Virgin Birth is lacking in the case of the resurrection[72].

부활에 관하여는, 동정녀 탄생에 대한 역사적 증언에 부족함으로 인해서 불확실하다.

Strictly speaking Jesus was not a sacrifice. He was not offered for his friends by a priest on an altar; he was executed by his enemies upon a cross. As long, however, as the practice of sacrifice continued in the world from which the Christian group drew its members it was not necessary to do more than use it as an analogy; but that it was not central in the thought of the church is evident to any reader of the literature of the early centuries[73].

엄밀히 말하면 예수는 희생제물이 아니었다. 그는 제단 위에서 그의 친구들을 대신해서 제사장에 의해 제물로 바쳐지지 않았다. 그는 십자가에서 그의 적들에 의해 처형당했다. 그러나, 희생제물로의 관행이, 회원을 끄는 기독교 단체에 의해서 계속되는 동안, 그것을 비유로 사용하는 것 이상일 필요가 없었다. 그러나 그것이 교회 사상의 중심이 아니었다는 것은 세기 초기의 문학 독자라면 누구나 분명히 알 수 있다.

Despite the effort made by Jesus to disabuse their minds of the hope of bloody revenge, they clung to their inheritance. After Jesus had been killed without fulfilling these desires it was natural that they should attach them to his future[74].

예수께서 피의 복수에 대해서 그들이 마음에 두지 않도록 하신 노력에도 불구하고 그들은 그러한 상속받는 것을 고수했다. 그 이후, 예수께서 그 소망을 이루지 못한 채 죽임을 당하고 나서, 그들이 그 소망을 그의 미래로 연결짓는 것은 당연한 일이었다.

This is the Modernist's eschatology - an uplifting hope for a social order in which economic, political and all other institutions will embody the cosmic good will which Jesus taught and revealed; and of an advance through death of those possessed of Christ like attitudes to a complete and joyous individuality[75].

이것이 현재주의자들의 종말론이다 - 경제, 정치 및 기타 모든 분야에서 예수가 가르치고 계시한 세계적인 선행을 구현할 사회 질서를 향한 소망의 고양, 그리고 그리스도의 태도를 가진 자들의 죽음을 통한 온전하고 활기찬 독창성으로의 진보.

the Modernist will not stake this faith upon untested traditions, but will ground it on literary criticism, history and his own experience[76].

현대주의자들은 이 믿음을 검증되지 않은 전통에 걸지 않고, 문학 비평, 역사, 및 자신의 경험에 그 기반을 둘 것이다.

책의 내용을 많은 부분 삽입을 한 것은, 한 부분의 설명을 문맥에 맞지 않게 인용을 한 것이 아니라, 책 전체의 내용이 이러한 내용임을 알리기 위함이다.

이 책들을 읽으면서 느낀 내용은, 현대주의는 개신교의 한 부분의 이념으로 볼 수 있는 것이 아니라, 이것은 다른 종교라는 것이다. 예수께서 우리가 믿고 의지하는 신이 아니시고, 역사적인, 선하게 살다 가신, 한 인간이라고 한다면, 그것은 기독교의 신앙과는 완전히 대립을 하는 것이고, 이것은 아예 기독교가 아닌 새로운 종교로 인정을 하는 것이 가장 맞을 것이다.

그러면서, 마지막 때에 혼돈 가운데 세상을 혼란케 하고자 하는 사단의 꾀임에 관한 하나님의 말씀이 이해가 되었다.

요한계시록 12장 9b절에 이런 말씀이 나온다. "옛 뱀 곧 마귀라고도 하고 사탄이라고도 하며 온 천하를 꾀는 자라"

헬라어로 꾀는 것에 대한 단어는 πλανάω인데, 길을 잃게 하고, 속이고, 방황하게 한다는 뜻이 있다. 그런데, 속이는 것은, 자신의 속성을 가리고 다른 속성을 모방을 하는 것인데, 무슨 속성을 모방하는지가 깨달아졌다. 결국, 하나님의 속성을 모방을 하는 것이고, 하나님의 속성인, 믿음, 소망, 사랑을 모방해서 그의 일이 하나님의 일인지 사단의 일인지를 모르게 속여서 페이도록 하는 그런 일을 한다는 사실이었다.

그래서, 사단이 제시하는 믿음, 소망, 사랑과, 하나님께서 우리에게 제시하시는 믿음, 소망, 사랑에 대한 확실한 분별이 있어야 하겠다는 생각을 했다.

우리는 생각할 때, 살인, 거짓말, 간음, 도적질 같은 부정적인 것들만이 사단에게 속한 것이고, 화합하고, 화평하고, 구제하는 것과 같은 긍정적인 것들은 다 하나님께 속한 것이라고 선과 악을 가르며 생각을 한다. 그러나, 사단은 그러한 고정된 관념을 공략해서 오히려 우리가 생각하는 '선'의 모습을 가지고, 우리를 미혹하고 넘어지게 한다.

하나님께서 믿음과 소망과 사랑을 제시하실 때, 사단도 미혹이 될 만한 믿음의 모습, 미혹이 될 만한 소망의 모습, 미혹이 될 만한 사랑의 모습을 제시한다.

지금 세상 사람들의 마음 가운데 '믿음'이라는 모습으로 '합리적이고 분석적인 확고한 생각', '인간인 우리가 열심히 노력하면 뭐든지 할 수 있다는 신념', '긍정적이고 진취적으로 나아가는 사고방식', '내가 생각하는 대로 그대로 이루어진다는 확신' 등을 가지고, 끝까지 확신하고 믿고 노력할 때 안 될 일이 없고 못할 것이 없다는 생각의 체계로, 이 세상에서의 성공을 제시하며, 이것이 하나님이 말씀하시는 '믿음'인 것으로 우리를 속인다.

현대주의자들도, 자신들의 과학적인 생각이, 성경 말씀에서 말씀하신 그대로를 인정하는 것보다 더 확실한 믿음이라고 생각하였다. 위에 내용에서 "현대주의자들은 이 믿음을 검증되지 않은 전통에 걸지 않고, 문학 비평, 역사, 및 자신의 경험에 그 기반을 둘 것이다."라고 말을 하면서 자신들의 믿음의 확고함을 이야기하였다.

그런데, 이러한 믿음은, 하나님께서 말씀하시는, 하나님만을 의지하는 믿음이 아닌, 나 자신을 의지하는, 내가 뭐든지 할 수 있다는 신념을 갖는, 하나님이 보시기에는 악한 믿음이다. 내 지식을 의지하고, 내 노력을 의지하고, 내 사고방식을 의지하고, 내 확신을 의지하는 믿음은, 갈라디아서 2장 20절에 내가 십자가에 죽고 내 안에 사시는 그리스도를 믿는 믿음이 아니다. 그것은, 나를 믿는 믿음이기 때문에, 나에게서 나오는 선악과의 열매이고, 그것은 하나님이 제시하시는 주님을 믿고 의지하는 믿음이 아니어서 생명의 열매를 맺을 수가 없다.

지금 세상 사람들의 마음 가운데 '소망'이라는 모습으로, '이 세상에서 잘 되는 것에 대한 기대', '나의 목표를 이루기를 바라는 희망', '이 땅에서 추구하는 바를 성취하는 것에 대한 염원', '내가 도달하고자 하는 꿈'이 부각되며, 내가 꿈꾸는 삶을 향한 '소망'을 가지고 노력할 때 이루어지지 않을 일이 없다는 생각의 체계로, 이 세상에서의 성공을 제시하며, 이것이 하나님이 말씀하시는 '소망'인 것으로 우리를 속인다.

현대주의자들도 '경제, 정치 및 기타 모든 분야에서 예수가 가르치고 계시한 세계적인 선행를 구현할 사회 질서를 향한 소망'을 가지고 이 세상에서의 좋은 세상의 구현을 기대하는 것이 그들의 마지막 때를 향한 소망이라고 이야기하였다.

그런데, 이러한 소망은 하나님께서 우리에게 말씀하시는, 하나님의 왕국, 하늘나라에서 영원한 생명을 누리는 천국 소망에 초점을 둔 것이 아니라, 이 세상의 삶에 초점이 되어 있기 때문에, 하나님께서 제시하시는 소망이 아니다. 이러한 소망은 갈라디아서 5장 5절에 "우리가 성령으로 믿음을 따라 의의 소망을 기다리노니"라고 말씀하시는, 믿음을 따라 하는 의의 소망이 아니기 때문에, 생명의 열매를 맺을 수가 없다.

지금 세상 사람들의 마음 가운데 '사랑'이라는 모습으로 '한 마음으로 협력해서 일하는 것', '남을 위해서 나의 것을 내어주는 구제', '다른 사람을 위해서 하는 희생', '소외된 사람들을 위해서 하는 헌신'이 모든 것을 희생해서라도 추구해야 할 가장 큰 가치가 있는 것이라고 제시를 하며, 이것이 하나님이 말씀하시는 '사랑'인 것으로 우리를 속인다.

현대주의자들의 메세지도 'Social Gospel'을 아주 강하게 주장을 하고 사회적 사역을 하는 것을 가장 큰 목적을 두었다. 이 세상에서 선행을 통해서, 더 나은 사회를 구현하는 메세지를 많이 부각을 하였고, 그로 인해서 가장 큰 가치를 이루는 것으로 확신하였다.

그런데, 이러한 사랑은, 하나님께서 한 영혼 한 영혼을 바라보시며 그들이 영원한 생명을 얻기를 소원하시는 하나님의 사랑에 초점을 둔 것이 아니라, 이 세상에서의 나의 의로 말미암은 선행에 초점이 되어 있기 때문에, 하나님께서 제시하시는 사랑이 아니다. 이러한 사랑은 요한1서 4장 16절에 "하나님이 우리를 사랑하시는 사랑을 우리가 알고 믿었노니 하나님은 사랑이시라"라고 하시는, 하나님으로 인한 영원한 생명을 추구하는 사랑이 아니고, 죄인인 내 안에서 나오는, 선악과의 열매인 선행이기 때문에, 생명의 열매를 맺을 수가 없다.

결국 사단은 가장 영적이고 가장 하나님 중심적인 것을 모방해 가면서, 사람들을 미혹하는 것이다.

십자가를 통해서, 보이지 않으시는 하나님을 보이듯이 아는 것이 믿음이다.

십자가를 통해서, 그려지지 않는 하나님의 계획하심을 확신을 가지고 바라보게 되는 것이 소망이다.

십자가를 통해서, 이해할 수 없는 하나님의 마음을 실제적으로 깨닫게 되는 것이 사랑이다.

하나님은 믿음이시고, 소망이시며, 사랑이시다.

그것은, 참 진리이시고 참 빛이신 하나님의 본질이며 속성이다.

하나님이신 성령이 그분의 사랑하는 자녀 안에 믿음과, 소망과 사랑의 모습으로 오셨다. 그래서, 그분을 사랑하는 자녀들은, 믿음과 소망과 사랑의 소유자들이다.

참 믿음과 소망과 사랑의 소유자들은, 모방을 한 믿음과 소망과 사랑을 분별한다.

어두움이 온 땅을 덮은 이 세상, 거짓이 관영하는 이 땅에서, 믿음과 사랑과 소망이신 하나님만이 참 빛이며, 참 진리임을 깨달은 하나님의 자녀들을 통해서 합심하여 무엇이든 구할 때 이루어 주시는 하나님의 역사하심 안에서, 하나님의 소원하시는 구원의 역사, 부흥의 역사를 이루어 나가실 것을, 사랑으로 바라보고, 소망으로 기대하고, 믿음으로 확신한다.

19

부흥의 횃불

현대주의에 대해서 알아 가면서, 이해가 되지 않는 부분들이 있었다. 개신교는 예수 그리스도를 우리의 구세주로 믿고 섬기는 종교인데, 예수 그리스도를, 한 선하게 살다 간 인간 이상으로 인정을 할 수 없다고 한다면, 그것은 더 이상 개신교의 신앙이 아닌데, 왜 현대주의자들은 개신교인으로 남아서 개신교인으로 인정이 되기를 원했을까 하는 사실이다.

1920년에서 1930년도에 있었던 근본주의자들과 현대주의자들의 논쟁의 결과는, 현대주의자들의 승리였다. 왜냐하면, 결국 현대주의자들의 이념을 인정 못하겠다는 근본주의자들이 주류에서 나와서 출판사와 신학교들을 세우게 되었고, 현대주의자들은 그때까지의 모든 대학 체계, 출판 사역을 그대로 이어가게 되었기 때문이다(77).

빌리 그래함의 집회를 후원하는 것만 해도, 그들의 새로운 이념을 알릴 수 있는 그들의 집회들을 만들어서 사람들에게 영향력을 끼치는 것이 더 좋았을 텐데, 왜 근본주의의 모양을 가지고 시작한 빌리 그래함 집회에 연결이 되어서, 그 집회의 후원과 운영을 맡아서 감당을 하였는지 이해가 되지를 않았다.

그래서, 현대주의의 시작점에 대해서 더 자세히 알아보기로 했다.

『The Fathers Refounded』이라는 20세기의 Christianity 역사책에 따르면, 현대주의의 시작을 19세기의 Europe으로 보고 있다.

> Modernist movement should be understood in the context of social, political, intellectual, and scholarly developments of nineteenth-century Europe[78].
>
> 현대주의의 운동은 19세기 유럽의 사회적, 정치적, 지적, 학술적 발전의 맥락에서 이해되어야 합니다.

그리고, 미국의 대학들이 유럽으로부터 온 교수들의 영향 가운데에서 현대주의에 영향을 입게 되었는데, 이 책에서 Catholic Modernism(가톨릭 현대주의)와 Protestant Liberalism(개신교 자유주의)의 친화성에 대해 이야기를 한다.

As will become clear, there were notable affinities between Catholic Modernism and Protestant Liberalism, even though Catholic Modernists often disclaimed this association. Both critiqued "tradition," advocated new scholarship, and challenged ecclesiastical authority. Some American Protestant professors of this era, unlike many of their anti-Catholic predecessors, explicitly embraced the goals of Catholic Modernism in their writing and teaching. Modernism and Liberalism held out the promise of friendship between Christianity and modern intellectual and social culture[79].

분명히 알게 되겠지만, 가톨릭 현대주의가 종종 연관성을 부인하긴 해도, 가톨릭 현대주의와 개신교 자유주의 사이에는 주목할 만한 친화성이 있었다. 둘 다 "전통"을 비판하고 새로운 학문을 옹호했으며 교회 권위에 도전했다. 이 시대의 일부 미국 개신교 교수들은 많은 반 가톨릭 전임자들과 달리 그들의 글과 가르침에서 가톨릭 현대주의의 목표를 명시적으로 수용했다. 현대주의와 자유주의는 기독교와 현시대의 지적 및 사회 문화 간의 우정을 약속했었다.

그러한 연관성에 대해서 또 이렇게 설명한다.

Could describe Modernism as "the fruitage within Catholicism of

the same principles of freedom and individuality which in our own day have given birth in Protestantism to the new theology." [80]
현대주의는 "우리 시대에 개신교에서 새로운 신학을 탄생시킨 것과 동일하게 가톨릭 내에서의 자유와 독창성의 결실을 맺었다."

그러니까, 개신교의 자유주의자들이 현대주의를 만들어 가면서 가톨릭의 현대주의와 하나가 될 수 있었던 것이었다. 그리고, 가톨릭의 현대주의나, 개신교의 현대주의, 모두 다 'Social Gospel', '사회적 복음'을 아주 강조하는 특성을 부각해 나간다.

Liberal theology and the Social Gospel served as "fragments to be shored against the ruins of traditional faith." To be sure, many Protestants, as well as Catholic Modernists, thought that upon those "ruins" they were building a new edifice strong enough to meet the challenges of the twentieth century [81].
자유주의 신학과 사회 복음은 "전통적인 신앙의 폐허에 맞서기 위한 일부분"의 역할을 했다. 확실히 많은 개신교인들과 가톨릭 현대주의자들은 그 "폐허" 위에 20세기의 도전에 맞설 만큼 강력한 새로운 건물을 짓고 있다고 생각했었다.

개신교 자유주의자(곧 현대주의자)들은 1908년도에 Federal Council

of Churches(FCC)를 세우게 되고 'Social Gospel', '사회복음'을 강조하며 사회적 사업에 중점을 두는 사역을 하게 된다[82]. 그리고 FCC는 40여 년 후에 National Council of Churches(NCC)로 이름을 바꾸게 된다[83]. 그런데, NCC는 World Council of Churches(WCC)의 지역 단위 협회이다[84]. 『The Genesis and Formation of the World Council of Churches(세계 교회 협의회의 기원와 형성)』이라는 책에서 설명하기를 FCC가 WCC를 설립하게 되는 주춧돌의 역할을 감당을 한다[85]. 그래서, 모든 나라별로 하는 지역 단위의 WCC의 체계로 Federal에서 National로 이름을 바꾸고 현대주의자가 창시한 FCC는 세계적인 단체로 탈바꿈하게 된 것이었다. 그래서, WCC의 한국 협회는 National Council of Churches in Korea(NCCK or KNCC) 한국기독교교회협의회이다[86].

이렇게 모든 것이 연결이 될 것이라고 생각을 못했는데, 이렇게 연결이 되고 나니까 오히려 이해가 간다. 빌리 그래함 집회에 현대주의자들, WCC 관련자들, 가톨릭이 함께 후원을 하는 것이 너무 독특하다는 생각을 하였는데, 그렇게 다 연결이 된다는 것을 알게 되니까 이제는 전체적인 상황이 더 명확해지기 시작했다.

그런데, 아직도 이해가 안 되는 부분이 남아 있다. 왜 그들은 자신들의 정확한 이념을 표현하는 집회를 만들어서 후원을 하고 영향력을 넓혀 갈 것이지, 근본주의자의 모양으로 시작한 빌리 그래함 목사의 집회를 후원하고 지원을 하면서 오히려 자신들의 이념이 뒤섞이도록 하는 상황을 만들었을까?

『The Religious History of America(미국 종교 역사)』라는 책에서 근본주의와 현대주의의 논쟁이 크게 있었던 20세기가 끝나가면서, 그로 인해서 남게 된 여파에 대해서 설명을 한다.

> THEOLOGICAL AFTERMATH: One must keep in mind that the labels modernist and fundamentalist represent special types more than they do the full-orbed reality that is American religion. At no time in the twentieth century was it possible to classify the majority of church and synagogue members as belonging to either one or the other of these categories. Where did everyone else fit? Probably somewhere in the middle, attracted now to aspects of one position then to aspects of another but never wholly aligned with each other[87].
>
> 신학적 여파: 현대주의와 근본주의라는 라벨은 미국 종교라는 완전한 현실을 표현하는 것보다 더 특별한 유형을 나타낸다는 점을 유의해야 합니다. 20세기에 대다수 교회나 회당 멤버들이 그 두 범주 중에서 어느 범주에 속하는지 아니면 그 외에 다른 범주에 속하는지 구분을 할 수가 없었습니다. 그렇다면 모든 다른 사람들이 어디에 속하는 것일까요? 아마도 중간 어딘가에 있을 것입

니다. 이제는, 한 입장의 양상에 유인되거나 다른 입장에서 그렇지 않거나 하는 부분이 있지만, 서로가 완전히 일치했었던 적은 한번도 없었습니다.

위에 내용에 관하여서 역사가 입장에서는, 그렇게 섞일 수 없는 믿음의 메세지가, 시간이 지나면서 다 섞여 버리게 된 일에 대한, 그 여파를 감히 가늠할 수가 없을 것이다. 역사적으로, 그만큼의 다른 견해가 있을 경우에는, 다른 종파나, 다른 종교로 나뉘게 되었다. 그런데, 이 경우에는, 예수님을 구세주로 믿고 안 믿고 하는 엄청난 차이로 인한 분열이었기 때문에, 그러한 다른 이념을 가지고도 하나로 섞인다는 것은 도저히 있을 수 없는 일이다. 그런데, 그들은 끝까지 개신교 안에서 자리를 잡고 모든 교회들을 연합시키며, 믿음의 근본적 차이가 있다는 사실조차 깨닫지 못하는 상황으로 만들어 버리며 하나 됨을 이루었다.

위의 역사적 사실은, 예수님으로 인한 구원의 메세지가, 그것에 반대하는 메세지와 섞여서, 참 진리가 희석이 되는 상황이 만들어졌다는 것을 증명을 해 주는 내용이다. 그렇지만, 왜 오히려 그들이 자신들의 이념이 뒤섞이도록 하는 상황을 만들었을까 하는 것에 대한 해답은 되지 않았다.

그들의 행동의 결과로 보자면, 그들에게 자신들이 믿는 바가 정확히 알려지고 인정되는 것은 중요하지 않았다. 그렇지만 상대방 측의 메세지가 정확히 알려지고 인정되는 것을 막는 것은 중요하였다. 그리고 우리는 그들의 기대에 부응하도록 섞여 주었고 연합하여 주었다.

정말 한 세기 동안이나, 주님을 주님으로 인정해 드리지 않는 믿음과 다 섞여서, 그 안에서 하나가 되겠다고 하고 연합을 하면서, 그렇게 지낸 우리 기독교의 한 세기의 역사가 너무나 속상하고, 주님 앞에 너무나도 죄송하다.

하나님이심에도 우리를 위해 오셔서 자신을 다 내어 주시는 희생으로 우리에게 영원한 생명을 얻는 길을 주셨는데, 그러한 주님을, 인간들이, 감히 자격이 안되신다고 하며 구세주로 인정하지 않는 배척을 하고… 그러한 주님을 배척을 하는 이들과 우리는 하나됨을 이루겠다고 연합을 하고…

우리는, 눈이 멀어 있었고, 깨닫지 못하고 있었고, 분별하지 못하고 있었다.

우리 안에 어느 누구도 이러한 무지함의 죄에 있어서 자유로울 수 있는 사람은 없다. 왜냐하면, 우리는 이러한 어두움 가운데에 빛을 비추는 횃불을 들지 못했기 때문이다.

그래도 우리가 하나님의 은혜 안에서 담대할 수 있는 것은, 지금 우리가 회개하고 주님을 의지할 때, 우리를 통해서 횃불을 들게 하시고 부흥을 일으키실 수 있는 능력이 우리 주님께 있으시기 때문이다.

20

부흥의 도구

현대주의자들로 인해서 있었던 교회의 역사를 보면서, 우리에게 분별이라는 것이 얼마나 중요한 것인가를 생각하지 않을 수 없었다.

사도 바울도 바른 분별이 없을 때 하나님을 위해서 열심을 낸다고 하는 것이 오히려 주님의 자녀들과 주님을 핍박을 하는 일을 하게 되었었다.

십자군 당시, 십자군으로 참여를 하는 사람들은, 하나님을 위해서 싸우는 것이라고 생각을 했으며, 그렇게 하나님을 위해서 싸우는 자들을 위해서 가톨릭 교회에서는 면죄부를 주었다. 바른 분별이 없을 때, 죄를 사함받고 하나님을 위해서 싸운다는 마음으로, 사람들을 혐오하고 칼로 사람들을 죽이는 열심을 내면서 오히려 죄를 쌓는 일을 하게 되었다.

예수 그리스도께서 살아계실 당시 바리새인들과 서기관들은, 기도를 많이 하고, 금식을 많이 하고, 성경을 많이 읽으며, 메시아가 오신다는 희망을 품고 살았고, 하나님의 율법을 지키는 일에 관하여서 특심을 내었던 사람들이었다. 그들이 자신들의 하는 것이 바른 것이라는 것에 대한 확신이 없었다면, 그토록 뜨거운 열심으로 종교 생활을 한다는 것은 불가능한 일이었을 것이다. 그런데, 그들은 예수님이 그들이 그렇게 고대하던 메시야라는 사실을 분별하지 못하였다. 그리고 결국, 그들에게 바른 분별이 없을 때, 메시야를 죽인 자들이 되었다.

　그래서, 사도바울은 빌립보서 1장 9-10절에서 "내가 기도하노라 너희 사랑을 지식과 모든 총명으로 점점 더 풍성하게 하사, 너희로 지극히 선한 것을 분별하며 또 진실하여 허물 없이 그리스도의 날까지 이르고"라는 기도를 하였다.

　그러면, 우리는 어떻게 바른 분별을 하여서, 하나님을 대적하는 자로 쓰임을 받는 것이 아니라, 하나님의 역사의 도구로 쓰임을 받을 수 있는지를 생각해 보는 것은 그 무엇 보다도 중요한 일일 것이다.

　그런데, 로마서 8장 5-8절에서는 분별의 선을 어떻게 그어야 하는 것인지를 선명하게 우리에게 알려준다. "육신을 따르는 자는 육신의 일을, 영을 따르는 자는 영의 일을 생각하나니, 육신의 생각은 사망이요 영의 생각은 생명과 평안이니라, 육신의 생각은 하나님과 원수가 되나니 이는 하나님의 법에 굴복하지 아니할 뿐 아니라 할 수도 없음이라, 육신에 있는 자들은 하나님을 기쁘시게 할 수 없느니라"

이 말씀에서는 정확하게 두 부분이 나누어지는 모양의 설명을 해 주신다. 중간이 없다. 한쪽은, '육신을 따르는 자', '육신의 일', '육신의 생각', '사망', '하나님과 원수됨', '하나님의 법에 굴복하지 않음', '하나님을 기쁘시게 할 수 없음'이 자리를 한다. 반대쪽은, '영을 따르는 자', '영의 일', '영의 생각', '생명', '평안'이 자리를 한다.

그런데 우리는 '영'에 대한 지식이 없다. '영 분별'이라고 하면, 초자연적인 부분이어서 우리 눈에는 보이지 않고 느껴지지 않아서 우리가 감히 자세히 알고 분별을 할 수 있는 부분이 아닌 것 같은 생각이 든다.

하지만, 성경에서 영에 대한 정확한 정의를 우리에게 해 주셨다.

요한복음 4장 24a절에서 "하나님은 영이시니"라고 말씀하셨다. 하나님은 영이시기에, 영 분별은 결국 육신의 일과 하나님의 일을 분별을 해야 하는 것이다.

그런데, 육신에 속한 우리가 하나님의 속하게 되는 것은 불가능하기 때문에, 이 분별 가운데에는 십자가가 있어야 할 수 밖에 없다.

육신을 따르는 자인 우리가, 십자가의 죽음과 주님을 믿음을 통해서, 영이신 하나님을 따르는 자가 된다.

육신의 일들이, 십자가의 죽음과 주님을 믿음을 통해서, 영의 일들이 된다.

사망의 이르는 육신의 생각들이, 십자가의 죽음과 주님을 믿음을 통해서, 생명의 이르는 영의 생각들이 된다.

율법 아래 있던 저주의 삶이, 십자가의 죽음과 주님을 믿음을 통해서, 복음 아래 있는 은혜의 삶이 된다.

인간적인 선행으로의 사랑의 삶이, 십자가의 죽음과 주님을 믿음을 통해서, 하나님의 영생을 주고자 하시는 사랑으로의 삶이 된다.

하는 일들 가운데서 나의 의를 나타내고자 하는 마음이, 십자가의 죽음과 주님을 믿음을 통해서, 매 순간 하나님의 의만을 나타내고자 하는 마음이 된다.

인간적인 노력으로 하나님을 기쁘시게 하려고 하는 삶이, 십자가의 죽음과 주님을 믿음을 통해서, 믿음으로 하나님을 기쁘시게 하는 삶이 된다.

하나님의 자녀의 자격이 되려고 하는 노력이, 십자가의 죽음과 주님을 믿음을 통해서, 택하여 주심에 감격하여 감사함이 된다.

나의 뜻을 이루기 원하는 마음이, 십자가의 죽음과 주님을 믿음을 통해서, 하나님의 뜻이 이루어지기를 소원하는 마음이 된다.

현실만 보이던 내 관점이, 십자가의 죽음과 주님을 믿음을 통해서, 영원한 축복이 보이는 관점이 된다.

무겁고 얽매였던 삶이, 십자가의 죽음과 주님을 믿음을 통해서, 살아나고 자유하게 된다.

세상적인 축복에 집착하던 삶이, 십자가의 죽음과 주님을 믿음을 통해서, 영원한 축복을 사모하는 삶이 된다.

머리로 믿던 믿음이, 십자가의 죽음과 주님을 믿음을 통해서, 마음으로 믿는 믿음이 된다.

불안과 초조 가운데 살던 삶이, 십자가의 죽음과 주님을 믿음을 통해서, 성령 안에서의 의와 평강과 희락의 삶이 된다.

목마른 삶이, 십자가의 죽음과 주님을 믿음을 통해서, 생수가 넘치는 삶이 된다.

현세 중심의 삶이, 십자가의 죽음과 주님을 믿음을 통해서, **부활의** 삶이 된다.

주님으로 인해서 내가 흥하려는 마음이, 십자가의 죽음과 주님을 믿음을 통해서, 주님은 흥하시고 나는 쇠하고자 하는 마음이 된다.

선한 모습을 이루고자 하는 마음이, 십자가의 죽음과 주님을 믿음을 통해서, 내 힘으로 선함을 이룰수 없는 나의 본전을 깨닫는 마음이 된다.

어두움의 삶이, 십자가의 죽음과 주님을 믿음을 통해서, 빛 가운데의 삶이 된다.

나는 할 수 있다는 생각이, 십자가의 죽음과 주님을 믿음을 통해서, 나는 할 수 없지만 내게 능력 주시는 자 안에서만 나는 할 수 있다는 생각이 된다.

인간의 노력을 중요시하는 마음이, 십자가의 죽음과 주님을 믿음을 통해서, 결국 다 하나님의 손임을 선포하는 마음이 된다.

지성이면 감천이라는 생각이, 십자가의 죽음과 주님을 믿음을 통해서, 믿음만이 감천이라는 생각이 된다.

도덕적으로 착한 것이 선이라는 생각이, 십자가의 죽음과 주님을 믿음을 통해서, 하나님 중심적인 것만이 선이라는 생각이 된다.

내 뜻을 하나님이 다 이루실 것이라는 생각이, 십자가의 죽음과 주님을 믿음을 통해서, 내 뜻을 부수시고 하나님의 뜻을 이루실 것이라는 생각이 된다.

세상에서의 성공을 최고로 알던 마음이, 십자가의 죽음과 주님을 믿음을 통해서, 하나님의 뜻이 이루어지는 것이 최고로 알게 된다.

편안함을 원하는 마음이, 십자가의 죽음과 주님을 믿음을 통해서, 평안함을 누리게 된다.

마음에 내 중심의 선악과를 만들어 놓고 판단 기준을 삼았던 삶이, 십자가의 죽음과 주님을 믿음을 통해서, 죄인에게 생명을 주신 하나님의 중심 안에서만 분별의 기준을 삼는 삶이 된다.

참소자의 삶이, 십자가의 죽음과 주님을 믿음을 통해서, 중보자의 삶이 된다.

누가복음 17장 33절에서 "무릇 자기 목숨을 보전하고자 하는 자는 잃을 것이요 잃는 자는 살리라"라고 말씀을 하셨다. 십자가에 죽음을 통하지 않고는 목숨을 보전할 방법이 없고, 십자가의 죽음을 통하면 생명이 있다. 결국, 십자가 전은 육신이며 사망이고, 십자가 후는 영이고 생명이다. 위의 글들에 있어서, 전자는 육신이며, 어두움이며, 사망이 되는 것이고, 후자는, 영이며, 생명이며, 빛이 되는 것이다. 십자가로 나누고 나면, 빛과 어두움, 육신과 영은 너무나도 확실히 분별이 된다. 하나나님께서는 말씀 안에서 우리에게 정확한 영 분별의 기준을 주셨다.

십자가로 인한 영 분별을 통해서, 주님의 자녀들이 생명의 삶, 부활의 삶을 살 때에, 그러한 자녀들로, 하나님의 소원인 부흥의 도구가 되게 하실 것을 확신하며 바라본다.

21

참소자와 중보자

지난글에서 영분별에 관한 이야기를 하면서, "참소자의 삶이, 십자가의 죽음과 주님을 믿음을 통해서, 중보자의 삶이 된다"는 것도 이야기했었다.

여기에서 참소자는, 요한계시록 12장 10b절 "우리 형제들을 참소하던 자 곧 우리 하나님 앞에서 밤낮 참소하던 자가 쫓겨났고"라는 말씀에 나오는 사단을 지칭하는 말이며, 또한 사단의 속성이기도 하다.

그리고, 여기에서 중보자는, 히브리서 9장 15절에 "이로 말미암아 그는 새 언약의 중보자시니 이는 첫 언약 때에 범한 죄에서 속량하려고 죽으사 부르심을 입은 자"이신 우리 주 예수 그리스도를 지칭하는 말이며, 또한 그분의 하시는 일을 이야기한다.

그러면, 어떠한 때에 우리가 참소자가 될 수가 있는 것인가?

생명인 영의 생각, 그리고 사망인 육신의 생각들을 분별하면서 살 때에, 분별을 해야 하는 대상은 나를 비롯한 내 주위의 모든 것이다. 모든 것을 바라보는 우리의 관점이, 하나님 중심적이어야 하기 때문이다. 그런데, 우리가 분별의 자를 가지고 나의 삶을 비추어 보고 나를 분별을 할 때가 아니라, 다른 사람에 대해서 분별을 할 때에, 나 자신을 십자가에 내려놓는 일이 없이 분별을 하면, 참소자의 자리에 서게 된다. 나 자신을 십자가에 내려놓는 일을 통한 분별을 통해서만 우리가 중보자가 될 수 있다.

우리는 다른 사람의 악에 속한 모습들, 하나님에게 대적하는 모습들, 사망으로 이끄는 일들을 하는 것을 볼 때에, 자연스럽게 비판을 하는 자리에 서게 된다. 그리고, 그렇게 비판을 하는 일은, 비판을 받을 상황을 일으킨 결과이기 때문에 당연한 것이라는 생각을 갖는다. 그러나, 우리가 비판을 하는 순간 우리는 참소자가 된 것이고, 어두움, 사망 가운데로 떨어지는 것이라는 것을 깨닫지 못한다.

누가복음 6장 37b절에 "비판하지 말라 그리하면 너희가 비판을 받지 않을 것이요 정죄하지 말라 그리하면 너희가 정죄를 받지 않을 것이요"라고 하셨다. 비판은, 영에 속한 것, 생명에 속한 것이 아니다. 그것은, 어두움, 육신, 사망에 속한 것이다.

결국, 다른 사람들을 분별을 한다고 할 때에, 나를 분별하는 가운데에 내가 십자가에 죽고 내 안에 주님이 사셔서, 주님의 성품으로의 중보자가 될 때만이, 우리는 참소자가 되지 않고 중보자가 됨으로 인해서, 생명과 빛 가운데에 거할 수가 있다.

그런데, 우리는 항상, 내가 귀하고 소중한 것을 가지고 있을 때, 그 귀한 것을 귀하게 잘 호위하고 방어한다는 열심에, 소중한 것을 보호하는 데에 있어 위협이 되는 상대들을 향해서, 참소자가 되는 것이 정의로운 것이며, 가장 선한 것이라는 생각을 한다. 그러는 가운데, 나 자신이 어두움, 사망, 육신의 편에 속하게 되고, 사단의 속성을 가진, 참소자가 된다는 사실을 망각하게 된다.

미국은, 종교 탄합과 박해에서 자유하고자 했던 이들이 미국땅에 와서 정착을 하게 된 역사를 가진 나라이다. 그러니까, 미국인들에게 그들의 믿음을 그대로 유지해 나가는 것은 아주 귀한 일이다. 그런데, 이 미국 땅에 다른 인종의 다른 신앙을 가진 사람들이 이민을 오기 시작하면서, 미국에 개신교 신자들을 중심으로 해서 생겨난 조직이 Ku Klux Klan이었다[88]. 1865년에 시작된 조직인데, 1925년에는 500만 명의 멤버를 가졌었고, 많은 수의 개신교 목사들도 포함이 되어 있었다[89]. 그런데, 이들이 하나님의 것을 보수하고 지키겠다는 마음으로 상황을 분별하며, 하나님의 쪽이 아니라고 생각되는 사람들을 향해, 위협을 행하며 두려움을 주었고, 폭력을 행사하는 그런 단체가 되었다(90). 그것은, 그들이 참소자 자리에 서게 된 것이었고, 그 자리는 결코 생명에 속한 것, 영에 속한 것, 하나님 중심적인 것이 아니었다.

현대주의자와 근본주의자의 분쟁에 있어서, 분명 현대주의자들이 제시하는 이념은 하나님의 진리를 파괴하는, 그리스도 신앙에 있어서 너무나도 치명적인, 주님의 복음을 대적하는 생각들이다. 그런 생각이 퍼지기를 원하는 것은 사단이지, 결코 하나님이실 수는 없다. 우리는 그러한 참 진리가 아닌 어두움을 분명히 분별을 해야 한다. 그런데, 그러한 사단의 큰 그림 안에 사용당하고 있는 사람들을 사단으로 몰아 세우고, 악마들로 단정 지으면, 그것은 참소자의 자리에 서는 것이지, 중보자의 자리에 서는 것은 아니다. 『The Fathers Refounded』라는 20세기의 크리스천 역사 책에서, 현대주의자들은, 새 시대에 맞는 새 신학을 정립을 하는 데 있어서, 근본주의자들의 핍박과 괴롭힘당함을 감수하면서 새 개혁을 감당 하였다는 내용이있다(91). 그러한 핍박하는 모습이 예수님의 중보자의 모양과 같다고 할 수는 없는 일일 것이다.

또한, 우리 크리스천들이 종종, 주님을 소유한 특권을 누리면서 다른 종교인들에 대해서, 또는 그들과 교류를 하는 것에 대해서, 반감, 적의, 기피 같은 감정을 갖기도 한다. 이러한 감정도 결코 중보자로서의 감정은 아니다. 그러한 감정은, 그들의 믿음과 삶에 대한 참소의 마음이지, 중보의 마음이라고 할 수 없다. 그러는 가운데에 우리는 참소자의 자리에서 사람들을 비판하며 어두움에 자리에 서게 되고, 이러한 어두움에 서 있는 그리스도인들은, 세상의 빛과 소금의 역할을 감당하지 못하게 된다.

율법은 하나님의 법에 벗어난 것에 대해서 돌로 치라고 한다. 그래서, 간음을 하는 현장에서 잡힌 여인을 주님 앞에 데리고 와서, 예수님께, 어떻게 하라고 하시겠냐고 서기관들과 바리새인들이 질문한다. 요한복음 8장 4-5절: "예수께 말하되 선생이여 이 여자가 간음하다가 현장에서 잡혔나이다, 모세는 율법에 이러한 여자를 돌로 치라 명하였거니와 선생은 어떻게 말하겠나이까." 그런데, 그러한 질문에 대해서 주님께서는, "너희 중에 죄 없는 자가 먼저 돌로 치라"라고 말씀하셨다. 주님의 말씀은, 우리가 참소하는 자가 되는 것을 허락하지 않으신다는 그런 말씀이셨다. 우리가 참소자가 되어서, 어두움 가운데, 사망 가운데 서게 되지를 원치 않으셨던 것이었다.

또한 예를 들어서, 어떤 죄 없는 자를 이유 없이 모략하고 죽이기까지 한다면, 그것은, 정말 악한 일이고, 용서받지 못할 어두움의 일이라고 하지 않을 수 없다. 더군다나, 우리의 구세주이신 예수님을 비방하고 모략해서 핍박하고 죽인 자들의 죄는, 어느 죄와도 비교할 수 없을 정도로 악한 일이며 사단의 일이다. 그렇기 때문에, 그러한 악한 일을 한 자들을 향해서 참소하는 것은 당연한 일이라는 생각이 든다. 그런데, 주님께서는 누가복음 23장 34절에서 "아버지 저들을 사하여 주옵소서 자기들이 하는 것을 알지 못함이니이다"라고 중보기도를 하셨다. 이러한 주님의 모습은 우리에게 정말 어떠한 상황이라도, 우리가 절대로 참소자가 되는 것은 합당한 일이 아님을 확실히 알려 주셨다. 그리고, 우리는 십자가에 죽었고, 우리 안에 주님만 사시기 때문에, 우리 안의 주님은, 어떠한 순간에도 중보기도를 하실 분이신 것이 확실하다.

결국, 하나님의 귀한 것들을 지키고자 하는 마음이 있을 때에, 그것을 지킬 수 있는 능력이 내게 없음을 깨닫지 못하고, 나의 열심으로 그것을 지키고자 하면은, 죄 가운데에 빠지게 되는 것이다. 그래서, 그것을 지킬수 없음을 고백하고, 내 열심을 십자가에 내려놓고, 내 안에 사시는 주님의 역사를 믿고 나가면, 참소자가 아닌 중보자가 되게 하심으로 인해서 하나님의 역사를 이루신다.

우리에게 앞으로, 어떠한 어두움의 일들이나 사단의 은밀한 사역에 대해서, 알려 주시고 또 보여 주신다고 할찌라도, 우리에게 그러한 역사를 계획하고 일으키는 사단의 움직임에 대해서는 문제를 삼고 대항하고 공격하는 영적 싸움은 싸워야 하지만, 사단에게 사용을 당하고 있는 사람들을 향하여서는, 그 어느 누구라도 막론하고, 우리는 참소할 자격이 없다는 것을 주님의 삶을 통해서 우리에게 알려 주셨다.

이 말씀을 대하면서, 나도 언제라도 십자가에 죽음없이 육신의 생각들로 죄 가운데에 빠질 수 있는 죄인인데, 그러한 마땅히 참소할 수 있을 나를, 참소하지 않으실 것이며, 중보로 내가 십자가 앞으로 나오기를 기도하실 주님의 사랑에 위안이 되었다.

그리고, 참소자가 되기를 거부하고 중보자의 삶을 선택하는 주님의 자녀들을 통해서 하나님은 계획하시는 생명의 역사를 아름답게 이루어 가실 것이다.

22

바벨탑의 비밀

바벨탑 내용은, 교만한 마음으로 하나님처럼 되려고 하면 하나님께서 막으시고 흩으신다 라는 정도로 이해를 하던 성경 말씀이었다. 그런데, 요즘 프리메이슨, 가톨릭, WCC 등에 대해서 알아 가면서, 이 말씀이 그냥 스쳐지지를 않았다. 프리메이슨의 수백년의 역사 가운데에서 단 하나의 나누어짐이 없이 하나의 연합 안에서 오히려 다른 관련 단체들과 다 협력을 하는 모양으로 운영이 되는 것을 보고 놀라지 않을 수 없었다. 그래서, 프리메이슨의 모습이 로마 가톨릭이 하나로 큰 힘을 만들고 큰 영향력을 내고 있는 것과 같은 모양이라는 생각을 했고, 또 그러한 로마 가톨릭과 프리메이슨 멤버들까지 힘을 모아서 영향력을 키워 가는 WCC의 경우도 하나 되는 모양이 너무나도 닮은 모양이라는 생각을 했다.

창세기 11장 1-9절은 바벨탑에 관한 말씀이다.

"온 땅의 언어가 하나요 말이 하나였더라. 이에 그들이 동방으로 옮

기다가 시날 평지를 만나 거기 거류하며, 서로 말하되 자, 벽돌을 만들어 견고히 굽자 하고 이에 벽돌로 돌을 대신하며 역청으로 진흙을 대신하고, 또 말하되 자, 성읍과 탑을 건설하여 그 탑 꼭대기를 하늘에 닿게 하여 우리 이름을 내고 온 지면에 흩어짐을 면하자 하였더니, 여호와께서 사람들이 건설하는 그 성읍과 탑을 보려고 내려오셨더라. 여호와께서 이르시되 이 무리가 한 족속이요 언어도 하나이므로 이같이 시작하였으니 이 후로는 그 하고자 하는 일을 막을 수 없으리로다. 자, 우리가 내려가서 거기서 그들의 언어를 혼잡하게 하여 그들이 서로 알아듣지 못하게 하자 하시고, 여호와께서 거기서 그들을 온 지면에 흩으셨으므로 그들이 그 도시를 건설하기를 그쳤더라. 그러므로 그 이름을 바벨이라 하니 이는 여호와께서 거기서 온 땅의 언어를 혼잡하게 하셨음이니라. 여호와께서 거기서 그들을 온 지면에 흩으셨더라"

바벨탑에 관한 성경 말씀을 통해서 드는 생각이 있었다.

- 무엇이든지 하고자 하는 일을 막을 수 없을 정도로 강성하여지게 되는 방법이 바벨탑 안에 비밀로 숨어 있다.
- 무엇이든지 하고자 하는 일을 막을 수 없을 정도로 강성하여지게 되는 것이 우리에게 축복이 아니고 저주이기 때문에, 하나님께서 우리에게 저주를 피하게 해 주시기 위해서 혼동을 택해 주셨다.
- 소통이 온전히 잘 되고 마음이 합하여져서 한 목적을 가지고 나

아가게 되는 것이, 사단이 이루기 원하는 일일 수 있고, 하나님께서는 막으시기 원하시는 일일 수 있다.

분명히 이 말씀의 비밀을 하나님께서 아시고, 또 사단도 아는구나 하는 생각이 들었다. 이 비밀을 아시고 하나님은 어떻게 해서든 그런 상황을 피하게 해 주시기를 원하시고, 사단은 그것을 통해서 역사를 할 수 있는 기반으로 삼기 원하고 있다는 사실이었다.

그런데, 여기에서 이해가 안 되는 부분들이 있었다.

• 한 마음을 가지고 소통하는 것을 원치 않으시고 언어를 흩으셨다는 것은, 한 마음으로 같은 목적을 이루어 나가는 것을 하나님께서 원치 않으신다는 것인데, 주님께서 말씀을 통해서 우리가 하나 되기를 원한다고 하지 않으셨나?
• 무엇이든지 하고자 하는 일을 막을 수 없을 정도로 강성하여지게 되는 것이 어떤 모양으로 나쁘게 작용을 하게 되길래, 하나님께서는 그토록 그것을 막기를 원하셨나?
• 사단은 어떤 방법으로 그것을 자신들의 역사의 기반으로 사용하여서 세상 가운데에서 자신들의 영향력을 끼치고 있나?

그러면서, 하나님의 이름으로 이루어지고 있는 많은 모임들에 대해서 생각을 해 보게 되었다.

그런데, 인간의 모임은 어디를 가나 냄새가 난다.

목적을 하나님 중심이라고 다 세워 놓고도, 그 안에서 자기가 죽지 않은 생각들과 방법들을 내어놓고 그것을 가지고 회의를 하고 자기의 생각을 관철시키려고 한다.

하나님은 곧 영이시며(요 4:24a), 말씀은 곧 하나님이시다(요 1:1b). 말씀 가운데에서 하나되라고 하신 명령은 영의 수준의 하나됨을 이야기하시는 것이다. 영의 수준은 인간적인 수준에서의 나의 생각 나의 뜻이 십자가에 죽고 난 후에 이루어지는 부활의 수준, 하나님의 수준을 이야기한다. 주님께서 말씀하신 하나되기 원하신다는 것은, 인간적으로 마음을 맞추고 이해하며 이루어가는 그런 하나됨이 아니고, 내가 온전히 십자가에 죽어지고 나서 하나님의 마음으로 다른 영혼들을 바라보고 같은 마음으로 하나님을 높여 드리는 것을 이야기한다.

결국은 십자가에 인간적인 모든 것이 죽고 하나님만 의지하고 하나님만 나타나시도록 하는 부흥이 '키'인 것이다. 인간적인 것은 하나님 중심적인 영적인 것이 될 수 없다.

그렇다면은, 십자가 없이도 하나되는 경우는 어떤 경우인가?

그것은, 바벨탑과 같은 경우이다. 바벨탑이 이루어지려면, 그 안에 믿음이 있어야 하고, 소망이 있어야 하며, 또 사랑이 있어야 한다. 같이 목적하는 바를 향한 강한 신념의 믿음, 목적을 같이 이루기를 소원하는 소망의 마음, 서로 이해하고 함께 가는 사랑의 마음, 그런, 믿음과 소망과 사랑을 바탕으로 한 인간의 모임을 통해서는 세상에서 "하고자 하는 일을 막을 수가 없으리로다(창 11:6)" 하는 말씀이 이루어지는 상황이 되는 것이다.

여기에서의 믿음과 소망과 사랑은 하나님께서 말씀하시는 믿음과 소망과 사랑이 아닌, 사단이 제시하는 세상에서의 믿음과 소망과 사랑이다.

'할 수 있다는 신념', '긍정적인 생각'을 가지고 끝까지 노력하고, 하면된다는 신념을 가지고, 긍정적인 사고 방식을 추구하는 인본주의 믿음, '목표 지향적', '미래 추구적'인 생각으로, 꿈을 가지고 열심히 목표만 바라보고 나아가는 세상 중심의 소망, 'Humanism', '인권존중'을 외치며, 화평을 추구하고, 화합정책을 펴는 인간적인 사랑을 이야기하는 것이다.

결국, 사단이 제시하는 인간적인 믿음, 세상중심적인 소망, 인본주의적인 사랑을 가지고 연합하고 목적하여서 세우게 되는 것은 바벨탑이며, 그 바벨탑은 사단이 마음껏 역사할 수 있는 기반이 되고, "그 하고자 하는 일을 막을수가 없으리로다(창 11:6b)"라고 말씀하신것처럼 하나님께서 기뻐하지 않으시는 일들이 거침없이 자행이 될 수 있는 터전이 되는 것이다.

로마 가톨릭, 프리메이슨, WCC만에 국한된 말씀이 아니라, 우리 가운데에 어떤 모임에도 그 중심이 인본적인 믿음, 세상적인 소망, 인간적인 사랑으로 한 모임이라면 결국 그것은 바벨탑을 쌓은 것이고, 오히려 흩어짐이 있는 것이 축복이 되는 일일 수 있다는 것이다.

하나님께서 그토록 바벨탑이 세워지기를 원치 않으시고, 언어를 혼잡하게 해서라도 서로의 이해와 소통을 막고 그들을 흩으신 이유가 너무나도 이해가 된다. 주님의 자녀로서, 항상 바른 영 분별을 하여 어떤 모임 가운데에서도 바벨탑을 세우는 것이 아니라 온전히 하나님을 의지하는 믿음, 하늘나라를 바라는 소망, 하나님 마음의 사랑으로 참 하나됨을 이루는 모양으로 깨어 있는 것이 정말 중요할 것이다.

23

1260년의 예언의 성취를 기다리는 소망

이스라엘 민족의 소망과 믿음은 메시야를 바라고 분명히 오실 것을 믿는 그런 소망과 믿음이었고, 메시야 되시는 예수님께서는, 성경에서 말씀하신 예언들을 그대로 이루시며 이 세상에 오셨다. 주님이 이 세상에 오신 후에 사는 우리들에게는 다시 오실 주님을 바라는 믿음으로 그 예언의 말씀이 이루기를 소망하며 산다.

그런데, 소망이 더욱더 간절할 때는 주님을 향한 믿음을 지키는 것으로 인해서 핍박당하고 고통을 당할 때인 것 같다.

로마 가톨릭 교회의 통치가 길어져 가면서 교회에 순종하지 않으면 구원을 얻을 수가 없도록 하는, 하나님이 아닌 교회를 두려워 하도록 하는 전통과 교리들을 만들어 갔고, 그들의 교리와 다른 어떤 신앙도 다 이단이라고 하여서 처형을 하는 아주 긴 시간이 있었다.

이 시간에 믿음을 이어간 믿음의 선조들은 신앙을 지키기 위해서 매 순간 죽음의 위험을 무릅써야 했고, 그들이 남긴 글들 가운데에서는 얼마나 예언의 말씀들이 이루어지기를 소망하며, 그 고난과 핍박의 시간이 끝나고 주님 오시기를 바랐는지 너무나도 잘 나타나 있다.

Martin Luther, John Hus, John Wycliffe, Robert Barnes, John Philpot, Thomas Beccon, John Cartwright, Beza Theodore, Hugh Latimer, James Ussher, John Calvin, John Hooper, John Knox, Martin Bucer, Nicholas Ridley, Phillip Melancthon, Thomas Cranmer, Ulrich Zwingly… 종교 개혁 전에 종교개혁의 불씨를 피웠던 믿음의 선조들, 종교 개혁을 통해서 죽어 있던 신앙에 새로운 부흥을 일으킨 종교개혁가들의 1400년대부터 1600년대까지의 글들을 고전자료를 통해서 읽으면서, 그들에게 공통적으로 표현이 되어 있는 예언의 말씀을 향한 소망들에 대해서 생각을 해 보았다(92).

믿음의 선조들의 공통적인 생각은, 긴 세월동안 정권을 이어 가며 그 정권을 지켜 가기 위해서 하나님을 사랑하는 믿음의 성도들을 죽인 교황청의 권세가, 다니엘서와 요한계시록의 나타난 짐승, 작은 뿔, 음녀, 적그리스도라고 정의했다. 또한 그 짐승에게 하나님께서 허락한 시간은 한정적이어서 그 고난의 기간에 끝이 올 것이라는 소망들을 가지고 있었다.

그런 글들을 보면서, 말씀을 통한 소망으로 기다리게 하신 기간에 대해서 알아보고자 하는 마음이 생겼다.

종교개혁의 믿음의 선조들이 그 기간을 성경적으로 해석한 내용은 다음과 같다(93).

다니엘 7장 25절(한때, 두때, 반때); **다니엘 12장 7절**(한때, 두때, 반때); **요한계시록 11장 2절**(42달); **요한계시록 11장 3절**(1260일); **요한계시록 12장 6절**(1260일); **요한계시록 12장 14절**(한때, 두때, 반때); **요한계시록 13장 5절**(42달)

다니엘 7장 25절

그가 장차 지극히 높으신 이를 말로 대적하며 또 지극히 높으신 이의 성도를 괴롭게 할 것이며 그가 또 때와 법을 고치고자 할 것이며 성도들은 그의 손에 붙인 바 되어 한 때와 두 때와 반 때를 지내리라

다니엘 12장 7절

내가 들은즉 그 세마포 옷을 입고 강물 위쪽에 있는 자가 자기의 좌우 손을 들어 하늘을 향하여 영원히 살아 계시는 이를 가리켜 맹세하여 이르되 반드시 한 때 두 때 반 때를 지나서 성도의 권세가 다 깨지기까지이니 그렇게 되면 이 모든 일이 다 끝나리라 하더라

요한계시록 11장 2절

성전 바깥 마당은 측량하지 말고 그냥 두라 이것은 이방인에게 주었은즉 그들이 거룩한 성을 마흔두 달 동안 짓밟으리라

요한계시록 11장 3절

내가 나의 두 증인에게 권세를 주리니 그들이 굵은 베옷을 입고 천이백육십 일을 예언하리라

요한계시록 12장 6절

그 여자가 광야로 도망하매 거기서 천이백육십 일 동안 그를 양육하기 위하여 하나님께서 예비하신 곳이 있더라

요한계시록 12장 14절

그 여자가 큰 독수리의 두 날개를 받아 광야 자기 곳으로 날아가 거기서 그 뱀의 낯을 피하여 한 때와 두 때와 반 때를 양육 받으매

요한계시록 13장 5절

또 짐승이 과장되고 신성 모독을 말하는 입을 받고 또 마흔두 달 동안 일할 권세를 받으니라

여기에서 한때, 두때, 반때는, $1+2+1/2=3\frac{1}{2}$이니까, 3년 반으로 이해

가 되었다. 3년 반은 달 수로 하면 42개월이 되고, 42개월을 한 달에 30일로 해서 계산을 하면 1260일이 된다.

에스겔 4장 6b절
내가 네게 사십 일로 정하였나니 하루가 일 년이니라

민수기 14장 34a절
너희는 그 땅을 정탐한 날 수인 사십 일의 하루를 일 년으로 쳐서 그 사십 년간 너희의 죄악을 담당할지니

그 다음에 성경 안에 나타난 말씀 중에서 하루를 일년으로 치는 내용의 말씀과 같이 날수를 년수로 계산을 해서 1260일을 1260년으로 계산을 하였었던 것이었다.

이 1260에 관련한 성경 말씀들은 모두 하나님께서 허락하신 고난의 시간에 관한 말씀들이고, 계산해 보면 결국 다 같은 숫자를 가리키기 때문에, 믿음의 선조들은 그 날수로 이처럼 계산을 하고, 언젠가 끝날 것을 소망하며 그 고난의 기간을 인내했었다. 막연하게 1260년을 기다린 경우도 많이 있었지만 정확한 날짜를 제시했던 신학자들도 많이 있었다.

종교 개혁자이자 신학자인 Benedictus Aretius of Berne(1505-1574)은 콘스탄티누스로 인해서 기독교가 시작하게 되는 312년을 1260년의 시작으로 볼 수 있다고 하였다. 그렇게 되면 그 끝은 1572년이 된다[94].

이탈이아의 성경 번역가인 Jacopo Brocardo(1518-1594)은, 교황 실베스터의 사역 시작인 313년을 그 시작점으로 보았고, 그 끝은 1573년일 것으로 보았다[95].

종교 개혁자 John Calvin(1509-1564)는 그의 다니엘서 주석에도 1260년에 대한 자세한 날짜를 이야기하지 않았고, 요한계시록은 주석을 쓰지도 않았다. 하지만, 『기독교 역사』라는 책에서 보면, 1260년의 적그리스도의 통치 기간에 관해서, 제1차 니케아 공의회가 열린 때로 본다고 이야기했다. 325년도에 니케아 공의회가 있었으므로, 그 끝은 1585년이 되는 것이다[96].

독일의 개혁 신학자 David Pareus(1548-1622)는 동로마의 황제가 Boniface 3세 교황을 세웠던 606년을 그 시작으로 보았고, 그래서, 1260년의 끝을 1866년일 것으로 예상했다[97].

스코트랜드의 천문학자이자 물리학자 John Napier(1550-1617)은 콘스탄티누스에게서 큰 유산을 받고 교황이 서게 되는 300에서 316년으로 시작점을 보았다. 그렇기 때문에, 그 끝은 1560에서 1576년 쯤이 된다고 예상하였던 것이다[98].

영국의 신학자이며 목사였던 John Cotton(1584-1652)는 교황의 힘이 합쳐지고 강해지는 395년도를 1260년도의 시작으로 보았고, 그래서 그 끝은 1655년으로 예상을 한 것이 된다[99].

잉글랜드에서 엘리자베스 1세와 제임스 1세의 채플린이었다고 알려진 George Downame(1566-1634)는 교황의 왕권이 시작되었다고 볼 수 있는 607년쯤을 그 시작점으로 보았다. 그러니까, 1260년의 끝은 1867년도 쯤으로 예상을 한 것이다[100].

영국 청교도 신학자 Thomas Goodwin(1600-1680)도 교황이 왕권을 얻기 시작하던 때로 본다고 하니까 시작점이 606년 전후로 예상을 한 것으로 볼 수 있고, 그렇게 되면 그 끝은 1866년도 전후가 되는 것이다[101].

아이랜드 성직자이며 청교도 목사였던 Hezekiah Holland(1617-1660)도 Boniface 3세 교황으로 교황의 정권이 시작된 606년도로 예상을 하였다. 그래서, 그 끝을 1866년 쯤으로 예상한 것이었다[102].

이 모든 선조들은 예언의 말씀을 확실히 믿고 그 날들을 소망하고 바라던 믿음의 조상들이다. 그날을 직접 경험할 수는 없었어도, 그 끝이 있을 것을 확실히 믿었고, 그 믿음대로 그 끝은 확실히 왔다. 이제는 가톨릭의 교리를 인정하지 않는다고 종교재판에서 재판받고 처형되는 그런 박해가 없이 하나님을 믿고 사랑할 수 있게 되었다. 믿음은 바라는 것들의 실상이고 보이지 않는 것들의 증거이기에, 그들은 그들의 미래에나 있을 그 보이지 않는 날들을 믿음으로 확실히 증거하였고, 그 마음 가운데의 바라는 바를 믿음 가운데 실상으로 체험하고 살았었던 것이었다.

24

뒤돌아보는 1260년의 예언의 성취

종교 개혁의 믿음의 선조들은 1260년의 끝을 눈으로 보지는 못했지만 바라고 소망했다. 그런데, 우리는 현재 그 예언이 성취되었음을 확인하고 영광을 돌릴 수 있는 시대에 살고 있다. 그래서, 그 이루어진 예언 성취에 대해서 더 자세히 알고 싶어졌다.

그렇게도 많은 종교 개혁자들, 종교 개혁 당시의 신학자들이 모두 한 목소리로 이 기간에 대해서 이야기했고, 박해를 하는 대상을 교황 청으로 선포를 했으며, 또 여럿은 정확한 시간까지도 예상을 하면서 예언 말씀에 대한 간절한 소망을 나타냈었다.

그런데, 그 예언에 말씀을 성취된 때를 중심으로 해서 이해하고 해석하는 내용의 글들이 너무 적어서 많이 의아한 생각이 들었는데, 동고트에 지배받던 로마를 동로마의 벨리사리우스 장군에 의해서 동고크를 몰아내고 해방시킨 해인 538년을 1260년을 시작하는 해로 보고,

나폴레옹 장군의 명령으로 버티어 장군이 로마 교황청으로 들어가서 교황 피우스 6세를 그 권좌에서 끌어내어서 투옥시킨 후 그 교황은 결국 옥사하게 되는 1798년을, 1260년의 끝으로 보는 내용의 글을 찾을 수 있었다[103]. 정말, 역사의 획을 그을 특별한 사건이 1798년에 있었구나 하는 생각을 하였다.

그리고, 그 후에 1845년에 쓰여진 Gettysburg English Lutheran Church에 발표된 담화문을 읽고 있을 때였다. 거기에 이러한 내용이 나온다[104].

"The dreadful tribunal has been in regular operation since its establishment, by pope Lucius III, and confirmation by Innocent III, and it is estimate by the Spanish ecclesiastic, Llorente, who had himself been secretary to the inquisition, that in Spain alone, till the year 1808, there had been burnt alive 34658 persons, and condemned to the galleys 288,219. How many died during the infliction of torture, is know only to God! In all, it is through the Inquisition has cost Spain 2,000,000 of lives! Adding to this the butcheries of the inquisition in other countries, it is estimated, that the whole number of persons in different ages and countries, who have been massacred by the Romanists for the sake of their religion, amount to the awful number of 68,000,000. Surely, then if the other traits of the little horn are applicable to popery, this last one, that "she will wear out the saints of the Most High, "is doubly applicable, and we cannot entertain a doubt, that the God of the prophets designed to direct the attention of his people to the great apostacy, the hierarchy of Rome. Blessed be God, he has fixed a time, when the power of persecuting his people shall be taken from this cruel hierarchy, namely, after a time and times and half a time, supposed to mean 1260 years. When this period will expire, we have not time to inquire but at its expiration, the kingdom of the Most High shall prevail, a kingdom of peace and good will to man and glory to God."

"이 혐오스러운 재판소는 교황 루시우스 3세와 이노센트 3세에 의해 설립된 이래 정기적으로 운영되어 왔으며, 스페인 교회의 비서였던 로렌 테에 의해 추정된 바로는 스페인에 1808년까지 불에 산 채로 화형을 당한 사람들이 34,658명이고, 갤리선으로 보내진 것이 288,219명이었습니다. 그 외에 고문을 당하면서 얼마나 많은 사람들이 죽었는지, 오직 하나님만 아실 것입니다. 결국 종교재판을 통해 스페인은 2,000,000명의 목숨을 잃었습니다! 여기에 다른 나라의 종교재판으로 인한 학살을 더하면, 종교 때문에 로마니스트(로마 가톨릭)들에 의해 학살된 모든 연령과 모든 국가의 사람들이 6천8백만 명에 달하는 것으로 추정됩니다. 분명히 작은 뿔의 다른 특성을 적용한다면, 이 마지막 하나의 특성은 "지극히 높으신 이의 성도를 괴롭게 할 것이며(단 7:25)"이라는 말을 두 배로 적용 할 수 있다는 것입니다. 의심할것 없이 선지자들의 하나님께서는 자신의 백성들의 주위가 엄청난 배교, 로마의 권력으로 이끌어지도록 계획하셨습니다. 하나님을 찬양합니다. 하나님께서는 언제 자신의 백성을 박해하는 이 지독한 힘이 빼앗길지에 대한 한때, 두때, 그리고 반때, 즉, 1260년을 의미하는 시간을 정해 놓으셨습니다. 이 기간이 언제 끝날는지 우리는 알 수 없지만, 그것이 끝나는 때에는 사람에게는 평화와 선의의 왕국이며 하나님께는 영광이 되는 가장 높으신 하나님의 왕국이 승리를 할 것입니다."

1845년도에, 믿음을 지키는 성도들이 아직 이루어지지 않은1260년의 예언과 끊이지 않는 교황청의 잔혹한 핍박에 고통하며 예언의 끝을 소망하는 기도였다.

너무나도 애절한 이 글을 읽으면서 드는 생각이 있었다. 1845년에 앞으로 이루어질 예언의 성취를 소망하는 기도를 하고 있다면, 이 말씀에 대한 예언의 성취는 1845년 이후여야 하는 것이 아닌가? 나폴레옹 장군에 의해서 1798년에 교황청의 힘이 빼앗긴 것이 아닌가? 교황청의 힘이 빼앗기고도 계속 종교재판을 통해서 사람들을 처형시켰다는 것인가? 여러 가지 이해가 안되는 상황으로 인한 질문들이 생겼다.

그리고 알게 된 사실들이 있었다.

교황권은 그 이후 회복되어서 1815년부터 종교재판을 다시 시작하며 교황권에 반대하는 사람들을 처형하였다(105). 그런데, 1870년에 엄청난 사건이 있었다. 이탈리아의 통일 과정의 마지막으로 교황 비오 9세가 통치하는 교황령을 점령하여서 교황령의 최종 패배와 이탈리아의 통일을 이룬 것이었다(106). 교황정은 1870년 9월에 점령당하기 전까지도, 끊임없이 교황령에서 종교재판을 이어 가면서 사람들을 처형하고 있었다. 가장 마지막 처형자가 1870년 7월인 것으로 기록이 되어 있다(107). 1870년에 하나님의 백성들을 박해하는 지독한 힘이 빼앗긴 것이었다. 하나님은 말씀하신 대로 정하신 때에 그 예언을 성취 하셨다.

그렇다면 그 시작점은 1870년부터의 1260년 전인 610년이 되어야 한다. 610년에 대한 기록을 찾으면서 정말 예언을 그대로 이루시는 하나님으로 인해서 놀라지 않을 수가 없었다.

610년은 공식적으로 동로마 왕국이 끝이 나고 비잔틴 왕국이 시작을 하는 연도이다(108). 계시록의 말씀 가운데에 작은 뿔은 4번째 짐승

로마의 뒤를 계승하는 작은 뿔로 되어 있기 때문에, 로마의 끝날로 시작점을 잡아야 하는데 동로마 제국이 끝이 나는 해가 610년이라는 것이었다. 여기에서는 상황적인 특별함과 하나님의 섬세하심을 엿볼 수있다. 동로마 왕국의 끝과 비잔틴 왕국의 시작은 나누어지는 선명한선이 없다. 시간이 지나면서 인식적으로 이루어진 부분 때문이다. 그런데, 610년도에 헤라크리안이 반란을 일으켜 정권을 장학을 하고 그해에 공식 언어를 라틴어에서 그리스어로 바꾸게 된다(109). 그래서 18세기부터 역사가들에 의해서 언어라는 문화가 공식적으로 바뀌는 610년을 공식적으로 동로마 왕국이 끝나고 비잔틴 왕국이 시작되는 때로인정을 하고 정하게 된다(110). 또한 600년도에 들면서 비잔틴 권력은북동쪽 끝으로 가중되고 당시 그 지역에 가장 큰 지주이자 가장 권위있는 인물인 교황이 기본적으로 비잔틴왕국에서 투영할 수 없었던 통치권의 상당 부분을 차지하기 시작하였였다(111).

그러니까, 믿음의 선조들의 예상 중에서 1620년도 이후를 살았던 신학자들의 예상들은 다 1260년에 대한 시간을 정확히 맞추었다는 뜻이 된다. David Pareus(1548-1622)는 동로마 황제가 교황을 인정하였던 때인 606년이라고 했고, George Downame(1566-1634)는 교황의 왕권이 시작되는 600년대 쯤일 것이라고 했다. Thomas Goodwin(1600-1680)와 Hezekiah Holland(1617-1660)도 교황이 정권을 얻기 시작하던 해인 606년도로 계산을 했었다. 600년이 들어서면서 교황청은 교황령의 실질적인 권세가 확립이 되었고 동로마 시대가 끝나고 비잔틴 시대로 바뀌게 되었는데, 610년이라는 정확한 기점은 18세기에 들어서면서 역사가들에 의해서 정확한 날짜로 정해지게 된 것이니까, 이 선조들의 모든 예상은 다 정확하게 맞았던 것이다.

하나님은 후세에서 정한 시간까지 맞추어서 그 예언을 정확하게 동로마의 역사가 끝나는 년도로부터 1260년의 기간 후에 그토록 그분의 백성들이 소망하던 약속을 정확히 이행을 하셨다. 너무나도 놀랍고 감격스러웠다.

이처럼 수천년에 걸쳐서라도 정확하게 자신의 약속들을 이행하시며 말씀들을 이루어 가시는 하나님을 보면서 하나님의 위대하심과 신실하심을 깊이 체험하였고, 위대하신 하나님께 영광을 돌리지 않을 수 없었다.

25

과거주의와 미래주의

하나님의 예언의 말씀들을 결국 하나님의 때에 정확하게 이루심을 보고 너무나도 감격 하면서도 참 이해가 가지 않는 부분이 있었다. 그 것은, 거의 모든 종교 개혁자들과 당시 신학자들이 같은 마음으로 믿고 기다리던 예언의 말씀에 대한 이해, 이렇게 중요한 믿음의 소망의 닻을 세워 주는 성경 해석에 대한 것이, 왜 아직까지 한번도 들어 본 적이 없을정도로 알려지지 않았던 것일까? 하는 것이었다.

미국에서도 아주 보수적이라는 신학교에서 4년 동안 Master of Divinity를 하면서 요한계시록의 여러가지 해석 관점에 대해서 공부했었지만, 정작 우리 믿음의 조상들이 믿음으로 지켰던 관점에 대해서는 듣지를 못했었다. 종교개혁시대부터 우리 믿음의 선조들이 한 목소리를 내는 이러한 관점에 대해서 한번도 듣지 못한 사실이 참 의아하다는 생각을 했다.

어디서부터 이런 믿음의 역사의 내용 전달에 문제가 생긴 것일까 하는 의문이 생겼다. 우리가 종교 개혁자들의 신앙을 얼마큼 이해를 하고 알고 있으며, 우리가 그들의 신앙을 이어가지 못하는 부분은 어떤 부분들이 있는지 알고 싶어졌다.

그러면서 알게 된 것이 바로 교황권을 중심으로 해서 개신교 종교개혁을 대응하고자 1545년 트렌트 공의회에서부터 시작된 Counter Reformation(반종교개혁)에 대한 것이었다. 당시 트렌트 공의회에서 종교재판을 통해서 수천만의 개신교도를 처형, 추방, 강제 개종 하는 반종교개혁 사항이 정해지기도 하였다[112].

그리고, 반종교개혁 신학자들에 의해서 개신교의 신앙을 반대하고 방어하는 데에 집중하는 일이 시작되는데, 그것도 반종교개혁의 일환이었다. 예수회가 창시된 것도 1540년에 반종교개혁을 시행하는 일을 담당하면서이다[113].

그중에 두드러진 정책 하나가, 예수교의 사제인 Luis de Alcazar(1554-1613)을 중심으로 해서 기독교 종말론 관점이 현재가 아닌 과거로 집중될 수 있도록, 과거주의적으로 예언서 해석을 하고 그러한 책을 펴내는 것이었다. AD 70년에 예루살렘이 멸망될 때까지로 성경의 예언들을 이미 일어난 일들로 해석을 하는 것이다[114].

또한 예수회 사제인 Francisco de Ribera(1537-1591)에 의해서는 기독교 종말론 관점을 현재가 아닌 미래로 집중되게 하기 위해서, 예언서 해석을 미래주의적으로 하는 것이었다. 미래주의적으로는 성경의 예언들을 모두 예수님께서 재림하실 당시에 이루어질 미래의 일들로 해석을 하는 주장이다[115].

이들의 주 목적은 종교 개혁가들과 개신교 신앙인들이 성경의 예언의 말씀을 현재로 해석을 함으로, 교황청을 적그리스도로 지적을 하고, 말씀이 현재에 이루어지는 것으로 믿음을 갖게 되기 때문에, 그러한 현재로 예언서를 해석하는 신앙을 대적하고 방해하고 교란하기 위한 것이 었다. 이 예수교 사제들에 의해서 만들어진 과거주의와 미래주의는 반종교개혁의 정책으로 가톨릭을 옹호하는 입장을 만들고자 하여서 의도적으로 만들어진 주장이었던 것이다[116].

우리의 눈과 귀가 이렇게도 가리워져 있었구나…

그런데, 그때 이런 생각이 들었다.

지금이 깨어날 때이구나!
지금이 눈을 뜰 때이구나!
지금이 일어설 때이구나!

자고 있었다면 깨어나야 하고, 눈을 감고 있었으면 눈을 떠야 하고, 앉아 있었다면 일어서야 한다. 그것이 바로 부흥이다.

교황청에서는 권력을 유지하기 위해서 말씀 위에 교회 전통을 만들고, 그러한 전통을 소유한 가톨릭 교회를 통하여서 영혼의 구원이 이루어진다고 하는 체계를 만들어 놓았다. 하나님과의 개인적인 믿음과 사랑의 관계를 이루는 참 신앙의 길을 막아 버린 것이었다.

그런데, 그러한 하나님께 나아가는 길을 막는 자들에게 굴복하지 않고 하나님께 나아가는 길을 여는 데에 참 많은 희생이 따랐다. 수백년 동안 핍박을 당했고, 수천만 명이 목숨을 잃었으며, 셀 수도 없는 많은 수의 사람들이 고문당하고 노예로 끌려갔다. 그렇게 많은 믿음의 선조들의 희생에 의해서 나에게도 하나님께 나아가는 길이 열리게 되었다.

어떠한 희생으로 이루게 된 축복의 길인데…

놓칠 수 없고, 눈 감을 수 없다는 생각이 들었다.

종교개혁 당시의 목숨을 다해서 하나님을 사랑하고, 모든 예언의 말씀 가운데 하나님의 역사를 바라보고, 이 세상이 아니라 하늘나라만을 바라보기에 그러한 고난까지도 기꺼이 감당을 했던, 그들의 신앙이 나

의 신앙이 되어야 한다. 그것이 깨어나는 것이고, 눈을 뜨는 것이고 일
어서는 것이다. 그것이 내 안에 부흥을 이루는 것이다.

26

깨어 있으라

"깨어 있으라"라는 말씀은, 주님께서 우리에게 당부하신 말씀이다. 너무나도 중요한 말씀이기에, 같은 내용으로 여러번이나 반복을 하시며 깨어 있음을 명령하셨다.

마태복음 24장 42-43절

그러므로 깨어 있으라 어느 날에 너희 주가 임할는지 너희가 알지 못함이니라

마가복음 13장 33절

주의하라 깨어 있으라 그 때가 언제인지 알지 못함이니라

마태복음 25장 13절

그런즉 깨어 있으라 너희는 그 날과 그 시를 알지 못하느니라

데살로니가전서 52장 6절

그러므로 우리는 다른 이들과 같이 자지 말고 오직 깨어 근신할찌라

누가복음 21장 36절

이러므로 너희는 장차 올 이 모든 일을 능히 피하고 인자 앞에 서도록 항상 기도하며 깨어 있으라 하시니라

요한계시록 16장 15절

보라 내가 도적 같이 오리니 누구든지 깨어 자기 옷을 지켜 벌거벗고 다니지 아니하며 자기의 부끄러움을 보이지 아니하는 자가 복이 있도다

그런데, 깨어 있는 것이 어떤것인지 우리는 잘 알지 못한다. 신앙생활 잘 하고 있으니까 나는 깨어 있는 자라고 생각을 하고 안도를 한다. 그러나, 이렇게 여러 번이나 우리에게 부탁하시는 모습을 볼 때, 분명히 굉장히 중요하기 때문에 이처럼 강조를 하신 것이기에, 어떻게 깨어 있는 것이 주님께서 원하시는 모습인지를 분별해 보는 것은 중요한 일일 것이다.

밤에 자식이 아직 돌아오지 않으면 어머니는 깨어서 자식이 돌아오기를 기다린다. 그런데, 그 자식이 며칠 후나 몇 달 후에 올 상황인데

도 계속해서 자지 않고 깨어서 자식을 기다리지는 않는다. 깨어서 기다리는 부모는, 돌아올 자식이 언제 올지 몰라도 곧 올 것이라는 기대감에서 자지 않고 깨어서 기다리는 것이다. 그러니까, "언제 올지 몰라도 곧 올 것이다"라는 생각이, 잠을 자지 않고 깨어서 기다리도록 하는 것이다.

고린도전서 7장 25-31절에 보면 이런 말씀이 나온다. "처녀에 대하여는 내가 주께 받은 계명이 없으되 주의 자비하심을 받아서 충성된 자가 되어 의견을 고하노니, 내 생각에는 이것이 좋으니 곧 임박한 환난을 인하여 사람이 그냥 지내는 것이 좋으니라, 네가 아내에게 매였느냐 놓이기를 구하지 말며 아내에게서 놓였느냐 아내를 구하지 말라, 그러나 장가 가도 죄 짓는 것이 아니요 처녀가 시집 가도 죄 짓는 것이 아니로되 이런 이들은 육신에 고난이 있으리니 나는 너희를 아끼노라, 형제들아 내가 이 말을 하노니 때가 단축하여진고로 이 후부터 아내 있는 자들은 없는 자 같이 하며, 우는 자들은 울지 않는 자 같이 하며 기쁜 자들은 기쁘지 않은 자 같이 하며 매매하는 자들은 없는 자 같이 하며, 세상 물건을 쓰는 자들은 다 쓰지 못하는 자 같이 하라 이 세상의 형적은 지나감이니라"

바울의 이 말씀을 보면 얼마나 당장이라도 오실 그리스도를 기다리는 깨어 있으라는 명령대로 사는 삶이었는지를 볼 수 있다. 바울의 마음 가운데에서는, 언제라도 주님이 오시면 곧 맞이하려고 하는 생각이 너무나도 확실한 믿음으로 자리를 잡고 있었다.

요한은 요한1서 2장 18절에 "아이들아 이것이 마지막 때라 적그리스도가 이르겠다 함을 너희가 들은 것과 같이 지금도 많은 적그리스도가 일어났으니 이러므로 우리가 마지막 때인줄 아노라"라고 이야기하였다.

요한은, 자신이 살고 있는 그때가 마지막 때라는 사실에 의심의 여지가 없었고, 그렇기 때문에 언제라도 곧 오실 수 있는 주님을 기다리는 신앙으로, 그렇게 확신에 찬 말씀을 할 수 있었다. 요한은 참으로 주님께서 말씀하신 "깨어 있으라"는 명령을 마음으로 부터 그대로 지키며 살았음을 말씀 속에서 확인을 할 수 있다.

베드로는, 베드로전서 4장 7절에, "만물의 마지막이 가까웠으니 그러므로 너희는 정신을 차리고 근신하여 기도하라"라고 당부하였다. 베드로도, 만물의 마지막이 가까운 것에 대한 확신이 있었기 때문에 그것을 선포하고 당부하였었던 것이었다. 그의 믿음도 "깨어 있으라"는 명령을 지키는 믿음이었다.

이러한 바울과 요한 그리고 베드로의 말씀들을 이어받은 초대교회

기독교인들은, 로마에 박해를 당하면서 믿음을 지켜 가야 했지만, 언제고 곧 주님이 오실 것이라는 믿음을 가지고, "깨어 있으라"는 말씀에 순종하는 신앙으로, 그러한 박해 가운데에서도 승리하는 믿음을 살 수 있었다.

380년에 로마가 기독교를 국교로 제정을 하게 되면서, 그때부터 그리스도인이 되는 것이, 예수님이 내 삶의 주인이 되시는 믿음과 사랑의 관계에서 시작이 되는 것이 아니라, 그 나라의 국민이 되면서 강요되었다. 또한 다른 나라를 점령을 하게 되면, 그 점령당한 지역을 기독교의 신앙으로 포교를 하게 되는 모양이 기독교의 전파 모습이었다. 그러한 역사는 천년이 훨씬 넘도록, 이탈리아 통일 과정에 교황령이 함락되기까지 이어졌다. 그런데, 그러한 강합적인 상황 가운데에서도 신앙을 지키고 이단이라는 명명하에 순교를 감수하고 믿음을 지킨 믿음의 선조들; John Wycliffe, Martin Luther, Philipp Melanchthon, John Calvin, Thomas Cranmer, John Thomas, John Knox, Ulrich Zwingli, John Hooper, Hugh Latimer, John Wesley와 그외에 개신교 개혁자 들은, 성경과 비추어 보면서 교황청이 적그리스도임을 확증하는 너무나도 많은 글들을 내었고, 또한 그들은 적그리스도를 대항하며 마지막 때에 살고 있다는 믿음에 흔들임이 없었다(117). 그러한 마지막 때와 재림에 대한 확실한 믿음으로 인해서 그들은 목숨을 건 신앙의 개혁을 이어나갈 수 있었고, 그것은 분명히 "깨어 있으라"는 명령을 지키는 모양의 신앙이었기 때문에 승리를 할 수 있었던 것이었다.

교황령이 점령을 당한 이후부터, 종교가 국가로 인해서 정해졌기 때문에 따라야 하는 것 보다는, 신을 섬기는 것을 개개인의 마음으로 정할 수 있는 상황으로 바뀌게 되었다. 그런데, 19세기 초기에 있었던 많은 부흥의 운동들은, 곧 오실 재림 예수를 바라는 재림 신앙으로 인한 것이었다. 요한계시록의 말씀에 근거해서, 예수님이 오시기 전에 우리를 깨끗게 하자는 깨어 있는 신앙의 결과물이, 우리가 말하는 미국의 제2차 대부흥이었던 것이었다(118). 그들은 곧 예수님이 오신다고 믿는 마음으로 인해서 영적 갈급함을 갖게 되었고, 그러한 '깨어 있으라'는 말씀에 순종하여서 곧 오실 예수님을 맞을 준비를 하는 마음이, 대부흥의 결과를 가져오게 되었던 것이다.

그 이후, 다윈의 진화론이 세상에 영향을 끼치고, 자유주의, 현대주의 신앙으로, 이 세상에서의 사회 복음에 초점을 두는 모습들이 만연해지고, '믿음의 선조들이 그렇게 당장 주님이 오실 것처럼 생각하고 살았는데도 아직까지도 주님이 오시지 않으셨다'는 사실로 인해서, 당장 주님이 오실 것처럼 준비를 하는 마음을 갖고 사는 것이, 극단주의처럼 보이는 그런 사회가 되어 버렸다.

요즈음의 상황은, 비밀 조직들의 움직임도 너무나도 달라지고, 세상에서 성공을 하려면, 그런 비밀 조직의 멤버가 되는 것이 필요한 상황인 것처럼 바뀌어 버렸다. 많은 사람들이 세상의 변화들을 보면서 말세가 가까운 것 같다고 말한다. 그러나, 그렇다고 할지라도, 하나님께서 이러한 상황을 얼마나 더 이어 가실지, 그 시와 그 때를 아는 것은 오직 하나님께만 속한 일이다.

그렇지만, 그 시와 그 때가 하나님께 달려 있어서, 마지막이 몇년 후가 될지, 몇십년 후가 될지, 몇백년 후가 될지 모른다고 하더라도, 지금 우리의 상황 가운데에서, 당장 주님이 오실 것 같은 마음의 기대를 가지고, 깨어서 기다리는 깨어 있는 신앙은, 지금도 우리에게 원하시는 하나님의 바램이고 명령이시다.

주님이 언제 오실지는 정확히 알 수 없고, 2000년을 지체하신 주님의 크신 뜻이 있으시기에, 앞으로 얼마나 더 지체하실지에 대한 것도, 온전한 하나님의 주권이심을 확실히 믿는다. 그럼에도 불구하고, '깨어 있으라'라고 말씀하신 주님의 말씀에 순종하여서, 바울처럼, 요한처럼, 베드로처럼, 믿음의 선조들처럼, 당장 곧 임박할 일들을 준비하듯, 주님의 오실 날을 준비하고 기다리며, 그들의 살았던 삶처럼 우리의 삶을 살아나가기를 소원한다.

27

바벨탑을 쌓지 않으려면

인간이 모여서 탑을 쌓게 되면 결국 그것은 바벨탑이다.

성경 말씀으로 모였다고 해도, 예수 이름을 선포하고 기도한다고 해도, 탑을 쌓게 되면 그것은 바벨탑이다.

나쁜 일을 도모하기 위해서 모인 모임이 아니고 좋은 일을 추구하기 위해서 모였다고 해도, 탑을 쌓게 되면 그건 바벨탑이다.

왜냐하면 하나님의 영은 위에서 군림하는 모양과는 반대이기 때문이다. 누가복음 17장 1-2절에서 "예수께서 제자들에게 이르시되 실족하게 하는 것이 없을 수는 없으나 그렇게 하게 하는 자에게는 화로다. 그가 이 작은 자 중에 하나를 실족케할진대, 차라리 연자 맷돌이 그 목에 매어 바다에 던져지는 것이 나으니라"라고 하셨다.

하나님께서는 내 주위에 참 귀하고 높은 분을 섬기고 대하는 나의 행동에 채점을 하시는 분이 아니시고 내 마음으로 부터 가장 쉽고 작게 여겨지는 그 작은 자를 대하는 모습으로 채점을 하시는 분이시다 (마 20:40-45). 아주 작은 자 중에 하나라도 실족케 하는 것이, 차라리 연자 맷돌이 그 목에 매어 바다에 던져지는 것이 낫다고 하시는 하나님, 그러한 하나님의 영으로 모인 모임에서 군림하는 모습의 탑이 쌓여질 수가 없다.

주님은 마가복음 10장 42-45절에서 이렇게 말씀하셨다. "예수께서 불러다가 이르시되, 이방인의 소위 집권자들이 저희를 임의로 주관하고, 그 대인들이 저희에게 권세를 부리는 줄을 너희가 알거니와, 너희 중에는 그렇지 아니하니, 너희 중에 누구든지 크고자 하는 자는 너희를 섬기는 자가 되고, 너희 중에 누구든지 으뜸이 되고자 하는 자는 모든 사람의 종이 되어야 하니라. 인자의 온 것은 섬김을 받으려 함이 아니라, 도리어 섬기려 하고, 자기 목숨을 많은 사람의 대속물로 주려 함이니라"

인간의 영으로 탑을 쌓는 것은, 높아지고, 커지고, 더 많은 영향력을 가지는 것이다. 더 많은 권력을 가지고, 더 많은 사람들의 동경과 존경함을 받게 되는 자리에 서게 되며, 많은 사람들로 자기에게 순종하게 하는 자리로 이끌게 되는 것이다.

그런데 하나님의 영으로 모인 모임은, 남을 나보다 낫게 여기며, 주님이 흥하실 수 있다면 내가 쇠하기를 원하는 것이다. 주인의 자리가 아니라 종의 자리이며, 이득을 보는 자리가 아니라 남을 이득 보게 하는 자리다. 내가 한 알의 밀알로 썩어 죽어서, 나에게 붙여 주신 영혼들로 나보다 더 큰 열매를 맺는 삶을 이루도록 하는 것이며, 내 삶이 쓰임 받는 가치 있는 삶이 되고자 하는 마음까지도 죽어져서, 하나님으로 온전히 크게 역사하실 수 있는 통로를 만들어 드리는 것에 초점을 두는 것이다.

창세기 11장에서 사람들이 모여서 그들의 성을 쌓았을 때, 언어를 복잡하게 하셔서 그들을 흩어지도록 하신 것은 하나님의 축복이었다. 가톨릭 교회의 성 쌓음과 군림함이 1260년이나 계속되면서, 하나님의 영이 아닌 인간의 영으로 높이 쌓아진 탑은, 하나님께서 그토록 사랑하시는 영혼들을 무참히 죽이는 엄청난 죄악을 저지르게 되기까지 하였다. 교황청뿐만 아니라, 어느 단체도 그만한 권력과 그만한 영향력을 그만한 기간 동안 누리게 된다고 하면은, 그정도의 타락함과 그 정도의 죄악을 저지르게 됨이 있을 수 있겠구나 하는 생각을 했다.

이러한 바벨탑을 쌓아 가는 모습에 대한 마틴 루터가 쓴 글을 고전 원본 중에서 찾아 읽고 얼마나 우리 인간은 이렇게 될 수밖에 없는 죄인인지를 생각하게 되었다. 아래의 내용은 영어 원본 내용과 그것을 번역한 내용이다.

The Generation of Theological Corruption; or a Pedigree of Popish Principles[119].

By Dr. *M. Luther.*

THE Devil begat Darkness, Darkness begat Ignorance, Ignorance begat Error and his Brethren; Error begat Freewill and Presumption, out of Self-conceit; Free will begat Merit, Merit begat Forgetfulness of God, Forgetfulness of God begat Transgression, Transgression begat Superstition, Superstition begat Satisfaction, Satisfaction begat Oblation of the Mass, the Oblation of the Mass begat Unction, Unction begat the Priest, the Priest begat Mischief, Mischief begat Misbelief, Misbelief begat Hypocrisy, Hypocrisy begat Trading with Offerings for gain, Trading begat Purgatory, Purgatory begat yearly solemn Vigils, yearly Vigils begat Church-Livings, Church Livings begat Mammon, Mammon begat Superfluity, Superfluity begat Excess, Excess begat Rage, Rage begat Licentiousness, Licentiousness begat Dominion, Dominion begat Pomp, Pomp begat Ambition, Ambition begat Simony, Simony begat the Pope and his Brethren; the Pope begat the Mystery of Iniquity, the Mystery of Iniquity begat Sophistical Divinity, Sophistical Divinity begat rejecting of the Holy Scriptures, the rejecting of the Holy Scriptures begat Tyranny, Tyranny begat Murdering of Saints, Murdering of Saints begat Abomination, Abomination begat Desolation, Desolation begat Anguish, Anguish begat Questioning, Questioning begat the searching out the Grounds of Truth; out of which the Pope, called Antichrist, is Revealed.

신학적 부패의 발생; 또는 교황 원리의 혈통.

마틴 루터 박사.

악마는 어둠을 낳았고, 어둠은 무지를 낳았고, 무지는 오류와 그의 형제들을 낳았다. 오류는 자만심에서 자유 의지와 추정을 낳았다. 자유 의지는 공로를 낳았다, 공로는 하나님을 망각함을 낳았고, 하나님을 망각함은 범법을 낳았다, 범법은 미신을 낳았다, 미신은 만족을 낳았다, 만족은 미사 봉헌을 낳았다, 미사 봉헌은 기름부음을 낳았다. 기름부음은 사제를 낳았다, 사제는 위법을 낳았다, 위법은 불신을 낳았고, 불신은 위선을 낳았고, 위선은 이익을 위해 거래를 낳았고, 무역은 연옥을 낳았고, 연옥은 매년 엄숙한 경계를 낳았고, 연간 경계는 교회 생활을 낳았고, 교회 생활은 맘몬을 낳았고, 맘몬은 초과를 낳았고, 초과는 과잉을 낳았고, 과잉은 분노를 낳았다. 분노는 음탕함을 낳았고, 음탕함은 지배

를 낳았고, 지배는 웅장함을 낳았고, 웅장함은 야망을 낳았고, 야
망은 성물매매로 인한 이익을 낳았고, 그러한 성물매매의 이익은
교황과 그의 형제들을 낳았다. 교황은 죄악의 신비를 낳았고, 죄
악의 신비는 종교적 신성을 낳았고, 종교적 신성은 성경을 거절
했고, 성경을 거절하는 것은 폭정을 낳았고, 폭정은 성도 살해를
낳았고, 성도 살해는 가증함을 낳았으며 가증함은 황폐를 낳았
다. 황폐는 고뇌를 낳았고, 고뇌는 질문을 낳았고, 질문은 진리의
근거를 찾아 내려 하고 그 가운데에서 적그리스도라고 불리는 교
황이 드러났다.

'누구는 악마의 자식들이어서 바벨탑을 쌓고 죄를 짓고 하나님의 자
녀들을 핍박한다'라고 생각을 하는 것은 맞지 않겠다는 생각이 들었
다. 하나님의 영이 없이 죄가 쌓이게 되니까, 그 자리에 결국 서게
되었구나 하는 생각을 했다. 로마서 14장 23b절에 사도 바울은 "믿음
을 따라 하지 아니하는 것은 다 죄니라"라고 말씀 하셨다. 믿음으로 하
나님의 영의 인도하심을 따르지 않는 순간에는, 결국 인간의 영의 죄
의 열매를 맺게 되고, 그런 죄의 결과로 바벨론을 쌓게 되고, 결국 하
나님을 대적하는 자리까지도 서게 되는 사실이 깨달아졌다.

얼마나 두렵고 떨리는 일인가 하는 생각이 들었다. 내 안에 내가 죽
고 주님이 사셔서 주님만 믿고 따르는 믿음의 삶을 살지 않는 모든 순

간, 나는 죄를 쌓게 되고 바벨탑을 쌓게 될 수 있다.

"너희 중에 누구든지 크고자 하는 자는 너희를 섬기는 자가 되고, 너희 중에 누구든지 으뜸이 되고자 하는 자는 모든 사람의 종이 되어야 하나라. 인자의 온 것은 섬김을 받으려 함이 아니라, 도리어 섬기려 하고, 자기 목숨을 많은 사람의 대속물로 주려 함이니라"(막10:43-45) 하신 주님의 말씀처럼 사는 것이, 결국 죄를 쌓지 않을 수 있고, 바벨탑을 쌓지 않을 수 있고, 하나님을 대적하는 자가 되지 않을 수 있는 엄청난 축복의 말씀이며 은혜의 비밀이었구나 하는 사실이 깨달아졌다.

우리가 영적 전쟁 가운데에 최전선에 살면서, 내 안에, 우리가 모이는 모임 중에, 우리 교회 중에, 믿음을 따라 살지 않으면서 죄를 쌓고 있고, 바벨탑을 쌓고 있었는데도, 깨닫지 못하는 너무 많은 부분들이 있었구나 하는 생각이 들었다. 그렇게 죄악을 깨닫지 못하였던것은, 어두움이었고, 눈을 감고 있었던 것이며, 자고 있었던 것이다. 그런 어두움에 빛이 비추어지고, 감고 있는 눈이 뜨이고, 자고 있었던 내가 깨어나게 되는 것은 곧 부흥이다. 이러한 내 마음과, 내 주위에 온전한 부흥의 역사가 일어나기를 기도한다.

28

너희는 옛적 일을 기억하라, 나는 하나님이라

앞에 글에서 이야기한 것처럼, 1845년에 쓰여진 Gettysburg English Lutheran Church 에 발표된 담화문 내용 가운데 그때 당시 믿음을 지키는 성도들의 끊이지 않는 교황청의 잔혹한 핍박에 고통하며 쓴 글에서 로마 교황청에 의해서 학살된 사람들의 숫자를 6천8백만 명으로 기록하고 있다. 그런데 이 부분이 도저히 이성적으로 쉽게 믿어지지가 않았다. 이 숫자가 어떻게 나온 숫자이며 신뢰할 수 있는 내용인지 의심이 갔다. 내가 생각하는 숫자보다 도대체 0이 얼마나 더 붙은건지… 너무 말이 안 되는 것 같은 생각에 그 책에서 인용을 한 자료를 시작으로 해서 확실한 증거를 찾기 위해서 1870년도에 종교재판이 끝나기 전의 고전 자료들로부터 조사해 보기 시작했다.

1836에 출판된 Brownlee의 글을 읽으면서, 의심을 가졌던 내 마음이 부끄러웠다. 당시 유럽에서 자행되고 있었던 사실적인 상황들을, 미국에 있으면서 그 사실들을 모르고 믿음생활에 편안해진 미국의 젊은 영혼들을 깨우기 위해서, 호소를 하듯이 쓴 글이었으며, 제시한 숫자들은 Inquisition(종교재판)으로 인한 Jesuit에 의해서 진행되었던 너무나도 많은 대학살들과 처형들, 유럽 곳곳에서 이어진 지역 내에서 이루어진 대학살과 종교재판 처형 자료들을 근거해서 쓴 글들에서 제시한 각각의 숫자들을 합한 것이었다. 6천8백만 명 중에서 남미에 가톨릭이 들어가서 종교재판이 열리고 너무나도 많은 수가 희생을 당하였는데, 이러한 숫자는 합하여지지 않은 숫자였다. 6천8백만 명 중에서 유럽에서 순교를 한 크리스천의 숫자만 5천만이라고 하였고, 관련하여서 당시 여러 다른 책들도 같은 내용을 증거한다고 하였다[120].

그래서, 아직 교황령의 권력이 살아 있고 종교재판이 이루어지고 있었을 당시에 출판된 다른 자료들도 찾아 보았다. 저명한 분들이 쓴 글들 가운데에서도 그런 자료는 많이 찾을 수 있었다. Alexander Campbell(1788-1866) 목사가 쓴 『A Debate on the Roman Catholic Religion』(1837)에서도 5천만에서 6천8백만에 달하는 사람들이 Roman Catholic Church에 의해서 희생을 당했다는 내용이 있었다[121]. 또한, John William Dowling(1807-1878) 침례교회 목사가 쓴 『History of Romanism, book VIII』에 chapter 1 전체가 5천만 명의 희생에 대한 계산 관련 글들이 쓰여 있었다[122]. 그리고, Lyman Beecher(1775-1863) 감리교 목사의 Plea for the West에는 가톨릭이 아무리 온유하고 야심적이지 않은 모습으로 자신들을 표현한다고 해도 6천8백만 명의 영혼들을 지구상에서 휩쓸어 버린 일을 로마 가톨릭이 하였다는 내용이 나온다[123].

또한, 우리에게도 친숙한 John Wesley(1703-1791)의 『Doctrine of Original Sin』에서는 종교 개혁 이후로 그때 당시 1700년대에 4천5백만 명이 유럽에서 로마 교황청에 의해서 살해되었다고 이야기한다[124]. 또한 John Wesley(1703-1791)의 다른 책인 『Explanatory Notes of the New Testament』에서는 1518년에서 1548년, Martin Luther가 종교 개혁을 일으키고 난 직후부터 30년 동안 교황청에 의해서 살해된 개신교인 숫자가 천오백만 명이라고 되어 있다[125]. 1700년대, 1800년대 자료 외에 1900년대 부터의 관련 자료는 아주 많이 있었지만 종교재판이 아직 행해지고 있었던 당시의 책에만 국한하였다.

2000년대에 와서 David Plaisted이라는 컴퓨터 과학 교수가 그러한 숫자의 신뢰성 관련을 실험하기 위해서 쓴 자료를 보았다. 그런데, 모든 상황적 근거와 기록된 자료와 남겨진 정보들을 종합해 볼 때, 그것은 오히려 자료에만 근거한 숫자이며 실질적인 숫자는 그것보다 훨씬 더 많을 것이라고 하는 Brownlee의 말에 온전히 동의를 하였다[126]. 출판하였던 그 당시에 고전본을 직접 읽고 보고 확인하면서, 너무나도 놀랐다. 도저히 생각도 상상도 할 수 없는 숫자여서 나한테 엄청난 충격이 되었다.

얼마나 엄청난 수의 귀한 영혼들의 희생으로 나한테까지도 믿음의 메세지가 오게 된 것인지… 그러한 희생이 없었다면 아직도 종교적인 전통으로 온전히 하나님과의 사랑과 믿음의 관계를 막는 로마 가톨릭으로 인해서 온전한 영생의 메세지를 얻지 못하였을 텐데… 이렇게 귀한 피를 흘림으로 인해서 얻어진 우리의 복음을 그만한 사랑과 헌신 없이 쉽게 누리면서 쉽게 생각한 마음에 대한 비탄하는 마음이 들었다.

그런데 왜 이렇게 몰랐을까?

나는 여지껏 순교자의 피는 적은 수가 뿌려지고 많은 열매를 맺게 되는 것이라는 생각이 있었던 것 같다. 이토록 많은 수의 영혼들이 순교를 하여서 믿음을 이어왔고, 그것도 1800년대 후반까지 이어지는 고통의 기간들을 견디어 와야 했다는 사실은 너무나도 생소했다.

그러면서 생각이 나는 성경 구절이 있었다.

이사야서 46장 9-10절
너희는 옛적 일을 기억하라, 나는 하나님이라, 나 외에 다른 이가 없느니라. 나는 하나님이라, 나 같은 이가 없느니라. 내가 시초부터 종말을 알리며 아직 이루지 아니한 일을 옛적부터 보이고 이르기를 나의 뜻이 설 것이니 내가 나의 모든 기뻐하는 것을 이루리라 하였노라.

구원의 역사, 지나간 역사들에 대해 알고 기억하는 것이 얼마나 큰 축복일까를 생각해 보았다.

하나님의 구원의 역사, 옛적 감당했던 희생과 순교의 역사를 기억함으로 인해서…

너무 많은 희생을 통해서 나에게까지 온 축복의 복음을 더욱더 사랑하게 되고,

세상 가운데 살면서 영적 전쟁의 대상이 확실해지고,

귀한 순교자의 삶을 향한 감사와 그 삶을 따르고자 하는 소망이 커지고,

신학교 마다 바른 구원의 역사를 알게 함으로 학생들에게 마음에 불붙는 헌신이 생기고,

모든 주님의 제자들이, 매 순간 십자가를 지고 "죽으면 죽으리라"는 마음으로 하나님을 사랑하는 마음이 커지게 된다면…

그러면, 그것은 곧 내 안에 부흥, 우리 안에 부흥이 될 것이다.

29

나를 따라오려거든

종교재판과 순교자들의 이야기를 듣게 되고, 하나님의 구원의 역사에 대해서 알아 가면서, 아직까지 자세하게 정립되지 않았던 하나님께서 그리스도인들을 향하신 기대에 대해서 다시 생각을 해 보게 되었다.

내 마음 가운데에 있던 '적은 수의 순교자의 씨들이 뿌려져서 많은 수의 우리가 이렇게 편안하게 하나님을 섬길 수 있는 축복을 누리는구나'라고 생각했던 생각이 어떻게 재조정되어야 하는지를 생각해 보고, 나의 생각들을 정립해 보고 싶었다.

하나님께서 구원을 이루신 역사를 보니까,

주님이 오신 후 초대 교회 시대를 이어서 4세기까지의 크리스천들은 로마의 핍박 가운데 목숨을 내어놓고 순교를 각오하며 주님을 사랑하는 믿음을 지켰다.

5세기부터는 종교가 국교로 정하여지고 평화롭게 하나님을 섬길 수 있는 시대가 왔지만, 국교가 기독교이기 때문에 내 종교가 기독교가 되는 것은, 하나님을 온몸과 마음과 뜻을 다해서 믿고 사랑하는 관계를 이루는 것과는 다르기 때문에, 참 구원의 역사가 이루어진 부분에 대해서는 확실치가 않다.

7세기부터는 교황권이 교황령을 가지고 권세를 누리며 통치를 하는데, 교회를 통해서 구원이 이루어지는 것으로 가르치고, 주님께 직접 기도하는 것이 아니라, 마리아를 통하도록 하는 우상을 세웠고, 또 성경 말씀은 가지지도 못하게 읽지도 못하게 막는 모양의 통치였기 때문에, 그러한 통치에 온전히 순종하는 종교인들 가운데에서는 구원의 역사를 기대하기가 쉽지 않다. 그런데, 로마 가톨릭이 통치하는 가운데에서 그러한 교회의 전통과 성경에 반대되는 가르침에 따르지 않고, 순수하게 하나님을 섬기고자 하는 무리들이 계속해서 생겨났는데, 그러한 사람들은 이단으로 지정되어서 처형되었었다. 그러므로, 그당시 순수히 하나님을 따르고자 하던 사람들은 순교를 당하거나 죽음을 각오하고 믿음을 지켜나간 자들이었다.

그리고 16세기에 마틴 루터를 시작으로 종교 개혁이 일어났는데, 그때 당시에 그러한 로마 가톨릭에 대항하는 목소리를 높이는 것은 목숨을 각오하고 시작한 일이었고, 그 이후에 많은 종교 개혁가들로 인해서 많은 크리스천들이 곳곳에 생기게 되었다. 그런데 전에 이야기한 내용처럼, 종교 개혁이 시작되면서부터 첫 30년에만 순교한 기독교인들이 천오백만 명이 넘었고, 그 이후에도 로마 가톨릭이 정치권을 잃게 되는 1870년까지, 크리스천만 5천만 명 이상을 처형한 것으로 볼 때, 종교 개혁 이후에 신앙은, 순교를 감당해야함에도 불구하고 죽음을 각오하고 믿음을 지킨 신앙이었다.

그리고, 150년가량이 흘렀다.

구원의 역사를 전체적으로 볼 때, 순교를 각오하고 목숨을 내어놓고 믿음을 지키는 것은 거의 모든 구원받은 영혼들에게 요구된 사항이었다.

그러면 우리에게는 어떠한가?
150년가량의 핍박 없는 시대를 지나면서 우리에게 예수님을 믿는 크리스천이라는 사실은, 세상에서도 축복받고 누리고, 천국도 가게 되어서 누리게 되는 축복만을 누리는 것이라는 모양으로 인식되어 버렸다.

그렇다면, 예수님께서는 주님을 믿는 크리스천의 삶에 어떤 요구를 하시는지를 생각해 보았다.

성경 말씀 가운데, 자기 십자가를 지고 주님을 따르라는 말씀은 마태복음 10장 38절, 마태복음 16장 24절, 마가복음 8장 34절, 누가복음 9장 23절, 누가복음 14장 27절 이렇게 5번이나 나온다. 그리고 이것은 우리가 아주 잘 아는 말씀이다. 그런데, 십자가를 지는 것의 의미는, 주님으로 인한 억울함이나 내 삶 가운데 벗어낼수 없는 어려움을 잘 참고 주님을 섬기라는 뜻으로 이해를 한다. 그렇지만 이 말씀을 하시는 상황을 생각을 해 보면은, 이때 당시 제자들은 주님께서 십자가에 못 박히시게 될지 아무도 모르는 상황이었다. 그렇기 때문에 십자가라는 것 자체에 어떤 품고 있는 의미가 있이 말씀하실 수 없으신 때였다. 그 당시 제자들에게 십자가는, 사형 형틀이었다. 이러한 사형 형틀을 자기 것 하나씩 들고 다니면서 나를 따라오라고 하신 주님의 말씀은, 언제든지 순교를 당할 마음을 가지고 자신을 따르라고 말씀을 하신 것이다.

여기에 대해서 누가복음 14장 26-33절은 십자가를 지라는 주님의 말씀의 의미를 더 잘 설명해 준다.

누가복음 14절 26-33절

"무릇 내게 오는 자가 자기 부모와 처자와 형제와 자매와 더욱이 자기 목숨까지 미워하지 아니하면 능히 내 제자가 되지 못하고, 누구든지 자기 십자가를 지고 나를 따르지 않는 자도 능히 내 제자가 되지 못하리라. 너희 중의 누가 망대를 세우고자 할진대 자기의 가진 것이 준 공하기까지에 족할는지 먼저 앉아 그 비용을 계산하지 아니하겠느냐. 그렇게 아니하여 그 기초만 쌓고 능히 이루지 못하면 보는 자가 다 비 웃어 이르되 이 사람이 공사를 시작하고 능히 이루지 못하였다 하리 라. 또 어떤 임금이 다른 임금과 싸우러 갈 때에 먼저 앉아 일만 명으 로써 저 이만 명을 거느리고 오는 자를 대적할 수 있을까 헤아리지 아 니하겠느냐. 만일 못할 터이면 그가 아직 멀리 있을 때에 사신을 보내 어 화친을 청할지니라. 이와 같이 너희 중의 누구든지 자기의 모든 소 유를 버리지 아니하면 능히 내 제자가 되지 못하리라.”

이 말씀 가운데에서 주님은, 부모와 처자와 형제와 자매, 또 자기 목 숨까지 내어놓고 따라야 하는 주님의 제자의 자격에 대해서 말씀을 하 셨고, 그러한 자격이 내가 정말 따를 수 있는 자격인지 아닌지 먼저 계 산하고 생각해 보고, 모든 소유, 모든 생명까지도 바쳐서라도 주님을 따르고자 하는 마음이 있을 때 따르라고 하시는 말씀이시다.

구원의 역사를 전체적으로 볼 때, 순교를 각오하고 목숨을 내어놓고 믿음을 지키는 것은, 거의 모든 구원받은 영혼들에게 요구된 사항이라 고 생각을 했는데, 그것은 주님께서 처음부터 주님의 제자의 자격으로 세우신 조항이었다!

부흥은 선택하고 결정하는 것이구나 하는 생각이 들었다.

주님의 제자가 되는 것은, 매 순간 죽음을 각오하고 사형 형틀을 지고 다니며 주님을 따라 가는 삶이라고 하시는 주님의 말씀에도 불구하고, 그러한 이 세상에서의 고난을 감당해야 하더라도, 사랑하는 주님과 영원히 살게 되는 것을 너무나 소망한 나머지, 순교를 각오하고 목숨을 내어놓고라도 주님을 따르겠노라 선택하고 결정하는 것,

그 선택과 결정이 부흥이고,
그러한 결심으로 하루 하루를 사는 것이 부흥의 삶이다!

나는 그러한 부흥의 삶을 선택한다.

30

사단의 속임수

종교개혁 시대 당시, 마틴 루터만큼이나 널리 알려지고 영향력을 끼친 사람이 있다면, 그는 바로, 이냐시요 데 로욜라(Ignatius de Loyola)라고 할 수 있을 것이다. 마틴 루터(1483-1546)와 이냐시요 데 로욜라(1491-1556)는 동시대 사람들이며, 그들에게는 여러가지 견줄 만한 비교점들이 있다. 회심을 통해서 생각의 많은 변화를 겪은 부분들도 비교가 되는 부분이며, 마틴 루터를 통해서 종교개혁의 역사가 시작이 된 것에 반해서, 이냐시요 데 로욜라를 통해서 예수회가 시작이 되고, 반종교개혁의 역사가 시작이 되는 것도 비교가 되는 부분이다(127). 이냐시요 데 로욜라의 인생을 통한 역사를 통해서, 우리 안에 분별의 중요성과, 역사에 우리를 비추어 보면서 하나님의 뜻을 찾아가는 것이 얼마나 중요한 것인지를 깨닫게 되었다.

이냐시오 데 로욜라는 귀족 가문의 유명한 기사였는데, 전투 중에 크게 부상을 당하게 된다. 고통스러운 회복 기간 가운데에서, 작센의 루돌프가 쓴 『그리스도의 생애』(Ludolph of Saxony's 『The Life of Christ』)를 읽고 큰 감명을 받고 회심을 하면서, 군인으로서의 삶을 청산을 하게 된다. 그는 고행, 극기, 단식, 기도 등을 통한 명상을 하는 데에 전념을 하였고, 그러한 그의 기도 생활은, '영성훈련(Spiritual Exercise)'이라는 이름으로 전해지게 되고, 그러한 영성 훈련 내용은 책으로 만들어져서 지금까지도 널리 읽혀지고, 영성체험을 경험하게 하는 방법을 알려주는 가이드가 되고 있다. 그 당시, 그는 환시를 경험을 하게 되는데, 성모 마리아에 관한 환시였다. 그러한 환시를 경험한 이후에 그것에 부응하여 자신을 헌신을 하고, 1540년에 교황 바오로 3세로부터 인가를 받아서 예수회를 창시하고 종교재판을 통한 대대적인 기독교 탄압을 시작한다[128].

어찌보면, 마틴 루터는 5천만 명 이상의 기독교인들의 순교에 간접적인 영향을 끼친 사람이라고 할 수 있으며, 이냐시오 데 로욜라는 5천만 명 이상의 기독교인들의 순교에 직접적인 영향을 끼친 사람이라고 할 수 있다[129].

시작이 많이 달라보이지 않았는데, 끝은 왜 이렇게 다른가? 하는 의문이 생겼다.

그리고, 그 해답을 이 시대를 향한 하나님의 뜻 안에서 찾아 가고자 소망하였다.

먼저, 작센의 루돌프가 쓴 『그리스도의 생애』를 읽어 보았다. 이 책은 복음서의 역사, 주석, 교리적이며 도덕적인 글들, 영적지침, 명상, 그리고 기도들을 다 담은 책으로, 1472년에 처음 출판이 되어서 여러 언어로 번역이 되었고, 계속해서 재 출판이 된, 15세기 당시 아주 유명하면서도, 모든 종교인들이나 신학자들에게 영향을 끼친 책으로 알려져 있었다[130].

이 글 앞부분의 주된 메세지는 마리아에 관한 내용이다. 그녀의 생애에 대해서 아주 자세한 설명과 내용이 들어 있다. 내용 가운데에는, 요셉과 마리아는 결혼은 하였어도 끝까지 두 사람 다 순결을 지켰고, 그렇게 순결을 지킨 인생이기 때문에, 마리아의 인생은 죄가 없는 숭고한 삶으로 표현이 된다[131]. 또한, 예수님의 형제였던 야고보와 그의 형제에 대해서는, "Among these relatives James and his brothers were known as brothers of the Lord." "야고보와 그의 형제는 주 안에서의 형제로 알려져 있다."라고 되어 있다[132]. 그러니까, 순결을 지킨 인생이 부각이 되는 모습으로, 예수님의 형제는, 친형제들이 아니라 믿음 안에서의 형제들이라는 모양으로 설명을 하고 있었다[133]. 또한 죄가 없었기 때문에 장엄하게 승천을 할 수 있었다고 하며, 그러한 죄가 없는 삶을 살아서 승천을 하게 된 성스러움으로 인해서 경배받아야 함을 설명한다[134].

우리의 삶의 기준이 되고 지표가 되어야 하는 것이, 마틴 루터의 경우에는 오직 성경이라고 하였는데, 이냐시오 데 로욜라의 경우, 마리아를 신성화하는 글이 기준과 지표가 되었다는 차이점을 찾을 수 있었다.

또한, 이냐시오 데 로욜라는, 고행, 극기, 단식, 기도 등을 이용한 명상을 통해서 환시를 체험하고, 그러한 영적 체험에서 보여지고 깨닫게 되는 메세지로 인해서 인도함을 받는 것에 중점을 두는 삶을 살았다(135). 그러나, 마틴 루터의 경우, 우리의 행위로 선을 이룰 수 없는 것을 깨닫고, 말씀을 통해 우리 안에 역사하시는 주님을 믿음으로 사는 삶을 살았다는 차이점이 있다.

그러면서, 1564년 자료인, 이냐시오 로욜라가 세운 예수회의 그들의 지침서인, "예수회의 교리" 안에 있는 내용들을 보면서, 우리가 깨닫고 분별을 해야 하는 부분들이 어떤 부분들이 있는지에 대해서 자세히 알아보기로 하였다(136).

개신교의 근본주의의 믿음에서 5대 주장은, 성경의 무오함, 동정녀에서의 예수님의 탄생, 죄를 대속하기 위한 예수님의 죽으심, 예수님의 승천하심, 그리고, 예수님의 기적의 역사적 사실을 믿어야 한다는 내용이다. 그런데, 예수회의 교리 가운데에서, 이 다섯 가지의 주장 가운데에서 어떤 것도 거부하거나 믿지 않는다고 하는 내용이 없고, 오히려 이것들은, 그들이 강하게 믿고 주장하는 부분들이다.

그렇다면, 이들이 바른 신앙을 갖고 있다고 인정할 수 있다는 것인가? 그토록 많은 숭고한 피를 흘리게 한 일들이, 하나님의 바른 인도를 받은 것이라고 할 수 있단 말인가?

이번의 탐구로 인해서 깨달아 가는 사실은, 어두움의 세력의 계략에 너무 무지했다는 사실이다. 오히려 더 선함과 바른 모양을 다 갖추고 나서, 그 위에다가 하나님께서 기뻐하시지 않으시는 내용을 더해서, 우리를 속이고 넘어지게 하는 계략을 세우는 속임수를 무시하고 있었다는 사실을 또 한번 깨달았다. 지난 프리메이슨의 내용 가운데에 우리를 속이던 속임수과 같은 모양의 계략이 이곳에도 똑같이 숨겨 있는 것을 발견하게 되었다.

이들의 교리 선포 내용 가운데에는, 근본주의의 5대 주장 가운데 어떤 것도 거부하거나 믿지 않는다고 하는 내용은 없다. 그러나 이들의 선포 내용들을 그대로 믿고 따르게 되면, 하나님께서 우리에게 명령하신 십계명 중에서, 제1, 제2, 제3 계명을 어기는 삶을 살 수밖에 없는 모양이 되고, 그렇게 해서 하나님과 우리와의 온전한 믿음과 사랑의 관계가 이루어질 수 없도록 되어 있는 내용이었다.

1564년, 예수회의 교리(The Jesuits' Creed)의 10조항과 11조항에서 이렇게 말한다[137].

> 10. I do steadfastly affirm that the Images of Christ, and of that ever Virgin Mother of God, as also of other Saints, out to be had and retained, and that due honor and worship should be given unto them.
>
> 10. 그리스도의 형상, 영원한 동정녀 하나님의 어머니의 형상, 또한 다른 성인들의 형상들을 지니고 소유해야 하며, 그들에게 합당한 존중과 예배를 드려야 하는 것을 나는 확고하게 확언한다.
>
> 11. I do also affirm that Christ has left in His Church the power of Indulgences, and that the use of them is very wholesome for Christian people.
>
> 11. 그리고 또한 그리스도께서 그의 교회에 면죄부의 권능을 남겨 주셨으며, 그것을 사용을 하는 것은 크리스천들에게는 아주 건전한 것임을 확언한다.

위에 내용을 삶에 적용을 하려고 하면은, 하나님께서 말씀하시는 제1, 2, 3계명에 불순종 할 수밖에 없는 상황이 만들어진다.

하나님만을 경배하고 예배해야 하는 첫째 계명에 순종을 하려고 할 때에, 하나님 외에도 마리아나 다른 성인들에게도 예배하고 경배해야 하는 것이 교리이고 규정이라고 하면은, 그 두 명령은 서로 대립이 되는 명령이 된다. 서로 대립이 되는 명령 가운데에서 한쪽을 선택을 하는 것은, 다른 한쪽을 버리는 것이 된다. 예수회의 교리를 선택하는 순간 하나님의 말씀을 저버리는 자가 되지 않을 수가 없다.

아무 형상이든지 만들지 말며 그것을 섬기지 말라고 하신 둘째 계명에 순종을 하려고 할 때에, 마리아의 형상이나 성인들의 형상을 지니고 소유하며, 그것에 예배하라고 하는 것이 예수회의 교리이고 규정이기 때문에, 이 두 명령도 대립이 될 수밖에는 없다. 하나님의 말씀을 저버리는 자가 되지 않으려면, 예수회의 규정을 따른다는 것은 불가능한 일이다.

또한 이번에 궁금한 사실 하나가 깨달아졌다. 형상을 만들고 거기에 절하는 것을 하나님께서 싫어하시고 금지하신 내용이며, 십계명 가운데에서도 정확하게 경고하신 내용이다. 가톨릭 교회도 성경 안에 십계명의 내용들이 있을텐데, 어떻게 이토록 형상들에게 절하는 일들이 당연시 되는 것일까 하는 의문이 있었었다. 그런데, 이번에 처음으로 가톨릭 십계명은 우리와 다른 것을 알게 되었다. 제1계명은 같고, 제2계명이 개신교의 제3계명이다. 그러니까, 제2계명인, 아무런 형상도 만들지 말고 거기에 절하지 말라는 계명이 없고, 여호와의 이름을 망령되이 일컫지 말라는 말씀으로 대치되어 있다. 그렇게 해서 전체적으로 하나씩 숫자가 맞지 않다가, 개신교의 10번째 계명을, 다른 사람의 아내를 탐하지 말라, 다른 사람의 물건을 탐하지 말라고 둘로 나누어서 10계명이 채워진다. 성경에 있는 내용인데 어떻게 이럴 수가 있나 해서 가톨릭 성경책에 신명기 5장을 살펴 보았는데, 가톨릭 성경에도 분명히 형상을 만들지 말라는 말씀은 있었다. 그런데, 그것을 정리하여 십계명으로 만드는 부분에서 넣지 않은 것으로 보여졌다. 분명히 말씀을 살펴보고 묵상하는 자라면, 그가 누구라도, 형상을 만들어서 그것에 예배하라고 하는 교리는, 성경말씀과 대립이 되는 것이기 때문에, 그것은 곧, 하나님의 말씀에 순종을 하지 말도록 요구하는 행위이며, 이런 행위를 요구하는 단체와 하나님을 겸하여 섬길 수 없다는 것을 부정할 수 없을 것이다.

또한, 주 하나님의 이름을 망령되이 일컫지 말라는 세 번째 계명에 대해서, 예수회는 면죄부를 사용하는 권한을 교회에게 남겨 두셨다고 하면서, 그것을 사용하는 것을 건전한 것으로 생각하고 인정을 하라고 한다. 그러나, 죄를 사하는 권한은 하나님께만 있는 것인데, 하나님의 이름으로 그러한 하나님의 말씀에 대적이 되는 행동을 하게 하는 것은, 세번째 계명에 불순종을 하게 하는 것이다. 그러나, 그럼에도 불구하고 예수회의 교리에 순종을 하는 것을 선택을 한다면, 그것은 하나님의 말씀을 저버리는 것이 된다.

마틴 루터의 생애와 이냐시오 데 로욜라의 생애가 비슷한 부분이 있는 것 같아 보여도 너무나도 다르다. 그런데, 그렇게 다른 결과를 가져오는 데에 있어서, 완전히 하나님의 말씀을 부정을 하고 하나님을 대적하는 모습을 통해서, 그렇게 다른 결과에 도달을 하게 된 것이 아니었다. 개신교의 근본주의의 5대 조항 가운데에서 인정하지 않고 믿지 않는다고 하는 것이 없는 가운데에도, 온전히 하나님만을 믿고, 사랑하고, 순종하고, 따르는 모습이 이루어지지 않을 때에, 겉으로는 선한 모습이었어도, 결국 하나님을 대적하는 결과를 낳았다.

다시 한번, 사단을 너무 과소평가하고 있었다는 생각을 했다. 검은 뿔을 가지고 있으며, 악한 일들만을 도모하는 것이 사단이라는 잘못된 선입관이 있었던것 같다. 그런데, 그들은, 선한 모양은 모두 갖추게 하고, 거기에 하나님만 사랑하고, 하나님만 바라보고, 하나님께만 영광을 돌리는, 그 온전한 중심만을 배제하여서, 자신들이 원하는 모든 계획들을 이루어 나간다는 사실을 너무 몰랐던 것 같다.

그러한 사실은, 우리의 삶 가운데에도 많은 경각심을 가져다 준다.
온 몸과 마음과 뜻과 힘을 다하여서 하나님을 믿고 사랑하며 따르지 않을 때에, 나는 하나님 편에 선 것이 아니고, 사단 편에 선 것이다. 그

럼에도 그 순간, 하나님 편에 서 있다고 생각하고 있는 것은, 바로 사
단의 속임수이며, 사단이 바라는 바이다.

그러한 속임수가 속임수임을 깨닫게 되는 것이 바로, 어두움 가운데
에서 빛으로 눈을 뜨는 '부흥'이라고 할 수 있을 것이다.

31

다 너희의 것이요

이냐시오 데 로욜라의 생애 가운데에서, 그에게 가장 많은 영향이 되었던 것은 바로 영성훈련 부분이었을 것이다. 영성훈련을 통해서 환시를 보고, 그 안에서 메세지를 찾고, 그것을 이루고 따르려는 생활을 하였다. 예수회의 회원들을 통해서도 영성훈련을 이어갔고, 그러한 내용을 책으로 내어서 영적인 체험을 통해서 신앙생활을 하고자 하는 다른 사람들을 인도하는 역할을 하였다. 아직까지도 그의 책은 읽혀지고 있으며 계속해서 그의 영향력을 펼쳐 가고 있다(138).

그렇게도 고행을 하고, 묵상과 기도를 통해서 영적인 체험을 하는 것을 우선으로 두고, 영적 체험을 통한 메세지에 자신을 순종하는 삶을 살았지만, 그는 그때 당시 개신교 신자들이 가장 무서워하고 떨며 사단이라고 부르는 대상이었고, 하나님께 매달려 기도하는 하나님 자녀들에게 박해를 가하는 가해자였다(139). 자신이 깨닫는 영적 메세지에 순종하는 삶을 살았지만, 그것이 하나님의 뜻에 순종하는 삶은 아니었다.

개신교 교회 안에도, 이러한 일들이 없다고 할 수 없다.

초자연적인 일들이 일어나게 되는 것은, 다 하나님께로부터 오는 것으로 생각을 하고, 거기에 머리를 숙인다. 초자연적인 일들 앞에는 분별을 하는 것을 내려놓고, 두려움과 순종함으로 따르는 쪽을 선택한다.

초자연적인 일들은 다 사단에게서 온 것이라고 말할 수는 없다. 왜냐하면 우리는 겨자씨만 한 믿음이 있을 때에 산을 옮기시는 하나님을 믿는다. 또한, 매 순간 우리의 삶 가운데에 기적 같은 역사들을 통해서 우리를 인도하시는 하나님을 믿는다. 그리고, 우리 삶의 질병도 맡아주시는 여호와 라파의 하나님을 믿는다.

그렇지만 모든 초자연적인 일들이 다 하나님께로부터 왔다고 단정 짓는, 그러한 분별 없는 마음에, 사단이 마음대로 역사하도록 놔둘 수는 없다.

우리는 육에서 영으로 거듭나야 하고, 육의 생각은 사망이고 영의 생각은 생명이기 때문에, 영에 속한 삶을 살아야 한다. 그런데, 여기서 말씀하시는 '영'이, 이냐시오 데 로욜라가 이야기하는 영성훈련의 '영'과 다르다는 것을 분별하지 못하면, 바른 말씀 순종이 있을 수 없다. 우리는, 환시를 보고, 초자연적인 역사와 능력이 나타나는 것들을 영적인 것으로 생각하고, 그러한 일들이 우리의 육신적인 일들보다 더 높은 수준의 일이라고 착각을 한다. 그러나, 성경말씀에서 분명히 영에 대해서 우리에게 정의해 주셨다. 요한복음 4장 24절에서 "하나님은 영이시니"라고 말씀하신다. 영의 정의는 하나님으로만 할 수 있다. 그러니까, 우리가 영을 분별을 할 때에, 하나님 중심적인 것, 하나님 중심적이지 않은것으로 나누는 기준을 가지고, 초자연적으로 보이는 일들까지도 분별을 해야 하는 것이다.

크리스천들 안에서도, 이냐시오 데 로욜라가 경험을 했었던 것 같은 그런 경험을 하고자, 금식을 하고 기도를 하면서 뭔가 특별한 나타남을 추구하는 경우들이 있다. 그리고 그러한 현상들이 나타나고, 초자연적인 부분을 다루는 것이 가능한 상태가 이루어지면, 그것이 능력이라고 인정이 되고, 그런자가 더 높고 귀한 자인 것처럼 받들어진다.

그런데, 로마서 14장 23절에는, "믿음을 따라 하지 아니하는 것은 다 죄니라"라고 말씀을 하셨다. 사람들에게 인정받을 만한 능력을 얻기 위한 수단으로의 기도와 금식은, 자기 공로를 쌓는 것이며, 그러한 자기 공로로 인해서 무언가를 얻어 내는 것을 믿음이라고 할 수 없다. 믿음은, 나는 죽고 내 안에 그리스도께서 역사하심을 의지하고 따라가는 것이다. 내가 능력을 갖기 위해 공로를 쌓아야 하는 것이 아니라, 능력 자체이신 주님을 내가 벌써 내 안에 갖게 되는 것이고, 그것을 알고 확신하는 것이 곧 능력이다.

또한, 초자연적인 능력이 나타난다고 해서 그를 높이게 되는 것은, 세상적인 기준에 머리를 숙이는 것이 된다. 누가복음 16장 15절에서 "사람 중에 높임을 받는 그것은 하나님 앞에 미움을 받는 것이니라"라고 말씀하신다. 그리고, 이사야서 2장 11절에서 "여호와께서 홀로 높임을 받으시리라"라고 하셨다. 모든 능력의 소유자이신 주님만이 높임을 받으실 분이시며, 믿음 안에서 우리는 십자가에 죽었고, 내 안에 주님이 사시기에, 우리가 높임을 받을 부분이 없고, 우리 안에 주님만이 영원한 높임의 대상이시다.

초자연적 영계 부분은, 우리가 의식하게 되는 부분이 아니기 때문에, 어두움의 세력은, 미지의 것을 향한 두려움을 주어서, 우리를 억압하고자 한다. 그래서, 우리 주위에 뿌려져 있는 재앙들이, 초자연적인 부분을 다룰 수 있는 사람들을 통해서 특별한 보호 기도를 받지 않으면, 결국 나한테 임할 수도 있다는 불안감에, 내 머리를 조아리게 만든다. 그런데, 요한복음 1장 9절에, "참 빛 곧 세상에 와서 각 사람에게 비추는 빛이 있었나니"라고 하시면서 우리 주님께서 곧 참 빛이심을 알려 주셨다. 참 빛이신 주님이 내 안에 계시면, 빛이 비출 때 모든 어두움은 물러갈 수밖에 없는 것이 당연한 이치이다. 주님 안에서 격게 되는 어떠한 일도 최선일 수밖에는 없기 때문에, 어두움으로 인한 불안이나 두려움 가운데에서도, 우리는 온전히 자유할 수 있다.

또한, 하나님은 말씀을 통해서 우리에게 하나님의 심정, 하나님의 소원, 하나님의 계획, 하나님의 뜻을 다 알려 주셨다. 그러한 하나님의 마음을 알고, 내가 사는 것이 아니라 내 안에 주님이 사실 때, 이 세상 가운데에서 승리하며 살 수 있는 모든 예언의 말씀들이 성경에 다 들어 있다. 그런데, 우리는 그러한 성경을 통한 하나님의 예언의 말씀들이 부족한 듯, 초자연적인 힘으로 인한 미래를 알려주는 예언을 듣고자 한다. 그런데, 요한계시록 22장 18-19절에서 "내가 이 두루마리의 예언의 말씀을 듣는 모든 사람에게 증언하노니 만일 누구든지 이것들 외에 더하면 하나님이 이 두루마리에 기록된 재앙들을 그에게 더하실 것이요, 만일 누구든지 이 두루마리의 예언의 말씀에서 제하여 버리면 하나님이 이 두루마리에 기록된 생명나무와 및 거룩한 성에 참여함을 제하여 버리시리라"라고 말씀을 하셨다. 우리가 성경의 예언의 말씀 외에, 다른 미래를 읽는 것 같은 말들로 나를 채우려고 할 때, 그 말이, 벌써 말씀하신 성경 말씀을 인정하는 것 이상이라면, 그것은 주님의 예언에 말씀에 더하거나 제하거나 하는 상황이 될 수 있는 일이며, 성경의 예언의 말씀으로 인해서 받을 수 있는 은혜와는 비교도 할 수 없는 작은 일이다.

이냐시오 데 로욜라의 영성훈련이라는 책이 500년 가까이 읽혀지고 있다는 사실에, 어떤 편견이 전달이 되고 있으며, 어떤 부분을 통해서 어두움의 세력이 역사를 하는지를 알고자 하였다. 이냐시오 데 로욜라가 쓴 영성훈련이라는 책의 내용은, 주는 자, 받는 자, 이렇게 짝을 짓고, 묵상의 단계 단계를 갖이 진행해 나간다. 묵상의 단계는 4단계로 나누어지는데, 제일 처음 죄의 대한 묵상과 회개, 두 번째, 종려 주일까지 주 그리스도의 삶, 세 번째, 주 그리스도의 수난, 그리고 네 번째, 부활과 승천으로 나누어진다.

그리고, 그 책에서 영성훈련을 이렇게 정의한다.

Spiritual Exercises is meant every way of examining one's conscience, of meditating, of and of contemplating, of praying vocally and mentally, and of performing other spiritual actions, as will be said later. For as strolling, walking and running are bodily exercises, so every way of preparing and disposing the soul to rid itself of all the disordered tendencies, and, after it is rid, to seek and find the Divine Will as to the management of one's life for the salvation of the soul, is called a Spiritual Exercise(140).

영성훈련은 명상, 묵상, 그리고 소리는 내는 기도와 생각으로 하는 기도, 그리고 다른 여러가지 영적 행동을 수행하는 모든 방법들을 가지고 자신의 양심을 숙고하는 것을 의미한다. 왜냐하면 산책, 걷기, 달리기가 육체적 훈련인 것과 같이, 모든 무질서한 성향을 없애기 위해 영혼을 준비하고 근절하는 모든 방법을 이야기하며, 그리고 근절이 된 후에는 자신의 영혼의 구원을 위해서 신성한 뜻을 삶 가운데에 찾아 가는 것을 영성훈련이라고한다.

어찌보면 요즘 개신교를 통해서 이루어지는 많은 영성훈련의 모양들과 다를 것이 없어 보인다. 그렇기 때문에 더 우리를 돌아보아야 하는 것이 느껴졌다. 역사적으로 볼 때, 로욜라의 삶이, 자신의 뜻이 아닌, 이렇게 영성 훈련을 통해서 인도되는 메세지를 통해서만 사는 삶이었지만, 하나님을 기쁘시게 한 삶이 아니었고, 오히려 하나님을 대적하는 삶을 살았다. 그렇기 때문에, 더더욱 하나님 중심적인 분별이 필요하다는 생각을 했다.

이 책에서는, 신성한 뜻을 삶 가운데에서 찾게 되는 것, 영혼의 구원을 이루는 것이 이러한 영성훈련을 통해서 이루어진다고 이야기한다. 신성한 하나님의 뜻은 말씀 안에 벌써 다 들어 있고, 영혼의 구원은 예수님을 믿음으로 인해서 이루어지는 것인데, 거기에다가 방법을 만들어놓고, 그것을 주는 자, 받는 자로 엮어서 그대로 따라야만 하나님을 체험할 수 있다는 설명이다.

　매순간 우리를 향한 하나님의 뜻을 말씀 안에서 찾으려 하는 것이 아니라, 초자연적으로 느껴지는 메세지에 의존을 하는 것이 얼마나 위험한지를 깨닫게 된다.
　또한, 회개, 주님의 삶에 대한 말씀들, 기도와 같이, 자체로 귀한 것들이, 영적체험을 얻고자 하는 목적을 위해서 사용이 될 때에, 그것은 결코 하나님께서 기뻐하시는 것이 될 수 없는 것도 깨닫게 된다.

　그리고, 영적인 능력을 줄 수 있고, 또 받을 수 있는 것처럼, 인간 관계 가운데에서 하나님과의 관계 중간에, 인간적 도움이 필요하도록 되어 있는 부분들은 성경적이지 않다는 것도 깨닫게 된 부분이었다.

　그리고 이러한 깨달음에 우리의 삶을 조명해 보기 원했다.

　하나님의 예언의 말씀 외에 초자연적인 메세지를 따르는 것을, 성경 말씀을 따르는 것 이상으로 놓기도 하였었고, 하나님의 귀한 말씀들을 우리의 목적을 이루는 수단으로 이용 하기도 하였었고, 또 인간 관계 가운데에서 능력이 전달이 된다는 생각에, 기름부음을 흘려 받아 보겠다고 머리를 조아리기도 하였었다.

그러나 진리의 말씀은 고린도전서 3장 22b-23절에서 이렇게 말씀하신다.

"세계나 생명이나 사망이나 지금 것이나 장래 것이나 **다 너희의 것이요**, 너희는 그리스도의 것이요 그리스도는 하나님의 것이니라."

다 알지 못하고 다 갖지 못해서 불안해하고 두려워해야 하는 것처럼 속이는 사단의 속임수 가운데에서, 우리는 세상, 생명, 사망, 지난 것, 미래의 것까지 다 우리의 것이라는 진실로 인해서, 오늘도 담대하고 당당할 수밖에 없다.

32

꼭 필요한 질문

종교개혁이 있을 당시에도, 가톨릭 교회의 목표는, 세계가 하나의 종교가 되는 것이었는데, 한 명으로 시작한 종교개혁의 바람은 걷잡을 수 없이 크게 퍼져갔다. 개신교로 인해서 가톨릭 교회의 목표가 이루어지지 못하도록 위협받는 상황 가운데에, 이냐시요 데 로욜라는, 1540년, 교황 바오로 3세에게 예수회를 설립하는 계획에 대해서 이야기하고, 그것을 승낙받게 된다(141).

그런데, 도대체 어떤 제안을 했길래, 그 제안이 개신교를 통제할 수 있을 것으로 인정이 되었고, 그러한 특별한 조직을 설립하는 것을 수락하게 되었을까? 어떤 제안을 했는지에 대한 자료를 찾을 수는 없었어도, 그러한 제안을 통해서 어떠한 것을 얻었고, 또 어떠한 것을 이루어 나갔는지에 대한 자료는, 역사 자체이기 때문에 많이 찾을 수가 있었다.

예수회가 교황을 통해서 얻게 된 특권은, 교황청의 체제와 상관 없이, 예수회 안에서 사제들을 세우고 그 사제의 계통을 이어갈 수 있게 해 준 것이었다. 처음에 드는 생각은, 이 특권이 개신교로 인해 위협받는 상황을 해결할 수 있을정도로 대단한 것이 될 수 있을까 하는 생각이었다. 하지만, 역사를 통한 그 특권의 영향력은 굉장히 컸다(142).

그들이 사제임으로 인해서, 모든 사람의 고해 성사를 듣고, 아주 깊은 생각으로라도 진행되는 모든 상황들에 대해서 알 수 있었고, 그러한 정보를 통해서 종교재판의 피고인들을 모을 수 있는 범주는, 개개인의 수준까지였다. 또한 면죄부를 줄 수 있는 사제의 능력은, 교인들로부터 개신교인들을 고소하는 수준의 헌신이라도 받아 내기에 충분한 것이었다(143).

지난 글에서 본 것처럼, 그들의 교리 11번에 "그리고 또한 그리스도께서 그의 교회에 면죄부의 권능을 남겨 주셨으며, 그것을 사용을 하는 것은 크리스천들에게는 아주 건전한 것임을 확언한다."라는 선서 내용이 있었다(144). 이 면죄부를 주는 특권을 가지고 그들의 영향력을 전세계에 뻗어간 역사가 곧 예수회의 역사였다. 면죄부라는 것은, 죄를 사하여 주는 것이고, 이 세상에서의 죄가 사함을 받음으로, 그 사람은 죄 없음을 인해서 영혼이 구원을 받게 되는 것으로 믿었다. 결국, 면죄부는 영혼의 구원을 확신하여 주는 것이다. 구원의 확신을 줌으로 인해서 세상 가운데에서 참 평안과 안정을 누리게 해 주는 그런 특권이었다.

역사를 알아 가면서, 내가 잘못 생각하고 있었던 것을 깨닫는 사실 중에 하나는, 하나님은 영원한 세상에 대한 소망으로 우리를 이끄시고, 사단은 이 세상에 대한 소망만을 가지게 하며 우리를 유혹한다고 단정 지었던 생각이다. 사단이, 세상중심적인 삶을 살면서 영생을 얻지 못하게 하는 유혹을 할 뿐만 아니라, 영원한 세상을 갈망하게 하면서, 그러한 영원한 세상을 보장해 줄 수 있는 듯한 거짓 확신을 주어 가면서, 사람들을 움직여 갔던 모습이 많은 부분의 역사를 장식한다.

십자군의 역사 가운데에서도, 십자군으로 헌신을 하는 병사들에게는 면죄부가 주어졌었다. 가톨릭 교회를 위해서 싸우고 적군을 죽이는 일은 영생을 얻을 수 있는 숭고한 일이라는 생각을 주었었고, 그로 인해 면죄부를 얻고 구원의 확신을 가지고 평안을 누렸었다(145).

극단주의 테러리스트들이 자신의 목숨을 내어놓고 테러 행위를 할 때에, 목숨을 잃게 되더라고 천국에 들어가는 확신을 가지고 그런 대담한 행동을 한다는 것은, 아주 잘 알려진 사실이다. 그들도 구원의 확신으로 인한 담대함이 있었다.

마틴 루터 당시에는 그러한 면죄부를 돈을 받고 팔기까지 하였는데, 그러한 면죄부를 자신만을 위해서가 아니라, 이미 죽은 사랑하는 가족들 것까지도 구매를 하여서, 자신과 죽은 가족의 영혼 구원을 확신하며 마음의 평안을 누렸다.

종교재판 당시, 가까이 지내던 이웃까지도 고발을 하여서, 종교재판에 넘겨지게 되고, 처형을 당하게 되는 일들이 잦았는데, 그것은 고발한 그들이 친분보다도 더 중요한 자신들의 죄 사함을 얻고자 하는 소망이 컸었기 때문이었다(146).

결국 이 모든 것은, 인간의 영원한 생명을 갈망하는 마음에 대해서, 가짜 면죄부, 가짜 영혼 구원의 확신을 가지고 사기를 쳐서 사람을 조정을 한 속임수와 계략의 역사인 것이다. 면죄부는 인간의 영혼까지도 헌신하게 하는, 사람들을 컨트롤하기 가장 좋은 수단이며 방법이었던 것이었다.

그래서, 마틴 루터의 95개 조항의 메세지는, 면죄부는 하나님 외에 교황이나 사제가 줄 수 있는 것이 아니라는 외침이었고, 마지막 95조항에서는 거짓 확신으로 인한 평안의 위험성을 경고하기도 하였다(147).

그런데, 어두움의 세력은 우리가 가짜 구원의 확신 안에서 평안을 누리도록 유도한다.

데살로니가전서 5장 2-3절에 "주의 날이 밤에 도둑 같이 이를 줄을 너희 자신이 자세히 알기 때문이라, 그들이 평안하다, 안전하다 할 그 때에 임신한 여자에게 해산의 고통이 이름과 같이 멸망이 갑자기 그들에게 이르리니 결코 피하지 못하리라"라고 말씀을 하신다.

여기에서, "평안하다, 안전하다"라고 하는 마음을 가지도록 사단은 계속해서 우리의 삶에서 역사를 하는데, 그것은 거짓 구원을 확신을 통해서 가질 수 있는 마음이다. 거짓 확신이 아니고 진정한 주님의 자녀로서의 확신이었다면, 주의 날은 그들에게 멸망의 날이 아니고 기쁨의 날이었을 것이기 때문이다.

그리고 계속되는 어두운 세력의 거짓 확신 안에서 평안을 누리도록 하는 노력은, 우리의 삶 가운데 많은 부분 자연스럽게 자리를 잡아 버렸다.

교회에 열심히 참석을 했다는 사실이 나에게 면죄부가 되어 버렸다.
교회에 순종을 하고 헌신하는 삶이라는 나의 생각이 나에게 면죄부가 되어 버렸다.
방언을 했다는 사실이 의심할 것 없는 면죄부가 되어 버렸다.

착하게 주위 사람들을 챙기는 삶을 살았다는 것이 나에게 면죄부가 되어 버렸다.

영접기도를 했다는 것이 나에게 면죄부가 되어 버렸다.

그러면서 우리 모두는 영원한 생명에 대한 구원의 확신을 다 갖게 되었다. 그런데, 주님이 주인이 되시는 우리 크리스천의 삶에, 그리스도가 나타남이 없고, 우리만 나타난다. 이것은 뭔가가 잘못된 것이 분명하지만, 교회 가운데에서 '구원의 확신'에 대해서 이야기하는 것은, 이단에 몰릴 수 있는 위험이 있다며 조심해야 한다는 분위기이다.

그럼 예수님은 어떻게 말씀하시는가?

영생을 얻기를 구하는 사람과 주님과의 대화에 관한 말씀을 묵상해 보기 원했다.

마가복음 10장 17-21절에 "예수께서 길에 나가실새 한 사람이 달려와서 꿇어 앉아 묻자오되 선한 선생님이여 내가 무엇을 하여야 영생을 얻으리이까, 예수께서 이르시되 네가 어찌하여 나를 선하다 일컫느냐 하나님 한 분 외에는 선한 이가 없느니라, 네가 계명을 아나니 살인하지 말라, 간음하지 말라, 도둑질하지 말라, 거짓 증언 하지 말라, 속여 빼앗지 말라, 네 부모를 공경하라 하였느니라, 그가 여짜오되 선생님이여 이것은 내가 어려서부터 다 지켰나이다, 예수께서 그를 보시고 사랑하사 이르시되 네게 아직도 한 가지 부족한 것이 있으니 가서 네게 있는 것을 다 팔아 가난한 자들에게 주라 그리하면 하늘에서 보화가 네게 있으리라 그리고 와서 나를 따르라 하시니"라고 말씀을 하셨다.

예수님께 달려와서 질문을 했던 사람은 진정으로 영생을 얻기를 소원하는 사람이었다. 그래서, 예수님께 하는 질문도 그것 하나뿐이었다. 그리고, 영생을 얻기 위해서 성경의 계명들을 충실히 지켰던 것에 대하여서도 예수님께 말씀을 드렸다. 우리가, 이 정도 마음이 오픈된 사람을 만나면, 당장 예수님에 대해서 이야기를 하고, 그분이 우리의 구세주 이심을 믿으면 구원이 임하는 것에 대해서 알려주고, 같이 영접하는 기도를 하고, 그에게 영생이 임했음을 기뻐했을것이다. 그런데, 21절에서 주님께서는 그를 사랑하셨기 때문에 그렇게 하지 않으셨고, "아직도 한 가지가 부족한 것이 있다"라고 말씀을 하셨다. 그리고, 모든 소유를 팔아서 가난한 자에게 주고 주님을 따르라는 말씀을 하셨다. 예수님을 따르는 자들에게는 너무나도 당연한 조건이다. 왜냐하면, 주님이 내 삶이 주인이시면, 나의 소유는 다 주님의 것이고, 그런 주님에 말씀에 대한 순종은, 재물이 내 것이라는 마음이 없을 때는, 당연히 기쁘게 할 수 있는 일이다. 하지만, 아직도 내가 주인이 되고자 하는 영력이 있는 한, 그러한 순종은 할 수가 없다.

주님은 우리의 속마음까지도 다 잘 아시는 분이시기에, 내 안에 누가 주인인지를 주님이 모르실 수가 없다. 그러나, 우리는 주님이 그 사실을 모르실 것처럼 생각을 하고, 내가 주인 자리에 있으면서도, 영생을 얻었다고 생각을 하고, 구원의 확신을 가지고 '평안하다, 안전하다'라고 하고 있다.

성경에서 "울며 이를 갈리라" 하는 말씀이 7번씩이나 나온다. 모두 다 마지막 때에 주님이 다시 오실 때에 대한 이야기이고, 거기에서 재앙을 받게 된 자들의 행동이, 슬피 울면서 이를 간다는 그런 내용이다. 그런데, 참 이상하다는 생각이 들었었다. 공평하신 주님의 심판에 따라 벌을 받게 되는 그들이, 슬퍼서 우는 것은 이해가 가지만, 이를 간다는 것이 이해가 안 갔다. 이를 간다는 것은 속아서 억울하고 속상할 때 하는 행동인데, 뭐가 그렇게 억울하고 속상할까 하는 생각을 했었다. 그런데, 이제는 이해가 간다. '평안하다, 안전하다' 하는 마음으로, 구원의 확신을 가지고 살고 있다가, 그렇게 벌을 받게 되는 상황에 처하게 된다면, 얼마나 억울하고 속상할 수 있을까 하는 생각이 들었다. 이런 상황에 대한 이해를 가지고 7번의 "울며 이를 갈리라"의 내용이 있는 말씀들을 다시 읽어 보았다. 사단의 속임수에 화가 나고 속상한 마음이 느껴지는 듯했다.

그리고 이것은 너무나도 중요한 문제이기 때문에, 우리 마음에 하는 진실한 질문이 꼭 필요할 것이다.

주님이 다시 오늘 우리에게 너무나도 사랑하시는 마음으로 "네 모든 것을 팔아 가난한 자에게 주라, 그리고 와서 너는 나를 따르라"라고 말씀을 하신다면, 나는 주님의 제자로서의 삶으로 초청을 받은 환희와 감격에, 모든 주님의 것들로 구제를 하고, 기쁨으로 "주님을 따르겠습니다!"라고 선포할 수 있겠는가? 이와 같은 질문은, 나의 영혼에 꼭 필요한 질문일 것이다.

33

가짜 내려놓음

우리가 몰랐던 역사에 대해서 알아 가면서, 아직도 이해가 가지 않는 부분들이 있었는데, 그것은 비밀 조직들과 가톨릭의 관계에 관한 것이었다. Freemason과 Illuminati가 유럽 혁명 때부터 벌써 같이 하나가 되어서 일을 했다는 사실은, 그들의 역사를 설명하는 글들 가운데에 많이 나타나 있다. 또한, 두 단체의 영향력은 많은 다른 비밀 단체들과의 연결점으로 나타나기도 한다(148). 이러한 비밀 단체들과 가톨릭간에 어떠한 연결점이 있을 것 이라고는 생각하지 않았다. 왜냐하면, 비밀 단체들과 가톨릭 교회는 적대시하는 관계로 알고 있었기 때문이다. Freemason 역사의 시작과 그들의 반 가톨릭주의와는 아주 밀접한 관계가 있다. 교황과 가톨릭 의식의 주요 정치적 문제에 반대하는 생각들로 인해서, 교황청의 정치적, 사회적, 영적, 종교적 권력에 대한 적대적인 태도가 16세기를 기점으로 해서 만연하게 되었었다. 그리고, 그러한 반 가톨릭주의, 반 성직자주의가 비밀 단체를 조직하게 되는 동기가 되었다는 내용의 글들이 많이 있다. 그리고, 비밀 단체 안에서 멤버들의 비밀을 지켜 주며 멤버들을 돕는 것을 중점을 두고, 자유 평화 박애를 외치는 일들을 하였다고 설명을 한다(149).

그리고, 18세기에 그러한 반 가톨릭주의와 밀접한 관계가 있는 혁명들이 유럽에서 있었다. 대표적인 것이 프랑스 혁명인데, 프랑스 혁명으로 인해서 교황령은 큰 타격을 받고 계속해서 이어지는 나폴레옹 군대에 의해서 1798년에는 교황이 포로로 끌려가기까지 한다(150). 그러한 역사 가운데에서, Freemason과 Illuminati들은, 자신들의 단체들로 인해서 그런 혁명 가운데에 중심적 역할을 하게 된 것에 대해서, 그들의 역사 가운데에 자부심으로 설명이 되어있다(151).

이러한 비밀 단체의 움직임에 반하여서, 가톨릭 교회에서는 가톨릭 교인들에게 프리메이슨의 위험성을 경고하고 프리메이슨과의 교류를 금지하였고, 프리메이슨과의 공개적 교류시 자동 파면되도록 하기도 하였다(152). 이처럼 비밀 단체 자체가 가톨릭 교회에 대한 적대심이 있었고, 그에 대해서 가톨릭 교회에서는 강경하게 맞서고 반대하는 입장을 취해왔기 때문에, 비밀 단체들과 가톨릭 교회와 하나되어서 일을 하는 연결점이 있을 것을 기대하기는 힘들었다.

그런데, 자유주의 현대주의의 교육이 자리를 잡게 되고, 또한 Federal Councils of Churches로 인한 World Councils of Churches가 시작

이 되도록 하는 데 있어서 Illuminati로 지목받는 자로부터의 계속되는 기부가 있었다(153). 그러한 기부를 통해 추구하는 바가 무엇이었을까 하는 의심을 하지 않을 수 없었다. 비밀 조직과 가톨릭이 적대 관계인데, 가톨릭이 연결되어 있던 이런 단체들을 통해서, 결국은 하나의 결과를 추구하는 것 같은 이런 모양들이 이해가 가지 않았다.

그런데, 유럽 혁명이 있었을 당시의 예수회의 행적에 대한 책들을 읽으면서, 그 상황이 이해가 가기 시작했다. 내가 이 상황에 대해서 이해를 할 수가 없었던 이유는, 가톨릭과 예수회는 한편이라는 생각을 가지고 있었기 때문이었다. 이냐시오 데 로욜라를 통해서 교황청에 허락을 받고 교황청에 온전히 순종을 하는 모양으로 시작이 된 단체이기 때문에, 교황청과는 당연히 하나일 수밖에 없다는 생각이 상황에 대한 이해를 막고 있었던 것이었다.

그런데, Freemason과 함께 프랑스 혁명을 이끄는 주된 역할을 했다고 이야기하는 Illuminati라는 단체는 1776년도에 세워지는데, 그 단체를 세운 것이 예수회라는 글들이 1800년도 초의 책들 가운데에서 많이 찾을 수 있었고, 그 단체를 창시한 Adam Weishaupt가 예수회에서 교육받은 자라는 것은, 가톨릭 백과사전에도 나오는 사실이었다(154). 예수회가 이 단체를 세워서, 오히려 혁명들을 이용해서 가톨릭 교회를 공격을 하였다는 모양이 되는데, 그것이 말이 안 된다는 생각에, 여지까지 상황이 이해가 되지 않았었던 것이었다.

그런데, 역사를 더 자세히 알고 나니까 이해가 갔다. 예수회 탄압은 18세기 중반에 대부분의 서유럽 국가와 식민지 국가들에서, 예수회 회원을 추방시키고 탄압하면서 시작이 되었었는데, 1773년에 교황 Clement 14세에 의해서 교황청에서도 예수회 탄압을 승인하고 그들의 활동을 금하게 된다(155). 그러니까, 예수회가 이냐시오 데 로욜라로 시작해서 1540년부터 받아서 누렸던 권한들을 1773년에 박탈당하게 된 것이었고, 그로 인해서 세계적으로 예수회로 인한 대부분의 선교 사역지와 학교들도 문을 닫게 된다(156).

그러니까 Illuminati가 세워질 당시, 1773년에서 3년 후였던 1776년에 예수회는 교황청과의 연결점이 없었던 때였던 것이었다. Illuminati, 프리메이슨, 예수회가 다 영적인 예식들이 중심이 되고, 그러한 예식 안에서 자신의 영혼을 헌신을 하는 부분들이 많이 비슷하다고 생각이 되었었는데, 왜 그런지가 이제는 이해가 되었다(157).

예수회의 영향력과 그들에 지배력에 대해 아직도 모르고 있는 것이 많구나 하는 생각이 들었다. 예수회에 대해서 더 잘 알아 가는 것이 필요하겠다는 생각을 했다.

예수회 회원들의 헌신에 관련하여서는, "vows of poverty, chastity, and obedience", "가난, 순결, 순종의 맹세"로 유명하다. 예수회 회원들의 이러한 맹세는, 세상사람들로 하여금, 자신을 다 내려놓은 삶, 십자가에 자신을 헌신한 삶의 모양으로 비추어지고, 그러한 희생으로 인해서 인정과 높임을 얻는다(158).

그런데, 십자가에 내려놓는 삶은, 내가 아니라 내 안에 그리스도가 사시는 삶인데, 내려놓는 삶을 살지만, 그것이 주님이 사시는 삶은 아니라고 하면은, 도대체 어떤 부분이 문제인 것인가 하는 생각을 해 보게 된다.

교회 안에서도 자기 포기, 자기 희생, 자기 수행, 선행, 육신의 소욕을 제어하는 삶 등이 요구되면서, 내려놓는 삶을 통해서 능력있는 그리스도인이 될 것을 가르친다. 또한 그러한 내려놓음이 이루어진 삶은, 물질세계의 탐욕이 없는 영적인 삶으로 인정이 된다.

하지만 여기에서 우리가 주님의 능력의 십자가를 값없이 하고 있다는 것을 깨닫지 못한다.

자기 포기, 자기 희생, 자기 수행, 선행, 육신의 소욕을 제어하는 삶을 포함하는 내려놓는 삶 자체가 문제라는 것이 아니라, 이러한 가치는 어느 종교에서도 인정하고 요구하는 삶이며 가치라는 것이다. 이런 어떤 종교에서나 이룰 수 있는 선의 모양을 가지고 거기에다가 십자가라는 이름을 덧붙여서, 그것이 십자가에 내려놓음이라고 이야기하고, 기독교만 다른 종교와 달리 특별한 종교인 것처럼 이야기한다면, 그것은 이율배반적이며 타당성 없이 차별을 하는 고집스러운 행동이라고 할 수 있을 것이다.

마태복음 12장 38-42절에 나오는 내용은 서기관과 바리새인이 주님께 표적을 보여달라고 이야기하는 내용이다. 거기에 대한 주님의 답변은, 요나의 표적 밖에는 보여 줄 표적이 없다고 하시고, 심판 때에 니느웨 사람들과 남방여왕이 일어나 이 세대를 심판할 것이라는 말씀을 하신다.

이 말씀 가운데 나오는 사람들은, 서기관들과 바리새인들, 니느웨 사람들, 그리고 남방 여왕이다.

서기관들과 바리새인들은, 기도를 많이 하고, 금식을 많이 하고, 성경을 많이 읽고, 메시야가 오시기를 기다리는 자들이었으며, 율법을 지키는 것에 엄청난 열심을 내었던 사람들이다.

니느웨 사람들은, 요나서 1장 2절에 "그 악독이 내 앞에 상달하였음이니라"라고 하나님이 말씀하신 자들이었고, 그렇게 악한 자들에게 말씀을 전하기 싫어서 요나가 그들에게 가지 않으려고 하다가 결국 주님의 강경하심에 의해서 가게 된다. 그들은 요나의 선포를 듣고 회개를 한 자들이다.

남방 여왕은 선택받은 이스라엘 민족이 아닌 이방 나라의 여왕이었다. 그 여왕이 자기 고행을 하고, 금식을 하고, 기도를 하며, 자기 육신을 제어하는 삶을 통해서 하나님께 나아가고자 했던 것이 아니라, 솔로몬의 명예를 듣고 그의 지혜를 듣기 위해서 솔로몬을 찾아 온 자였다.

하나님의 일에 그토록 열심을 품고, 그토록 기도를 많이 하고, 성경을 읽으며, 메시야가 오시기를 대망하고, 금식도 많이 한 사두개인들과 바리새인들이, 자신들이 가장 중요한 것을 놓치고 있다고는 상상도 하지 않았을 것이다. 자신들이 하는 일이 가장 중요한 것이라는 확신이 없었다면, 그토록 뜨거운 열심으로 종교 생활을 한다는 것은 불가능한 일일 것이다.

교회 안에서도, 하나님의 일에 열심이 있고, 기도를 많이 하고, 금식도 많이 하며, 성경 지식도 많고, 자기 수행과 육신을 제어하는 삶을 사는 자들에게, "아직도 뭐가 부족합니다"라고 말하기는 쉽지 않은 일이다. 그런 자들은 지금이라도 교회 안에서 다른 사람들에게 영향력을 행사하는 그러한 직책이 주어지게 되더라도 당연하게 인정하게 된다. 우리의 생각으로 더 분별을 해야 하겠다고 하기 힘든 일이다.

그런데, 그토록 하나님께 열심을 품었던 그들이, 예수님께서 오셨을 때에, 메시야이신 주님을 가장 대적하고 주님을 죽인 자들이 되었다.

하나님의 역사하심과 계획하심을 왜곡하고 방해하면서도, 우리는 최선을 다해서 하나님의 뜻을 따라서 산다고 생각을 하며 열심을 낼 수 있다는 것이다.

서기관과 바리새인들이 살던 그때나 지금이나, 같은 종류의 사단의 속임수, 같은 종류의 종교적 미혹이 만연한 것이 보인다.

우리 주님의 십자가를 지심은, 하나님 앞에서 "내 뜻대로 하지 마옵시고 아버지 뜻대로 하옵소서"라고 하신 주님의 기도가 이루어지는 역사였다. 예수님과 하나님과의 너무나도 사랑하는 온전히 하나되는 관계 가운데에서, 자신의 뜻이 아니고 자신이 사랑하는 아버지의 뜻이 서기를 더 바라는 그 마음이, 주님께서 십자가를 지신 마음이었던 것이었다.

우리 삶 가운데에서, 십자가는 능력이며 육신의 속한 삶을 사는 것이 아니라 영에 속한 삶을 살게 되는 통로이다. 그런데, 그 십자가는, 참 사랑이시고 참 진리이신 하나님을 알고, 그 하나님을 사랑하지 않고는, 가질 수도 없고 질 수도 없다. 그러니까, 우리에게 십자가는, 하나님을 알고 사랑하게 되니까, 나의 소원 나의 뜻보다 더 귀하고 온전하신 하나님의 뜻과 하나님의 소원을 알게 되는 것이고, 그래서 당연히 나의 뜻이 내려놔지고 하나님의 뜻을 잡게 되는 것이다. 그렇기 때문에, "그는 흥하고 나는 쇠하여야 하리라" 하는 세례요한의 말씀이 우리의 마음 가운데에도 이루어지는 것이다.

두 사람의 인간관계 가운데에서도, 내가 생각하기에 상대방이 나보다 모든 부분에서 훨씬 더 바르고, 정확하고, 하나님 중심적이라는 확신이 있을 때에는, 나의 뜻을 고집하기보다는, 상대방의 뜻을 따르는 결정들을 하게 된다.

하나님과의 우리의 관계 가운데에서도, 하나님은 능력의 하나님이시고, 사랑의 하나님 이시며, 진리의 하나님이심을 너무나도 잘 아니까, 죄인일 수밖에 없는 나의 뜻이 버려지고, 하나님의 뜻이 이루어지기를 추구하고 소망하게 되며, 그런 하나님의 뜻을 따르는 삶을 살기를 결단하게 된다. 그렇게 해서 우리 삶 가운데에 십자가에 내 뜻이 내려놔지고, 주님을 따르는 삶이 이루어지게 된다.

사두개인들과 서기관들이 자기 고행과 자기 수행을 통해서, 자신의 뜻에 대한 의지가 강하여지게 된 것에 반해서, 니느웨 사람들은, 자신의 악함을 깨닫고 하나님의 뜻 쪽으로 자신들을 꺾기 원했다. 또한, 남방 여왕은, 자신의 부족함을 깨닫고 솔로몬의 지혜를 듣고 하나님쪽으로 자신이 이끌어지기를 원했다.

우리의 십자가는, 주님 앞에서의 나를 알고, 또한 주님을 아는 것이다. 그래서, 너무나도 당연한 이치로, 나의 뜻보다 하나님의 뜻이 비교할 수도 없을 정도로 더 낫다는 것을 깨닫는 것이다. 그래서, 우리의 삶에서, 나의 뜻이 내려놔지고 하나님의 뜻으로 채워지게 되는 역사를 경험하는 것이다.

우리 삶 가운데에서, 자기 포기, 자기 희생, 자기 수행, 선행, 육신의 소욕을 제어하는 삶을, 나의 의지로 이루어 보려고 하는 그런 내려놓음은, 가짜 내려놓음이다. 그리고, 그런 가짜 내려놓음이 아닌, 하나님을 알고 사랑하기 때문에, 내 뜻을 내려놓고 주님만을 따르는 진짜 내려놓음이 있을 때, 우리 삶은 부흥의 삶이 될 것이다.

34

통치권

지난 글에서 교황청의 예수교에 대한 탄압이 1773년에 시작된 것에 대해 이야기했었다. 그런데, 전에는 교황청과 예수회가 같이 기독교인들을 박해하였었는데, 어떤 부분에서 분열이 생기게 되어서, 이제는 교황청이 예수회를 탄압하고 해체하도록 하는 상황이 된 것인지가 의문이 되었다. 그러면서, 예수회 탄압에 관한 역사를 찾아 보기로 하였다.

예수회의 탄압의 시작은 교황청에서부터 시작이 된 것이 아니었다. 포르투갈이 예수회 회원들을 1759년에 추방을 한 데에 이어서, 대부분의 서유럽 나라들에서 예수회 탄압이 진행이 되었고, 브라질, 멕시코와 같은 식민지 나라들, 그리고 말타, 필리핀 같은 나라들에서도 예수회 회원들이 탄압을 받게 되고 추방의 대상이 되었다. 그 이유는, 신학적인 이유가 아니었고, 깊이 정치에 파고들어서 음모하는 일들과, 경제적인 부를 축적하는 것에 관련된 것들이었는데, 예수회 회원들은 당국의 법을 따르지 않고 예수회의 체계만 따르는 이들이었기 때문에,

각 나라에서 그들을 제재하는 것이 불가능한 상황으로 인해서, 예수회 회원들을 탄압하거나 추방을 하게 됐었다(159).

그리고, 그런 나라들이, 예수회 탄압을 교황청에 요청을 하였고, 그러한 요청 가운데에서 교황청은 고민을 하게 된다. 교황들이 교황에 자리에 앉게 되기까지, 많은 예수회의 영향력을 입게 되었었고, 또한 예수회의 반응을 두려워 하였기 때문에, 그런 나라들의 요청을 들어준다는 것은, 이렇게도 저렇게도 할 수 없는 아주 힘이 드는 결정이었다(160).

그런, 예수회의 탄압을 많은 나라들이 요청했을 당시의 교황은 Clement 13세였다. 그는 예수회에서 교육을 받은 자였고, 항상 예수회를 지지하는 쪽에 섰던 교황이었다. 그래서 많은 나라들의 예수회 회원들로 인한 문제 제시에도 불구하고 예수회를 지지하는 성명을 낸다. 그러나, 그런 교황의 행동에 대항하여서 많은 나라들의 강력한 요구가 더욱더 단호하고 억압적이게 되자, 예수회 탄압을 수락하기로 하였고 예수회 탄압 관련하여 모임을 진행을 하기로 한 바로 전날 돌연히 사망을 하게 된다(161).

그리고, 그 다음 교황이 바로 Clement 14세였다. Clement 14세에게도 예수회 탄압을 요청하는 여러 나라들의 압력은 계속되었었고, 결국 그는 1733년 예수회를 억압하는 것 관련 성명을 발표하게 된다. 그리고, 1807년에 쓰여진 『Historic Gallery』라는 책에 이런 설명이 나온다(162). "Clement had no sooner signed the bull of suppression than he became a prey to apprehension and terror, and passed the remainder of his days in the constant dread of poison." "Clement는 억압 관련 성명에 서명을 한 때를 기점으로 해서 공포와 염려에 빠져 있었고, 독살에 대한 끊임없는 공포 속에서 남은 생애를 보냈습니다." 그리고 교황 Clement 14세는 1년 후에 알 수 없는 이유로 돌연히 사망한다.

Clement 14세 이후에 교황은 Pius 6세이다. Pius 6세 때에, Illuminati와 Freemason이 연결이 되어 있던 프랑스 혁명으로 인해서 교황령이 큰 타격을 받고, 계속해서 이어지는 나폴레옹 군대에 의해서 1798년에 교황이 포로로 끌려가게 되고, 거기에서 사망을 한다(163).

그리고, Pius 6세를 이은 교황은 Pius 7세이다. Pius 7세는 1814년에 예수회를, 탄압이 있기 전과 같은 상황으로 회복을 하는 성명을 하게 된다. 1814년에 예수회의 권력은 복원이 된다(164).

결국 예수회는, 40년의 권력을 빼앗겼던 시간 동안, 비밀 조직을 통해 비밀리에 세계를 움직이는 통치권을 이루고 나서, 다시 그 전의 권력까지도 도로 찾게 된 것이었다. 수단과 방법을 가리지 않고 얻고자 하는 바를 얻어내는 강한 의지의 역사라고 할 수 있다.

1800년대의 여러 책들 가운데 발견한 내용에 따르면, 예수회에서 주장하고 가르치는 교훈이, 'The end justifies the means', '결과는 수단을 정당화한다'라는 것이었다(165). 크리스천에게 '수단'이라는 것은, 하나님의 나라와 하나님의 의를 구하는 것이고, '결과'는 모든 것을 하나님께서 우리에게 더하시는 것인데, 크리스천이 생각하는 '수단'과 예수회의 '수단'이 많이 달라 보인다.

마태복음 6장 33절에 "너희는 먼저 그의 나라와 그의 의를 구하라, 그리하면 이 모든 것을 너희에게 더하시리라"라고 말씀을 하셨다. 그리고 '모든 것'은, "무엇을 먹을까, 무엇을 마실까, 무엇을 입을까"라고 생각하는, 이 세상에서의 우리가 염려하고 기도하는 모든것을 말씀하신다. 그리고 우리의 결과는, 하나님께서 이루도록 해 주시는 것이기 때문에, 결과를 내가 이루어 보려는 염려와 걱정에서 자유로울 수가 있다.

이러한 축복의 말씀이 우리 삶 가운데에 이루어지는 것은, 당연히 우리가 바라는 바이고, 하나님께서 제시하시는 '수단'을 가지고 그에 따르는 '결과'를 누리기를 우리는 소원한다.

그러면서, 교회에 헌금을 하고 필요를 채울 때, 나의 삶의 필요가 채워질 것이라고 생각을 한다. 그리고, 교회에 헌신을 하고 봉사를 할 때에, 나의 일을 하나님께서 해 주실 것이라고 믿는다. 또한, 전도를 하고 선교를 할 때에, 나의 삶의 문제들은 하나님께서 해결을 해 주실 것이라고 여긴다.

그렇게 믿고, 헌신하고, 헌금하고, 전도하고, 기도해 보지만, 현실 가운데에서 바라던 결과는 나타나지 않는다. 실망하지 않고 열심히 더 기도하고 믿어 보려고 하지만, 계속해서 바뀌지 않는 결과들로 주님의 말씀을 믿는 것이 너무나도 힘들게 느껴지고, '말씀을 있는 그대로 믿는 것이 아닌가 보다'라는 생각에 포기하는 마음까지 생긴다.

하나님의 말씀이 진리가 아닐 수는 없는 것이기 때문에, 분명 우리의 말씀에 대한 이해를 돌아볼 필요가 있을 것이다.

하나님의 나라와 하나님의 의를 구하는 것은 어떻게 하는 것일까?

성경 말씀 전체를 통해서 '나라'라는 단어는 왕이 통치를 하는 왕국에 대해 사용이 되었다. 하나님의 나라는 당연히 하나님이 통치를 하시는 왕국이고, 그러한 하나님께서 통치를 하시는 왕국을 구하는 것은, 하나님의 통치가 내 안에 이루어지기를 원하는 것이다. 그래서, 내 안에 통치권을 내가 가지고 있는 것이 아니라, 하나님께서 가지시게 되는 것이고, 그렇게 되면, 하나님께서 통치하셔서 이루신 결과가, 나의 의의가 되는 것이 아니고 하나님의 의가 되고 그분만 높임을 받으시게 된다.

이러한 수단과 결과에 대해서 가르쳐 주시는 말씀이 요한복음 15장 7절에서도 나온다. "너희가 내 안에 거하고 내 말이 너희 안에 거하면 무엇이든지 원하는 대로 구하라 그리하면 이루리라"

우리가 주님 안에 거하고, 주님의 말씀이 우리 안에 거하는 삶은, 곧, 주님의 통치권 안에서 내가 사는 것이고 그 통치의 수단은 말씀인 것이다. 그러니까, 주님의 통치가 내 마음에 이루어지는 것이 '수단'이고, 그 수단에 대한 '결과'는 무엇이든지 원하는 대로 구하는 것을 다 이루게 되는 것이다.

또한, 주님께서 친히 하나님의 통치권 아래에서 사시는 삶의 본을, 요한복음 14장 10절, 그리고 요한복음 5장 30절에서 우리에게 보여 주셨다. "나는 아버지 안에 있고 아버지는 내 안에 계신 것을 네가 믿지 아니하느냐, 내가 너희에게 이르는 말이 스스로 하는 것이 아니라 아버지께서 내 안에 계셔 그의 일을 하시는 것이라", "내가 아무것도 스스로 할 수 없노라, 듣는 대로 심판하노니 나는 나의 원대로 하려 하지 않고 나를 보내신 이의 원대로 하려는 고로 내 심판은 의로우니라"

그러니까, 우리 마음의 통치권을 내가 갖는 것이 아니라, 주님께서 갖게 되면, 무슨 일을 하든지 나의 뜻대로 하는 것이 아니라, 주님의 뜻대로 하게 되기 때문에, 주님의 뜻대로 구하는 모든 것은 다 그대로 이루어지게 된다고 말씀하신다.

우리가 구할 때 우리가 원하는 것은 무엇이든지 다 이루지는 것이 아니라, 우리가 구할 때 하나님께서 원하시는 것은 무엇이든지 다 이루어지는 것이다. 그런데, 내가 원하는 것이 하나님께서 원하시는 것이 되면, 그때는, "무엇이든지 원하는 대로 구하라 그리하면 이루리라" 라고 하신 말씀이 그대로 우리에게 이루어지게 된다.

그래서 크리스천들에게는, '수단'이 정당화되는 것이 더 중요하다. 왜냐하면 우리의 '수단'인 하나님의 '통치권'이 우리 안에 이루어지면, '결과'는 당연히 하나님께서 우리에게 임하도록 하시는 것이기 때문이다.

35

단 물과 쓴 물

1814년에 예수회의 모든 권력이 복원이 되고 나서, 바로 그 다음 해
인 1815년부터 종교재판이 다시 시작이 되고, 다시 시작된 종교재판은
1870년에 교황령이 함락되기까지 계속된다. 또한, 전 세계적으로 진
행이 되었었던 선교사역과 교육사역도 다시 진행이 된다[166]·

역사책에서 예수회를 표현을 하기를,

"They were much appreciated. They were much feared and hated
even by many Catholics."[167]
"그들은 많은 인정을 받았다. 그들은 많은 가톨릭들에게까지도
많은 두려움을 주었고 미움을 받았다."
"Reviled as devils, revered as saints—the Jesuits have evoked these
extremes of characterization."[168]
"악마들이라며 비난을 받았고, 성인들이라며 존경을 받았다. 예

수회는 이러한 극단적인 특성들을 나타냈다."

가장 선한 모습의 선행으로 구제사업을 하는 것과 동시에, 가장 잔인한 모습으로 자신들에게 순종하지 않는자들을 무자비하게 처형하였던, 악마와 성인의 모습을 겸한 것이 역사가 이야기하는 예수회의 모습이다.

그리고 이제는, 선한 모습은 나타나서 비춰지도록 하고, 반대의 모습은 비밀리에 행하여지도록 할 수 있는 비밀 조직들을 다 포함하는 힘을 가지게 되었다.

거기에 더하여서, 여지까지 어느 누구도 상상할 수 없었던 일이 몇 년 전에 생겼다. 『예수회의 역사, 이냐시오에서 현재까지』라는 책에서 이 일에 대해서 이렇게 설명한다(169).

"On March 13, 2013, the cardinals of the Roman Catholic Church stunned the world by electing as pope the Argentinean Jorge Mario Bergogli - a Jesuit, the first Jesuit pope in history! Upon his election the members of the Society were as utterly surprised by the choice as was everybody else and perhaps more so. The in no way anticipated that one of their own number might be chosen."

"2013년 3월 13일, 로마 가톨릭 교회의 추기경들이 역사상 최초로 예수회 회원인 아르헨티나의 호르헤 마리오 베르 고글 리를 교황으로 선출하여서 세계를 놀라게 했다! 그가 선출되자 예수회 회원들은 다른 사람들처럼, 어쩌면 그들보다 더 그 선출 결과에 대해서 굉장히 놀랐다. 자신들 중에 하나가 선택될 것이라고는 예상할 수 없다고 생각했었다."

교황의 자리는 베드로의 계통을 이어 가는 자리로, 그 정통을 이어 감으로 인해서 교황의 권위가 인정이 되었었다. 그런데, 예수회는 1540년에 교황청을 돕기 위해 만들어졌던 단체이고, 그 단체는 교황으로 이어오던 베드로의 계통과는 어떤 연결점도 없는 것은 역사적으로 어느 누구도 부정할 수 없다. 그렇기 때문에, 500년 가까이의 예수회의 역사 가운데에서도, 교황을 움직이는 권력을 다 갖는다고 할지라도, 그 자리를 갖게 되는 것은 어느 누구도 상상을 할 수 없었던 일이었다.

그런데, 1988년도에, 예수회 교황이 생기기 이십오 년 전에, 이러한 일에 관하여 쓴 글이 best seller가 된 책이 있다. 그 책의 작가인, 전 예수회 회원이 이렇게 이야기한다.

"A state of war exists between the papacy and the Religious Order

of the Jesuits-the Society of Jesus, to give the Order its official
name. That war signals the most lethal change to take place within
the ranks of the professional Roman clergy over the last thousand
years. And, as with all important events in the Roman Catholic
Church, it involves the interests, the lives, and the destinies of or-
dinary men and women in the world."[170]

"교황권과 예수회 조직 사이에 전쟁 상황이 현존하며, 그것은 그
예수회 조직에 공식성이 부여되기 위함이다. 그 전쟁은 지난 천
여 년 동안 이어오던 정통의 로마 성직자 계급 내에 미칠, 가장
치명적인 변화의 신호이다. 그리고 모든 중요한 로마 가톨릭의
사건과 마찬가지로, 이익관계, 목숨, 그리고 수백만의 평범한 사
람들의 운명을 포함하는 일이다."

"A brief cameo of three Jesuits—a sociopolitical scientist, a devot-
ed guerrilla, and a formidable theologian-teacher - will quickly
sketch the wide and all-encompassing arc of the modern Jesuit
endeavor to win this war."[171]

"카메오를 이루는 셋의 예수회(사회 정치 과학자, 헌신적인 게릴
라, 강력한 신학자-교사)가 이 전쟁에서 승리하기 위해 현시대의
예수회의 목표를 포함하는 광범위한 곡선을 빠르게 스케치할 것
이다."

그리고, 결국 예수회는 그 전쟁에서 이기기 위한 노력의 결과로 승리를 얻어 내었다.

이제는, 예수회가 소유하게 된 교황의 자리와, 그들의 비밀 단체 조직으로 인해서, 종교, 경제, 정치, 문화를 포함하는 삶의 모든 분야 가운데, 그들의 힘 아래에서 하나가 될 수 있는 그림이 그려졌다.

그리고 우리는 많은 변화를 경험을 하는 때를 살고 있다.

전에는, 십자군 전쟁에서 적군으로 취급하던 다른 종교들과도, 이제는 하나가 되자고 한다.

전에는, 개신교는 종교재판의 처벌 대상이었는데, 이제는 단합하자고 한다.

전에는, 가톨릭에서 외치는 모토가 '세례 아니면 죽음'이었는데, 이제는 'unity amid diversity', '다양성 속의 단결'을 이야기한다[172].

전에는, 비밀 단체들은 소수의 선택받은 자들만을 위한 것이었는데, 이제는 교회와 같이 단장을 하고 일반인들을 멤버로 받아들이고 있다.

아주 최근부터는, Freemason만이 아닌, Illuminati도 website를 만들고 대대적으로 멤버를 모으고 있다.

이렇게 전 세계가 한 힘 아래로 하나가 되는 모양을 만들어 가고 있는데, 그 중심은 역사적으로, 가장 선한 모습과 가장 악한 모습을 항상 같이 가지고 있었던 단체이다.

그리고, 성경말씀은, 야고보서 3장 11절에, "샘이 한 구멍으로 어찌 단 물과 쓴 물을 내겠느냐"라고 말씀을 하신다.

또한, 마태복음 16장 2-3절 말씀에서는 "예수께서 대답하여 이르시되 너희가 저녁에 하늘이 붉으면 날이 좋겠다 하고, 아침에 하늘이 붉고 흐리면 오늘은 날이 궂겠다 하나니 너희가 날씨는 분별할 줄 알면서 시대의 표적은 분별할 수 없느냐"라고 하셨다.

시대의 표적을 분별하는 일은, 이 시대를 사는 우리의 아주 중요한 과제일 것이다.

36

발이 묶이신 이유

이 세상에서 가장 큰 고통이 무엇일까를 생각을 해 보았다. 죽음에
이르는 많은 고통들을 생각을 할 수 있을 것이다. 그런데, 그것보다도
가장 큰 고통은 자신 때문에 죽음의 이르는 고통을 겪고 있는 사랑하
는 자녀를 보면서, 도움을 줄 수 있는 능력이 충분히 있음에도 불구하
고 발이 묶여서 도움을 주지 못하는 부모의 심정보다도 더 고통스러운
것은 없을 것이라는 생각을 했다. 내가 고통을 받는 것 하고는 비교도
할 수 없는 마음의 고통일 것이다.

그런데, 마틴 루터가 쓴 모든 기독교인들이 함께 선포했던 기도문을
읽으면서, 하나님께서 이 기도를 들으셨을 때에 그런 마음으로 고통스
러워 하셨을 그분의 마음이 너무나도 느껴졌다.

긴 내용이지만 그들의 마음을 같이 알고자 하는 마음에 아래에 기도
문 영어본과 한국어로 번역한 내용을 그대로 넣었다.

Prayer to be said of all the Christians against the Pope and all the enemies of Christ and his Gospel(173)

O Lord, almighty God, and heavenly father, we have very well deserved that thou shouldest punish & correct us. But we beseech the most gracious father, that thou wilt punish & correct us thy self favorably and with mercy, and not in thy fury and indignation. It is better for us, O Lorde, to submit ourselves under thy rod and correction, & to yield ourselves into thy hands, than into the hands of men, or of our enemies. For great is this mercy. Against the (O Lord) have we sinned, we have not kept thy word and commandments, we have done evil in thy sight. But we have done nothing, for the which the devil or the Pope and his ministers ought justly to correct us, neither have they any authority to correct or punish us. But thou majesty use them as thy terrible rods against us, for as much as we have sinned against thee, and therewith worthily deserved most grievous punishment. No Lord, we have done no offence for the which they ought justly to punish us. But this is their seeking that we should most blasphemously sin and offend against thee as they do. That we should disobey thee for their pleasures, and blaspheme thee, and commit idolatry and superstition, and believe in fables and false doctrine and religion as they do. And so that we would so do, they care not what whoredom, murder, theft, filthiness or what other abomination so ever we did otherwise. But this is all the sin which we have done against them, that we professed and confessed thee, which art our God and Father, with thy Son our Savior Jesus Christ, and the holy Ghost to be the only true God. For if we would forsake, and deny thee and thy word, which thou hast revealed unto us, both the devil & the Pope with all their ministers would let us alone & suffer us to live in rest.

Wherefore thou merciful father, and most earnest judge over our enemies, cast thine eyes upon us. For they are thy enemies, more thē they be our enemies. And in that they persecute & vexed us, they persecute and vexed thee. For that word which we do profess and believe, is not ours but thine: & al together is the working of thy Holy Ghost in us. Which thing the Duel & the Pope with such other enemies of thine cannot abide. But they would be our God in thy place, & instead of thy word, they would establish lies. For the Pope instead of the most precious sacrifice & oblation of thy son Jesus Christ, would establish & set up fainted sacrifice of his own injunction, the detestable & abominable masse, & other false & wicked articles contrary to the true doctrine of thy word. Wherefore awake & arise, O gracious Lorde God, & sanctifies thy name in us, which they do most abominably blaspheme & dishonor. Strengthen & increase the kingdom in us, which they go about to subvert. And work thy will in us, which they resist, & will not suffer. But thou (O Lord) suffer us not to be trod under foot, & to have an overthrow of them, which seek not to punish or correct vs for our sins, but rather that thy name, thy word & works should not be had in reembrace among us, but utterly quenched, that thou shouldest no more be a God, nor no more have any flock or people to praise, profess & confess thee. For they cast a way thy word & set up their own inventions. They subvert the true use of thy sacraments & set up idolatrous ceremonies. They banish and keep in prison the true preachers of thy word and send abroad false teachers, believe gods & shameless hypocrites. They mind utterly to subvert thy truth, & all godliness, & to plant al hypocrisy & abomination. Wherefore good Lorde (of thy mercy) abate thou their pride, assuage thou their malice, confound & disappoint thou al their devises & practices, deliver thy Turtle dove, thine elect, out of their hands: that they and we all being preserved thorough thy defense from al such perils & dangers as they practice and devise against us, may glorify thy name which are the only preserver of all the trust in the, thorough thy dear son Jesus Christ. Amen.

O Lord arise, help and deliver thy people of England for thy names sake.
O Lord defend thy elect people of England from the hands and force of thy enemies the Papist.
O Lord graciously look upon the afflictions, sorrows, and necessities of those that do truly profess and believe thy word. Amen.

교황과, 예수그리스도와 그의 복음의 원수들을 대항하여 하는 모든 기독교인의 기도문

오 주님, 전능하신 하나님, 하늘에 계신 아버지, 주님은 우리를 당연히 벌하시고 징계하실 자격이 있으십니다. 그러나 우리는 가장 은혜로운 아버지께 당신의 분노와 분개가 아닌, 호의와 자비로 우리를 벌하시고 징계해 주시기 간청합니다. 오 주님, 우리는 주님의 손의 지팡이와 막대기에 복종하는 것이 사람들의 손이나 적들에 손에 굴복하는 것보다 낫습니다. 왜냐하면 이 자비가 광대하기 때문입니다. (오 주님)께 대하여 우리는 죄를 지었고, 당신의 말씀과 계명을 지키지 못했으며, 당신의 눈에 보기에 악을 행했습니다. 그러나 우리는 악마나 교황과 그의 사제들이 우리를 정당하게 처벌하기에 마땅한 일을 하지 않았으며, 그들은 우리를 징계하거나 처벌할 권한이 없습니다. 그러나 당신께서는 우리가 당신에게 죄를 지은 만큼이나, 그들을 우리에 대한 끔찍한 지팡이로 사용하십니다. 주님, 우리는 그들이 정당하게 우리를 벌해야 할 죄를 범하지 않았습니다. 그러나 그들이 바라는 것은, 우리가 그들이 하듯이 주님을 믿지 않는 죄를 짓고, 주님을 대적하게 되기를 바라는 것입니다. 그래서 우리가 그들의 기쁨을 위해서 주님께 불순종하고, 주님을 모독하고, 우상 숭배, 미신의 죄를 짓고, 우화와 거짓 교리와 종교를 믿게 되는 것입니다. 그들은 어떤 간음, 살인, 절도, 더러운 죄, 그 외에 다른 가증한 행위에 대해서는 신경을 쓰지 않습니다. 우리가 그들에게 행한 모든 죄는, "당신은 우리의 하나님이시고 아버지이시며 당신의 아들 우리 주 예수 그리스도와 성령님이 우리의 유일한 참 하나님이시다"라고 고백하고 선포한 것입니다. 우리가 당신과 우리에

게 밝히 알려 주신 당신의 말씀을 버리고 거부하기만 하면 악마
와, 교황, 함께한 모든 사제들이 우리를 놔 두고 안식하고 살도록
해 줄 것입니다.

그러므로 우리의 원수를 향하여 가장 단호한 심판자되시는 자비
로우신 아버지이시여, 당신의 눈으로 우리를 주목하소서. 왜냐
하면 그들은 우리의 원수이기에 앞서 당신의 원수이기 때문입
니다. 그리고 그들이 우리를 박해하고 괴롭혔다는 것은, 곧 그들
이 당신을 박해하고 괴롭힌 것입니다. 우리가 고백하고 믿는 그
말씀은 우리의 것이 아니라 당신의 것이기 때문입니다. 그리고
이 모든 것은 우리 안에 역사하시는 성령님의 역사입니다. 악마
와 교황이, 당신의 다른 적들과 같이하지 못할 것이 뭐가 있겠습
니까? 그들은 당신의 자리에서 우리의 하나님이 되고 당신의 말
씀 대신 거짓말이 서게 할 것입니다. 왜냐하면 교황은 당신의 아
들 예수 그리스도로 인한 가장 성스러운 희생의 제물 대신, 자신
의 명령으로 인한 가치 없는 희생, 혐오스럽고 가증스러운 미사,
그리고 당신의 말씀인 참된 교리 대신, 거짓되고 사악한 것들을
서게 할 것입니다. 그러므로 자비로우신 주 하나님, 깨어 일어나
셔서, 우리 안에서 당신의 이름을 거룩하게 하시옵소서. 그들은
가장 혐오스럽게 모독하며 불명예를 저지릅니다. 정복당할 지경
에 있는 우리 안에 하나님의 나라를 강하게 하시고 확장하게 하

시옵소서. 그리고 저들을 대적하시고 더 이상 고통당하지 않도록 당신의 역사를 우리 안에서 이루소서. 우리가 그들로 짓밟히고 전복당하지 않게 도와주소서. 그들은 우리를 우리의 죄에 의해서 벌하고 징계하려는 것이 아니라, 오히려 당신의 이름과 당신의 말씀이 우리 안에 기억되지 않게 하려는 것입니다. 완전히 전멸되도록 하여서 하나님께서는 더 이상 하나님이 되시지 않고, 더 이상 한 명의 주님을 찬양하고 고백하고 선포하는 백성도 없게 하려는 것입니다. 왜냐하면 그들은 당신의 말씀을 버리고 자신들의 책략을 세웠기 때문입니다. 그들은 당신의 성사의 진정한 모양을 버리고 우상 숭배 의식을 세웠습니다. 그들은 참된 설교자들은 추방하고 감옥에 가두고, 거짓 선지자들은 세계로 보내어서 뻔뻔한 위선과 신들을 믿게 하고 있습니다. 그들은 당신의 말씀과 모든 경건함을 완전히 훼손시키려고 하며, 위선과 가증스러움을 심으려고 합니다. 그러므로 자비하시고 선하신 주님, 당신의 자존심을 낮추어 주서서 그들의 악함을 억눌러 주시고 그들의 책략과 관행을 꺾고 혼란시켜 주시며, 당신의 새(Turtle dove, 새 이름), 당신의 택하신 자를 그들의 손에서 구원을 하시옵소서. 그래서, 당신의 방어하심에 우리가 철저히 보호되고 있음을 우리와 그들이 다 깨닫게 하여 주시옵소서. 당신의 사랑하는 아들 예수 그리스도 안에서 모든 진리의 수호자이신 당신의 이름을 영화롭게 하소서. 아멘.

오 주님, 일어나서서 당신의 이름을 위해 영국 사람들을 돕고 구
출하시옵소서.

오 주님, 당신의 원수인 교황청의 손과 세력으로부터 영국의 택
한 사람들을 보호하여 주시 옵소서.

오 주님, 당신의 말씀을 진정으로 고백하고 믿는 사람들의 고통,
슬픔, 필요를 은혜롭게 살펴 주시옵소서. 아멘.

이러한 애절한 기도를 들으시며 하나님이 얼마나 마음이 아프셨을
까 하는 생각이 참 많이 들었다. 당장이라도 역사하셔서 박해하는 자
들의 손에서 그들을 구원하시고, 그들을 얼마나 사랑하시는지를 알게
하시고, 그런 악행을 저지르는 자들을 벌하고 싶은 마음이 참 많으셨
을 것이다.

그런데, 하나님께서는 그렇게 하실 수 없는, 발이 묶여져 있으신 상황
이 있으셨다.

그 내용이 요한계시록 6장 9-11절에 나온다.

"다섯째 인을 떼실 때에 내가 보니 하나님의 말씀과 그들이 가진 증
거로 말미암아 죽임을 당한 영혼들이 제단 아래에 있어, 큰 소리로 불
러 이르되 거룩하고 참되신 대주재여 땅에 거하는 자들을 심판하여 우
리 피를 갚아 주지 아니하시기를 어느 때까지 하시려 하나이까 하니
각각 그들에게 흰 두루마기를 주시며 이르시되 아직 잠시 동안 쉬되

그들의 동무 종들과 형제들도 자기처럼 죽임을 당하여 그 수가 차기까지 하라 하시더라"

결국 이 말씀에서 나타난 하나님의 발이 묶이신 상황은, 하나님을 위해서 겪는 그들의 그러한 고난이 영원한 세상에서 얼마나 큰 영광과 축복으로 바뀌게 되는지를 아시기 때문에 그들의 최대의 영원한 상급을 위해서, 또, 그러한 축복을 더 많은 수의 자녀들이 받고 누리게 하시기 위해서, 발이 묶여져 있으셨던 것이었다.

이 말씀을 읽으면서, 정말 도대체 하나님의 왕국의 축복과 영광이 얼마나 대단했으면, 세상에서 도저히 감당하기 힘든 고통을 지나게 하셔서라도, 그 축복을 주시고자 하시는 하나님의 마음이 이렇게 간절할까 하는 생각이 들었다. 또한, 하나님께서 그토록 가치 있게 보시는 일에, 우리도 같은 마음으로 그러한 가치를 소원하는 것이, 참 축복이겠다 하는 생각을 했다.

베드로전서 4장 14절 말씀이 생각이 났다. "너희가 그리스도의 이름으로 욕을 받으면 복 있는 자로다 영광의 영 곧 하나님의 영이 너희 위에 계심이라"

이것이 최고의 복이구나. 하나님께서 그토록 마음이 괴로우시면서도 우리에게 이 복을 주시기 위해서 자신을 참고 보류하셔서 결국 얻게 하신 그러한 최고의 축복이구나, 하는 생각이 들었다.

그리고, 지금 우리가 사는 시대를 생각해 보았다. 우리는, 그렇게 애타게 박해의 때가 끝나기를 기도하였던 믿음의 선조들의 기도가 이루어진 때에 살고 있다. 그것은 곧, 이제는 심판하여서 죄값을 물도록 하실 때가 더욱 가까웠다는 뜻이기도 하다.

37

내 백성아 거기서 나와라

누가복음 4장에 보면, 예수님께서 자신을 통해서 이루어진 예언, 이사야서 61장 1-2절 말씀을 회당에서 읽으시는 내용이 나온다.

누가복음 4장 16-21절

"예수께서 그 자라나신 곳 나사렛에 이르사 안식일에 늘 하시던 대로 회당에 들어가사 성경을 읽으려고 서시매, 선지자 이사야의 글을 드리거늘 책을 펴서 이렇게 기록된 데를 찾으시니 곧 **주의 성령이 내게 임하셨으니 이는 가난한 자에게 복음을 전하게 하시려고 내게 기름을 부으시고 나를 보내사 포로 된 자에게 자유를, 눈 먼 자에게 다시 보게 함을 전파하며 눌린 자를 자유롭게 하고 주의 은혜의 해를 전파하게 하려 하심이라** 하였더라. 책을 덮어 그 맡은 자에게 주시고 앉으시니 회당에 있는 자들이 다 주목하여 보더라. 이에 예수께서 그들에게 말씀하시되 이 글이 오늘 너희 귀에 응하였느니라 하시니"

이사야서에서 예언되었던 말씀이, 주님께서 이 세상에 오심으로 인해서 우리에게 이루어 진것을 선포해 주신 것이었다.

그런데, 이사야서의 예언 내용을 비교해 보고 싶어서, 이사야서 61장을 읽어 보면서, 이상하게 느껴지는 부분이 있었다. 예수님께서 이사야서 61장 1절을 읽으시고 2절을 읽기 시작하시면서 중간에서 끊으시고 문장을 매듭 지으셨던 것이었다. 분명히 문장은 이어지는 형태의 내용인데도 불구하고 끊으신 것이여서, 무슨 이유에서 그렇게 한 부분만 읽으시고 매듭을 지으셨는지가 궁금하여서 자세히 읽어 내려가다 보니까, 주님께서 그렇게 하셨던 것이 너무나도 이해가 되었다.

이사야서 61장 1-3절은 이렇게 되어 있다.

1절: **주 여호와의 영이 내게 내리셨으니 이는 여호와께서 내게 기름을 부으사 가난한 자에게 아름다운 소식을 전하게 하려 하심이라 나를 보내사 마음이 상한 자를 고치며 포로된 자에게 자유를, 갇힌 자에게 놓임을 선포하며**

2절: **여호와의 은혜의 해와** 우리 하나님의 보복의 날을 선포하여 모든 슬픈 자를 위로하되,

3절: 무릇 시온에서 슬퍼하는 자에게 화관을 주어 그 재를 대신하며 기쁨의 기름으로 그 슬픔을 대신하며 찬송의 옷으로 그 근심을 대신하시고 그들이 의의 나무 곧 여호와께서 심으신 그 영광을

나타낼 자라 일컬음을 받게 하려 하심이라

위에서 보듯이, 예수님께서는 2절 앞부분에서 잘라서 매듭을 지으
시고 선포를 하신 것이었다.

그런데, 다시 읽어 보면 볼수록 참 이해가 간다. 주님께서는, "이 글
이 오늘 너희 귀에 응하였느니라"라고 선포를 하셨는데, 2절 후반부는
그날에 이루어진 부분이 아니기 때문에, 그 부분까지 합쳐서 읽고 선
포를 하실 수는 없으셨던 것이었다. 2절 하반부의 내용은, 그날 이루
어진 내용이 아니고, 앞으로 다시 오셔서 이루실 부분인 것이 명확히
나누어지는 내용이다 보니까, 그러실 수밖에는 없으셨겠구나 하는 생
각이 들었다.

예수님의 초림 때의 사역과 재림 때의 사역이 이렇게 구분되는구나
하는 사실을 그때야 깨달았다. 막연히 주님 다시 오실 때를 바란다고
하면서도, 주님이 오셔서 하실 그분의 사역에 대한 정확한 이해가 전
혀 없었다. 결국 예수님께서 초림하셔서 "여호와의 은혜의 해를 선
포"하시는 것이 주님께서 세상에 오신 이유였고, 주님께서 재림하셔
서 "하나님의 보복의 날을 선포"하는 것이 주님께서 다시 오시는 이유
인 것이었다.

여지까지 크리스천들은 마음에 담기만 해서도 안된다고 생각하던 단어 '보복'이, 주님께서 세상에 다시 오셔서 하실 사역의 내용이라고 하니까, 굉장히 놀랐다. 내가 정말 재림하실 주님의 사역과 역사에 대한 목적이나 이유에 대해 아주 무지했구나 하는 생각을 했다. 보복의 사역을 감당하실 주님의 재림에 역사에 대해서 바른 이해를 하는 것이 필요하겠구나 하는 생각이 들었다.

그러면서, 이해가 되는 부분들이 있었다. 종교 개혁의 역사를 통해서 정말 수천만 이상의 크리스천들이 주님을 믿는다는 이유 하나 때문에 너무나도 비참하게 죽게 되었다는 사실을 접하게 될 때 많이 놀랐다. 또한, 편안한 죽음을 허락하지 않고, 모든 다른 사람들로 두려움에 떨게 하기 위해서, 죽는 고통을 아주 최대한 극대화하는 모양을 구상해 내어서 처형한 자료들을 보면서, 많이 마음이 아팠다. 너무나도 상상 못할 극도의 잔인함에, 그 내용을 글 가운데에 표현하고 설명할 생각조차 못할 정도였다. 그렇지만 이 세상에서의 고통과는 비교도 안되는 하늘나라의 영원한 축복만 바라봐야지 하는 마음으로 상황을 이해하려고 했었다.

그런데 나는 하나님의 크신 뜻을 제대로 모르고 있었던 것이었다. 그럴 때 생각이 나는 말씀이 있었다.

로마서 12장 19절

"내 사랑하는 자들아 너희가 친히 원수를 갚지 말고 하나님의 진노하심에 맡기라. 기록되었으되 원수 갚는 것이 내게 있으니 내가 갚으리라고 주께서 말씀하시니라."

하나님은 잊지 않으셨구나.

하나님 앞에서 하나 하나의 희생이 땅에 떨어지는 것이 없구나.

하나님의 때에 하나님의 방법으로 아주 단호하고 확고하게 공의를 실행하시는 분이시구나.

두려우면서도 너무나도 위안이 되었다.

그리고 전에는 전혀 연결 짓지 못했을 부분들까지도, 우리 종교개혁을 담당하신 믿음의 선조들의 글들과, 주님께서 재림하셔서 하실 사역들을 연결하면서 생각하게 되니까, 이제는 성경이 이해가 되기 시작했다. 예수님께서 재림하셔서 하실 사역들이 무엇인지 깨달아지고, 그 목적이 무엇인지도 이제는 이해가 된다. 하나님께서 허락하신 1260년 동안에는, 얻으셔야 하는 자녀의 수가 차기까지, 자신의 자녀들의 억울함에 응답하지 못하셨는데, 그 기한이 차고 난 후에는, 결국 하나님의 공의가 나타나도록, 무고한 피에 대한 죗값을 물으시게 되는 것이다. 주님이 재림하셔서 성취하시고자 하시는 일이, 보복의 날을 선포하시고, 숭고한 죽음의 핏값이 신원되도록 하시는 것임을 알게 되었다.

지금 이 시대가 어떤 때인지도 깨달아졌다. 이 시대에, 죗값을 치러야 하는 쪽에서는 최대한 자기 편으로 많은 사람들을 모아서 자기와 같이 멸망받게 하려는 그림을 그릴 것이고, 또 하나님은 어떻게든 우리가 멸망당하지 않도록 하나님께로 우리를 끌고자 하는 그림을 그리실 것이다. 그래서 우리에게는 하나님 편에 서든지, 아니면 죗값을 치러야 하는 쪽에 서든지, 두 개의 선택밖에는 없게 되는 것이다.

그리고 이 시대를 사는 우리들에게 안타깝게 외치시는 하나님의 마음이 느껴졌다.

요한계시록 18장 4-5절에서 하나님은 우리에게 이렇게 말씀하신다.

"또 내가 들으니 하늘로서 다른 음성이 나서 가로되 '내 백성아, 거기서 나와 그의 죄에 참예하지 말고 그의 받을 재앙들을 받지 말라' 그 죄는 하늘에 사무쳤으며 하나님은 그의 불의한 일을 기억하신지라"

우리가 재앙을 받지 않게 되기를 바라시며 "내 백성아 거기서 나와라, 그의 죄에 참여하지 말아라", "내 백성아 거기서 나와라"라고 외치시는 하나님의 음성이 계속해서 마음에서 메아리쳤다.

이 말씀을 통해서 우리가 깨달을 수 있는 부분은 다음과 같다.

주님의 백성도 재앙들을 받게 될 수 있다.

거기에서 나오지 않으면 그의 죄에 참여하는 자가 된다.

그의 죄에 참여하는 자가 되면 그가 받을 재앙을 같이 받게 된다.

그렇게 간절히 우리에게 거기에서 나오기를 바라시는 하나님의 외치심의 이유가 너무나도 느껴진다.

주님께서는 이토록 우리가 거기에서 나오기를 바라시는데, 우리는 거기가 어디인지, 어디에서 어떻게 나오기를 원하시는 건지에 대해서 제대로 확실히 알고 있는지 우리에게 질문해 봐야 한다.

그리고, 그 질문은 마지막 때를 사는 우리 모두에게 아주 중요한 질문이 될 것이다.

38

부정할 수 없는 사실

지난 내용을 통해서 이야기한, 요한계시록 18장 4-5절의 "내 백성아, 거기서 나와 그의 죄에 참예하지 말고 그의 받을 재앙들을 받지 말라" 라고 하시며 안타깝게 외치시는 하나님의 말씀은 정말 우리가 어디에서 어떻게 나와서 어떤 모습이 되기를 원하시는지를 제대로 알아야 하겠다는 강한 소원을 주셨다.

그래서, 제일 먼저 성경의 예언서 안에서 그 해답을 찾고자 했다. 그러면서 내 안에 회개하는 마음이 들었다. 다니엘서의 예언적 말씀 부분이나 요한계시록의 편지 이후 내용들은, 많은 이미지와 다양한 해석, 그리고 미래를 향한 여러가지 다른 견해가 많은 부분이라고 생각을 하면서, 가까이에서 은혜를 받는 말씀들에서 배제가 되었던 말씀들이었다. 그런데 요한계시록 22장 7절에 "보라 내가 속히 오리니 이 책의 예언의 말씀을 지키는 자가 복이 있으리라 하더라"라고 하신 말씀에 비추어질 때, 내 관념이나 추정으로 인해서 하나님의 말씀의 이해를 막고 있었던 내 모습이 조명되니까, 내가 하나님으로 인한 생각이 아닌 나의 생각들로 얼마나 많은 은혜를 막고 있었나 하는 생각이 들었다.

요한계시록에 기록되어 있는 마지막 때의 모습들과 그 말씀들로 하나님께서 우리에게 알리고자 하시는 메세지를 찾기 위해서, 실제로 박해의 때를 겪고 있으면서 믿음을 지켰던 종교 개혁 이후부터 박해가 계속되었었던 때를 중심으로 해서, 그 당시에 예언서 관련 주석 서적들을 찾아보기로 했다. 박해의 기간이 지난 지금 우리가 쉽게 접할 수 있는 주석들의 내용은 배제를 하기로 했다. 왜냐하면, 예수회의 전략들로 인해서 영향력을 입고 있을 수 있는 가능성을 다 배제하고 싶은 마음에서였다. 지난 글에서 이야기했던 대로, 예수회를 통해서 종교 개혁에 반하는 전략의 하나로 만들어낸 미래주의와 과거주의를 중심으로 한 예언서 성경 해석들의 영향력에서 자유로운 성경 말씀의 해석에 대한 내용을 알고 싶은 마음에서 였다.

이러한 예언서의 해석들에서 그들의 목소리가 최대한 그대로 전달이 되는 것이 좋을 것 같아서 책 내용과 번역 내용을 넣는 것을 중심으로 하였다. 아래 내용은 요한계시록의 하나님의 원수를 의미하는 용, 짐승, 그리고 적그리스도 관련 내용들이다.

Augustin Marlorat(1506-1562)는 그의 저서 『A Catholic exposition upon the Revelation of Saint John』에서 이렇게 이야기한다.

Whereunto pertain the things that are written in Esay *66. e. 15, 16.* and Daniel *12. c. 7.* and Joel *3. a. 2.* and Zachariah *14. a. 2.* and Malachi. *4. b. 6.* Which places, although they speak of certain particular judgments according to the outward purport: yet do they chiefly agree unto that day and unto those times wherein the Lord shall avenge his people at the hands of Antichrist[174].

이사야 66장 15-16절, 다니엘서 12장 7절, 요엘 32장 2절, 스가랴 14장 2절, 그리고 말라기 4장 6절에서 쓰여진 것들에 의하면, 비록 그들이 외적인 취지에 따라 특정한 심판에 관해 말한다고 해도, 그들이 하나 같이 주님께서 적그리스도의 손에서 그의 백성들의 복수를 하실 그 때와 그 날에 대해서 모두 다 같이 동의하고 있다.

Under whom they suffered many things at the hands of the Herods and of the presidents or governors of the realm of Jewry, as you may see in the story of the Gospel, and in the Acts of the Apostles, and finally in Josephus. Besides this, even Christ himself & his Apostles with many thousand martyrs suffered death under the Roman Judges[175].

복음서와 사도행전에서 그리고 마지막으로는 요세푸스의 글을 통해서도 볼 수 있듯이 헤롯과 유대인 영역의 최고 지도자 또는 총독의 손에 그들은 많은 고통을 겪었다. 그 외에도, 그리스도 자신과, 그의 제자들 그리고 수천 명의 순교자들이 로마 재판관에 의해서 처형되었다.

For we are sure that God hath limited the time of his reign certain, although it be unknown unto us, except it be revealed to vs by the same spirit that John spoke this by[176].

요한을 통해서 우리에게 계시된 내용 외에 우리에게 알려진 바가 없지만, 우리는 하나님 께서 그의 통치 시간을 제한하셨음을 확신한다.

Thomas Cartwright(1535-1603)은 그의 저서 『A plain explanation of the whole Revelation of Saint John』에서 이렇게 이야기한다.

He (devil) casts as much of his own power as he can upon another, *to wit,* upon the *Roman Emperor,* who was as it were, his deputy, to the end he might do that injury he could, in prosecuting the Christ[177].

그는 (악마) 자신이 할 수 있는 한 최대한 많이 자신의 힘을 다른 사람에게 주었고, 그의 대리자였던 로마 황제에게도 그렇게 하였다. 그래서 결국 그리스도를 기소하고 그에게 해를 입힐 수 있도록 하였다.

And thus far of the judgments which the Church of the *Gentiles* should suffer by the cruelty of the *Roman* Empire. Afterward follow the troubles that befall the Church, by the Bishop of Rome, who is hereby noted and set forth unto vs: namely, in that it is said, *there appeared another Beast like a Lamb;* signifying, that howsoever this other Beast of *Rome* be most brutish and void of humanity and virtue: And this is to be understood of the Pope, for he professed himself to be the servant of servants, but indeed and practice he makes himself Lord of Lords, and this is not only to be understood of one in that seat, but of all that succeed him, and that take his part, and which are of his Hierarchy[178].

그리고 지금까지 이방인들의 교회가 로마 제국의 잔인함으로 인해서 고통을 받았고, 그 후에는 로마의 주교로 인해서 교회에 문제들이 닥치게 되었다. 그는 어린 양과 같은 모양을 하고 짐승으로 나타났다. 이 다음번 짐승 로마는 인간성과 도덕성에 있어서 가장 잔인하고 무모하였다. 그리고 그것이 바로 교황에 대해서 이해해야 할 부분이다. 왜냐하면, 그는 자신을 종 중의 종이라고 선언을 하면서 정작 자신을 지배자들 중에 지배자로 만들고 있다. 그리고 이것을 그 자리에 있는 사람으로만 이해해서는 안 된다. 이것은, 그뿐만 아니라 그를 계승하고 그 역할을 맡고 있고, 그 계층에 속하는 모든 것에 대한 것으로 이해를 해야 한다.

And lastly it is said, *he should so prevail in the world, that none should traffic, but such as should have the mark of the Beast;* which seemed to be the signing in the forehead at their Sacrament of confirmation, which the Papists doe so esteem of, as that they prefer it before the Lords Sacrament[179].

그리고 마지막으로, 그는 세상에서 너무나 우세하여져서 그 짐승의 표를 가진 자 외에는 아무도 거래를 할 수 없도록 한다고 하는데, 이것은 이것은 견진성사(입교 예식)을 할 때 이마에 표를 하는 것으로 생각된다. 교황이 그것을 좋아하기 때문에 주 성사 전에 견진성사를 하는 것을 선호한다.

John Napier(1550-1617)은 그의 저서 『A plain discovery of the whole Revelation of Saint John』에서 이렇게 이야기한다.

For proof hereof, the most notable tokens assigned by the text to this Beast, doeth only agree to the *Latin or Roman* Empire: For first the Woman that sat upon this Beast, is the great City, that sited over the Kings of the earth: So the chief state and city of the *Latin or Roman* Empire, is that great city *Rome,* that had Empire over all the kingdoms of the earth[180].

그 증거로, 본문에 의해 이 짐승을 향해 가리키는 가장 주목할 만한 상징들은 라틴 또는 로마 제국으로만 모든 조건이 맞추어진다. 따라서 라틴 또는 로마 제국의 주된 국가이자 도시는 지구상의 모든 왕국에 제국을 가졌던 위대한 도시 로마이다.

Thomas Brightman(1562-1607)은 그의 저서 『A revelation of the apocalypse』에서 마지막 때에 하나님을 대적하는 자들에 관련하여서 이렇게 이야기하였다.

Verse 4, And they worshipped the Dragon. That is, men acknowledged, that the power of the Beast was the greatest, and that worthily, because of the ancient Majesty of Rome, which the heathen Emperors which are Dragons, did purchase unto it. For was not this to adore and worship the Dragon, to git the highest authority to his successor for his sake? But now this was the fist foundation of the Pope of Rome's Primacy because this City was of old the mother City of the Empire[181].

4절, 그리고 그들은 용을 숭배했다. 즉, 사람들은 짐승의 힘이 가장 크고 합당하다는 것을 인정했다. 왜냐하면, 고대 로마의 영광, 즉 이방 황제가 용으로부터 매수한 것 때문이다. 그렇기 때문에 이것이 용을 숭배하고 그의 후계자에게 최고의 권위를 부여할 수 있는 것이 아니었겠는가? 그러나 지금 이것은 로마의 교황의 기초가 되었다. 왜냐하면 이 도시는 오래된 제국의 어머니의 도시였기 때문이다.

Patrick Forbes(1564-1635)는 그의 저서 『An exquisite commentary upon Revelation of Saint John』에서 이렇게 이야기한다.

The common opinion, that the first Beast is the heathen state of Rome under persecuting Emperors, and the second, the Pope-dome, cannot consist with the clear notes of this first Beast, proper to Popedome. The first note is the attire of his heads and horns. Rome, in the persecuting Emperors (as they were the ministers of Satan his open wrath) is noted by seven heads and ten horns of the Dragon: but so, as the heads only are crowned[182].

일반적인 의견은 첫 번째 짐승은 황제를 박해하는 이방 국가인 로마이며, 두 번째 짐승인 교황청이라는 것이지만, 그것이 성립

될 수 없는 것은, 이 견해에서 첫 번째 짐승이 교황청이라는 것에 더 명확한 관식이 많기 때문이다. 첫 번째 관식은 그의 머리와 뿔의 옷차림이다. 사단의 노여움에 사역자였던 로마의 박해하던 황제들은 용의 7머리와 10개의 뿔로 표현이 된다는 것이다.

John Wilkinson(1575-1655)는 그의 저서 『An exposition of the 13 chapter of the Revelation of Jesus Christ』에서 이렇게 이야기한다.

the Prelate of Rome in particular, attained to this title and dignities, to be Christs Vicar, Peters successor, and universal Bishop; and under that Title pretended a fullness of power and supremacy over all persons and causes, and therefore is here resembled and foreshewed by a Beast[183].

특히, 그리스도의 대리자, 베드로의 후계자 그리고 세계적인 주교라는 칭호와 위엄을 획득한 로마의 성직자; 그리고 그 칭호 아래 모든 사람과 모든 상황에 대한 완전한 권력과 패권을 가지고 있는 것으로 인해서 짐승과 유사한 것으로 예견되었다.

Mark of the Beast they receive both him and it, and communicate with him: Thus all, both small and great, rich and poor, bond and free, that receive and submit unto their appointed Priest, receive a mark in their foreheads, or in their right hands, by receiving and submitting to him: For as our Savior Christ saith of his Apostles and Ministers, *He that receives you receives me, he that heareth you heareth me:* So those that receive, here, and join in fellowship with these false Ministers, doe here, receive, and join to the false power which sent them, and the mark by which they are sent(184).

짐승의 표를 그들이 받고 그와 소통을 하게 된다. 그렇기 때문에, 작으나 크나, 부자나 가난한 자나, 묶인 자나 자유한 자나, 임명된 사제에게 복종하여서 그들의 이마와 오른손에 표를 받는데, 그것은 그를 받아들이고 그에게 복종을 한다는 것이다. 그것에 관하여서 우리의 구원자 그리스도께서는 그의 사도와 사역자들에게 말씀하시기를 "너를 받아들이는 자는 나를 받아들이는 것이고, 너의 말을 듣는 자는 나의 말을 듣는 것이다"라고 말씀을 하셨다. 그렇기 때문에, 이 거짓 선지자들을 받아들이고, 듣고, 교제를 하는 자들은 그들을 보낸 거짓 세력과 그들이 보낸 표를 받는 것이다.

Whereas it is said, that they received this mark in their *foreheads, or right hand,* thereby was shewed that this mark should be an apparent testimony that they were servants of the Beast, and that they were of that Band which had joined hands, and made a league to walk in the ways of destruction(185).

그들의 이마나 오른손에 이 표를 받았다고 하는 것은, 이 표가 그들이 짐승의 종이 되었다는 명백한 증거가 되어야 하고, 그들이 함께 손을 잡았다는 표시가 되어야 하고, 파괴의 길을 걷기로 동맹을 하였다는 것이 되어야 하는 것이다.

John Cotton(1584-1652)는 그의 저서 『An exposition upon the thirteenth chapter of the Revelation』에서 이렇게 이야기한다.

The Pagan Empire was described as this Beast is, in *Rev. 12. 3. Behold a great red Dragon, having seven heads and ten horns*(186).

이교도 제국은 계시록 12장에서 짐승으로 묘사되었다. 요한계시록 12장 3절에 "보라 한 큰 붉은 용이 있어 머리가 일곱이요 뿔이 열이라."

Roman Catholic visible Church, whereof the Pope is the head, and who takes upon him all this Sovereignty and power here described, we look at such a body as a great Beast(187).

여기에서 설명이 되어 있는 모든 주권과 권력을 가진 교황이 머리가 되는 로마 가톨릭 교회는 위대한 짐승의 몸으로 표현이 된다.

A mark in the hand; that character themselves call an indelible character, and they receive that who receive any orders from the Pope, and are reconciled to the Roman Catholic visible Church; This Beast causes all to receive a mark, that is, they shall swear fidelity, and loyalty to the Roman Catholic visible Church, this they make indelible; wherever they come, *they are Priests for ever after the order of Melchesidech.* Or on their foreheads; they have a mark answerable to their name; their name, what is that but Roman Catholics?(188).

손에 받는 표: 그 양상 자체는 지울 수 없는 모양이라고 부르며, 그들은 교황으로부터 명령을 받고 로마 가톨릭 교회와 화합된다. 이 짐승은 모든 사람들에게 표를 받도록 한다. 즉, 그들은 로마 가톨릭 교회에 대한 헌신과 충성을 맹세할 것이고, 이것은 되돌릴 수 없는 것이다. 어디에 가든 그들은 멜리세덱의 반차의 영원한 사제들이다. 아니면, 그들의 이마에 그들이 대답할 수 있는 그들의 이름을 가지고 있다. 그들의 이름은 로마 가톨릭이 아니고 무엇이겠는가?

Samuel Hartlib(1600-1662)은 그의 저서 『Clavis Apocalyptica』에서 이렇게 이야기한다.

Seeing at the sound of the trumpet of the seventh Angel, the seventh plague, or the third woe does come upon the Roman Empire, and at the same time the seventh vial of God's wrath is poured out, wherewith the Enemies of Christ are wholly cut off and destroyed, yea, even the Devil himself shut up in the bottomless pit, Revel. 20., verse 1, 2, 3, therefore now nothing but a true and constant peace can ensue(189).

일곱 번째 천사의 나팔 소리, 일곱 번째 재앙 또는 세 번째 재난이 로마 제국에 임하게 된다. 그리고 동시에 하나님의 진노의 일곱 번째 대접이 부어지면서 그리스도의 적들은 완전히 처단되고 완전히 멸하여진다. 와아. 마귀 자신도 요한계시록 1, 2, 3절에 나오는 것처럼 무저갱에 가두어지게 된다. 그러므로 이제는 참되고 지속적인 평화만이 계속되게 되었다.

Whence we conclude that by the Beast which ascended out of the bottomless pit, is understood the Popish Ecclesiastical Government, which use the temporal sword, and the power of the worldly Potentates, as a Rider makes use of the power and the strength of his horse(190).

우리가 결론을 내리자면, 무저갱에서 올라온 짐승, 그것을 교황 교회 정부로 이해할 때, 그들은 시간이 제한이 된 검과 세상적인 권세자들의 힘을 사용을 하고 있는 것이며, 그것은 말의 힘과 능력을 사용해 달리는 말 탄 자와 같다고 할 수 있다.

Hezekiah Holland(1638-1661)는 그의 저서 『An exposition commentary upon the Revelation of Saint John』에서 이렇게 이야기한다.

the Christian Church, which was by the Romanes burnt and destroyed, which nation now again under Antichrist was to tread under foot Christs Church[191].
로마인들에 의해 불타고 파괴된 기독교 교회가 이제 다시 적그리스도 아래 있는 국가에 의해 그리스도 교회가 짓밟히게 되었다.

Christ sealed his (as is said Ch. 7.) now Antichrist imitates the mark is nothing but the confession and acknowledgment of the beast.
In the right hand. Meaning by oath, for lifting up the hand is meant, or swearing to obey the Pope, and openly profess his worship (meant by having the mark or character in their forehead, as chap. 7. I have noted.) The laity adore the beast and worship the image, but there is a most strict tie (of oaths and vows) laid upon the Clergy[192].

그리스도께서 7장에 의하면 예수님께서 인을 치시는 내용이 있다. 이에 모방을 한 적그리스도의 표는 짐승을 인정하고 고백하는 것 이상이 아니다.

오른손에: 손을 들거나 아니면 맹세를 하여서 교황에게 순종을 할 것을 공개적으로 고백하는 것(7장 관련 내가 제시한 이마에 표를 받는 것과 같은 의미). 평신도는 짐승의 형상을 숭배하는 정도이겠지만, 성직자들에게는 맹세와 서약에 관련하여서 이보다 더 엄격한 결속이 있다.

찾을 수 있었던 16세기, 17세기의 모든 요한계시록 주석 관련 책들의 내용을 통해서, 이때 당시의 그리스도인들이, 마지막 때의 하나님의 역사와 인도하심에 대해서, 자세하게 알고 있었고, 또 통일된 생각들을 가지고 있다는 것을 알게 되었다. 또한, 이런 말씀 설명들을 통해서 느낀 것은, 로마 제국에 대한 연결이었다. 로마 제국을 통해서, 예수님과 너무 많은 성도들이 핍박당하고 처형되었으며, 그 핍박이 300년 이상 지속되었다는 사실을, 예수님의 보복의 사역과 연결을 하여서 생각을 하지 못했었다. 이들의 글 가운데에서 어디까지 로마 제국으로 보고 어느 성경 이미지부터를 로마 교회로 보는가에 대한 작은 견해 말고는 모두가 결국 같은 메세지로 마지막 때를 해석하는 모습이라는 사실에 놀라지 않을 수가 없었다.

이들의 글들로 깨달을 수 있었던 것은, 하나님의 원수인 사단은 결국 로마를 사용을 하여서 계속해서 핍박을 해 왔다는 것이다. 로마 제국을 통해서 예수님께서 처형을 당하시고 그의 제자들과 많은 성도들이 순교를 하게 되었고, 그 후에 로마 제국을 계승하는 로마 교회를 통해서 수천만 명의 그리스도인들이 박해를 당하고 순교를 하게 된 것이었다. 그래서, 하나님의 원수 사단은 로마로 표현되며, 앞으로도 사단은 로마를 사용하면서 최대한 많은 영향력을 통해서 많은 사람들과 하나 되고 그들과 손을 잡는 그림들을 그려 갈 것이라는 사실이었다.

이 글들의 저자들은 16세기, 17세기에 살면서, 우리가 경험한, 하나님께서 1260년 후에 정확히 약속을 지키심으로 크리스천들을 핍박하던 시대의 끝을 내어 주신 역사에 대해서는 경험하지 못하였다. 그러나 우리는 1870년에 교황령이 이탈리아에 칼로 점령을 당하면서 정권을 빼앗기게 되고 더 이상 종교재판으로 사람들을 처형하는 일이 없게 되는 역사를 경험하였다. 그리고, 1870년의 1260년 전인 610년은 공식적으로 동로마 왕국이 끝이 나고 비잔틴 왕국이 시작하는 연도이며, 그 해에 공식적으로 동로마가 그들의 언어를 라틴어에서 그리스어로 바꾸는 해였었다는 역사를 경험했다. 로마 교황청은 아직도 공식 언어가 라틴어로 되어 있다. 이러한 사실들을 경험한 우리는 로마를 통해서 계속해서 이어져 오게 된 박해의 역사를 우리의 선조들보다 더 선명하게 이해할 수 있는 시대에 살고 있다.

그러니까, 그들은 하나님께서 정확하게 로마 교회가 로마 제국을 계승을 하게 하시는 모양에 대한 실제적 경험이 없이도 정확하게 말씀과 역사들을 통해서 로마 교회가 로마 제국을 계승하면서 사단이 계속해서 역사하는 도구가 되고 결국 예수님께서 보복의 날을 선포하실 때에 보복의 대상이 된다는 사실을 확실히 알고 믿고 있었던 것이었다.

이제는, 하나님께서 "내 백성아, 거기서 나와라" 하실 때에 나와야 하는 대상에 대해서, 실제 성경 말씀들 가운데에서 더욱더 정확한 이해를 하기를 원했다. 그런데, 이제까지 이해 되지 않았던 다니엘서, 요한계시록의 내용들이 너무나도 퍼즐 맞추어지듯이 맞추어지면서 그 뜻이 이해가 되어서 놀랐다.

예를 들어서 적그리스도에 대한 짐승의 내용에 대해서 요한계시록 13장의 말씀을 5절에서 8절까지 보면, "또 짐승이 큰 말과 참람된 말하는 입을 받고 또 마흔 두 달 일할 권세를 받으니라. 짐승이 입을 벌려 하나님을 향하여 훼방하여 그의 이름과 그의 장막 곧 하늘에 거하는 자들을 훼방하더라. 또 권세를 받아 성도들과 싸워 이기게 되고 각 족속과 백성과 방언과 나라를 다스리는 권세를 받으니, 죽임을 당한 어린양의 생명책에 창세 이후로 녹명되지 못하고 이 땅에 사는 자들은 다 짐승에게 경배하니라."라는 말씀이 있다. 이 말씀에서 짐승이 42달, 결국 3년 반, 1260일, 하루를 1년으로 계산을 할 때 1260년 동안 권세를 받은 자로 나온다. 그는 1260년 동안 권세를 받아서 성도들과 싸워서 이기게 되었던 자이기에 그것은, 성도들을 박해하는 자였다는 것이다. 그리고, 이 짐승에게 생명책에 창세 이후로 녹명되지 못하고 이 땅에 사는 자는 다 경배하게 된다고 말씀하신다. 그러니까, 성도들을 박해하던 그자가 우리가 "거기서 나오라" 하시는 말씀에 대상이 되는 자라는 것이다.

또, 요한계시록 13장 3절 "그의 머리 하나가 상하여서 죽게 된 것 같되니 죽게 되었던 상처가 나으매 온 땅이 이상히 여겨 그 짐승을 따르고"라는 구절을 읽으면서도, 참 이제서야 이해가 되는 부분이 있었다. 역사책들을 통해서 교황과 성직자의 정치적, 사회적, 영적, 종교적 권력에 대한 적대적인 태도가 전 세계적으로 굉장히 강했었다는 사실들을 자세히 알게 되었다. 유럽의 혁명들의 혐오 대상이 가톨릭 권력이었고, 세계적으로 로마 가톨릭의 예수회를 추방을 시키는 많은 나라들이 있었고, 1870년에 이탈리아에 의해서 정복되었을 때에는 교황은 자신이 'prisoner in the Vatican', '바티칸의 포로'라고 선포를 했었다[193]. 미국 같은 경우는 종교 박해에서 자유하고자 해서 목숨을 걸고 미국으로 이민을 온 자들을 통해서 세워진 나라이기 때문에, 미국 건국 초창기에 가톨릭에 대한 반감은 굉장히 강했었다. 그런데, 그렇게 모든 권력을 빼앗기고 세상의 증오의 대상이었던 상황에서 1세대 반밖에 지나지 않은 지금 이토록 전 세계의 호응을 받는 상황으로 바뀌게 된 것이 너무나도 이상하다고 생각했었다. 어떻게 이렇게 모든 세상 사람들의 반응이 빨리 바뀌는 일이 있을 수 있을까 하는 생각이 많이 들었었는데, 이 성경 말씀을 읽으면서, 참 말씀대로구나 하는 생각을 하게 되었다.

또 이해가 가지 않았던 부분이 요한계시록 17장에 일곱 머리에 대해서 설명을 하면서 전에 있던 자들, 지금 있는 자, 앞으로 있을 자에 대해서 이야기하는 부분이 이해가 되지를 않았었다. 요한이 살아 있을 당시에 그 대상이 있다고 하는 것과, 마지막 때의 일이 연결이 도저히 되지 않는다고 생각을 했기 때문이다. 그러나 요한은 로마 정권 시대에 살았고, 그 정권이 계속 이어지면서 하나님의 자녀들을 박해하는 역사를 보면서 그 말씀들도 이제는 이해가 되었다.

이런 말씀들로 내 마음 가운데에서 어떤 영향력에서 우리가 나와야 하는지, '내 백성아 거기서 나와라'라고 하실 때 '거기'가 어디인지가 선명해지기 시작했다.

그렇지만 이런 모든 설명들이 믿음이 가지 않게 느껴지는 사람들도 많이 있을 것이다. 그런 사람들과 다음의 말씀들을 나누고 싶다.

요한계시록 16장 6절
"저희가 성도들과 선지자들의 피를 흘렸으므로 저희로 피를 마시게

하신 것이 합당하니이다 하더라"

요한계시록 17장 6절
"또 내가 보매 이 여자가 **성도들의 피와 예수의 증인들의 피**에 취한지라 내가 그 여자를 보고 기이히 여기고 크게 기이히 여기니"

요한계시록 18장 24절
"**선지자들과 성도들과 및 땅 위에서 죽임을 당한 모든 자의 피**가 이 성중에서 보였느니라 하더라"

요한계시록 19장 2절
"그의 심판은 참되고 의로운지라 음행으로 땅을 더럽게 한 큰 음녀를 심판하사 **자기 종들의 피**를 그의 손에 갚으셨도다 하고"

하나님께서 하나님의 자녀들의 무고한 피를 흘린 것에 대해서 공의를 행하실 것은 누구도 부정할 수 없는 사실이다. 그러한 부정할 수 없는 사실에 대해서 혐의가 있는 대상은 그 누구라도, 그들의 죄에 우리가 같이 참예하고 그들이 받아야 할 형벌을 같이 받아야 할 이유가 우리에게는 없다. 그리고, 그 혐의의 대상은 역사가 증거한다.

39

이기는 자

　지난 글들을 통해서, 이 세상 가운데에서 정치, 경제, 문화, 종교 모든 부분에 있어서 세계가 하나가 되도록 역사하는 세력이, 우리가 하나님 편에 서기 위해서는 하나될 수 없는 세력임을 알게 되었다. 또한, 우리가 하나님 편에 서지 않는 순간에는, 벌써 멸망받을 편에 서게 된 것인줄도 안다. 왜냐하면, 요한계시록에서 말씀하시는 하나님의 재앙은, 하나님의 인을 받은 자들 외에 모든 자들에게 임하게 되기 때문이다.

　하나님께서 "내 백성아, 거기서 나와라"라고 외치시는 그 외침은, 우리가 재앙을 받지 않기를 소원하시는 외치심이며, 거기에서 나오기 위해서 우리가 어떻게 해야 하는지를 말씀 안에서 찾는 것은 아주 중요한 일일 것이다. 거기에서 나오는 것은, 어두움의 세력의 단체들의 회원이 되고 안 되는 하는 것만을 포함하지는 않을 것이다. 왜냐하면, 그들의 영향력은, 정치, 경제, 문화, 종교의 모든 부분을 다 포함하고 있고, 우리는 그들의 어떠한 영향력 가운데에서도 머물러 있지 않고 온전히 나와야 하기 때문이다.

요한계시록 2장과 3장에서 마지막 때에 일곱교회에 당부하신 그 당부는, 바로 예수님께서 곧 오신다고 하시며 준비하라고 하신 내용이기 때문에, 마지막 때를 준비하는 우리에게 하시는 당부이기도 하다. 그래서 주님의 당부에 대해서 알고 우리의 삶에 적용을 하는 것이 필요할 것이라는 생각을 했다.

에베소 교회(요한계시록 2장 5절, 7절)
"어디서 떨어진 것을 생각하고 회개하여 처음 행위를 가지라"
"이기는 그에게는 내가 하나님의 낙원에 있는 생명나무의 열매를 주어 먹게 하리라"

서머나 교회(요한계시록 2장 10절, 11절)
"네가 죽도록 충성하라 그리하면 내가 생명의 면류관을 네게 주리라"
"이기는 자는 둘째 사망의 해를 받지 아니하리라"

버가모 교회(요한계시록 2장 16-17절)
"그러므로, 회개하라."
"이기는 그에게는 내가 감추었던 만나를 주고 또 흰 돌을 줄 터인데"

두아리아 교회(요한계시록 2장 25-26절)

"다만 너희에게 있는 것을 내가 올 때까지 굳게 잡으라"

"이기는 자와 끝까지 내 일을 지키는 그에게 만국을 다스리는 권세를 주리니"

사데 교회(요한계시록 3장 3절, 5절)

"네가 어떻게 받았으며 어떻게 들었는지 생각하고 지키어 회개하라"

"이기는 자는 이와 같이 흰 옷을 입을 것이요 내가 그 이름을 생명책에서 결코 지우지 아니하고 그 이름을 내 아버지 앞과 그의 천사들 앞에서 시인하리라"

필라델피아 교회(요한계시록 3장 11절, 12절)

"네가 가진 것을 굳게 잡아 아무나 네 면류관을 빼앗지 못하게 하라"

"이기는 자는 내 하나님 성전에 기둥이 되게 하리니"

라오디에게 교회(요한계시록 3장 19절, 21절)

"무릇 내가 사랑하는 자를 책망하여 징계하노니 그러므로 네가 열심을 내라 회개하라"

"이기는 그에게는 내가 내 보좌에 함께 앉게 하여 주기를 내가 이기고 아버지 보좌에 함께 앉은 것과 같이 하리라"

일곱 교회에게 마지막 때에 하신 당부들을 보면, 회개하기를 명하셨고, 또한 이기기를 명하셨다.

회개하라는 것은, 내 중심이 하나님의 중심으로 바뀌는 것이다. 내 뜻이 내려놔지고 하나님의 뜻을 잡는 것이다. 나를 위한 삶에서 돌아서서, 하나님을 위한 삶을 선택하는 것이다. 결국 육에 속했던 내가, 하나님 중심의 영에 속한 삶을 살게 되는 것이다. 그것은, 죽었던 나의 영, 자고 있던 나의 영, 눈을 감고 있던 나의 영이, 살아나고, 일어나고, 눈을 뜨게 되는 것이고, 그것은 곧 부활의 역사인, 내 마음의 부흥인 것이다.

이기는 것이, 내 의지로 싸움을 이겨 보려는 그런 것은 분명히 아닐 것이다. 이기는 것에 대해서 요한1서 5장 4절에서 "무릇 하나님께로부터 난 자마다 세상을 이기느니라 세상을 이기는 승리는 이것이니 우리의 믿음이니라"라고 말씀하신다. 결국 이기는 것은 믿음이며, 믿음으로 사는 삶으로만 이기는 자가 될 수 있다. 믿음으로 사는 삶은, 내 안에, 내가 죽고, 내 안에 사시는 그리스도를 믿고 따라가는 삶이다. 내 뜻대로가 아닌, 주님의 뜻대로 이루어지기를 소원하며 사는 삶이다. 하나님을 온 몸과 온 마음과 온 뜻을 다해 사랑하여서, 그는 흥하고 나는 쇠하기를 바라는 삶이다. 그것은 곧 하나님 중심으로 눈 뜨게 된 내 마음의 부흥의 불꽃으로, 부흥의 횃불을 들고 밝히는 삶이다.

주님이 이 세상에 오실 때에, 세례 요한은 주님의 초림을 준비하는 자였다. 마태복음 3장 1-3절에서 그의 사역에 대해서 이렇게 이야기한다. "그 때에 세례 요한이 이르러 유대 광야에서 전파하여 가로되, 회개하라 천국이 가까웠느니라 하였으니 저는 선지자 이사야로 말씀하신 자라 일렀으되 광야에 외치는 자의 소리가 있어 가로되 너희는 주의 길을 예비하라 그의 첩경을 평탄케 하라 하였느니라"

세례 요한은 회개를 선포하는 자였다. 회개를 선포함으로 인해서 주님의 오실 길을 예비하였다. 결국, 세례 요한은 회개를 선포함으로 인해서 부흥을 외친 자이고, 부흥을 외침으로 인해서 주님의 길이 평탄하게 된 것이었다.

우리는 지금, 예수님께서 오셔서 보복의 역사를 선포하실 때에 재앙을 마주할 수밖에 없는 많은 무고한 피를 흘린 세력이, 전 세계를 하나 되게 하고 최대한 자기 편으로 많은 사람들을 모으는 역사를 진행하고 있는 때에 살고 있다. 그것은 곧 우리가 재림을 준비해야 하는 때에 살고 있다는 뜻이기도 하다.

또한, 이때는 하나님께서 누구도 멸망당하지 않기를 바라시며, 하나님의 편으로 백성들을 끌고자 하시는 때이다. 지금 하나님은, "내 백성들아 거기서 나와라"라고 하시며, 주님이 오셔서 재림의 사역을 시작하시기 전에, 최대한 많은 하나님의 백성들을 하나님께로 모으시기를 소원하시고 계시는 때이다.

그래서 지금은 곧, 회개를 통해서 우리 안에 부흥을 이루고, 믿음으로 부흥의 횃불을 들어야 할 때인 것이다.

40

별과 같이 영원토록 비춰리라

주위의 변화를 느끼기 시작을 하면서, 어두움의 세력의 움직임에 대해서 알아보고자 해서 시작되었던 탐구는, 오히려 하나님의 구원의 역사의 은혜를 깨닫게 되는 축복의 시간이 되었다.

수천 년의 역사를 통해서, 하나님의 자녀들을 하나님의 왕국에 영원토록 사는 축복을 주시기 위해서, 계획하시고 일하시고 인도하시는 하나님의 사랑을 경험했다.

하나님의 시간에 하나님의 뜻 안에서 말씀을 이루어 가시는 위대하심에 감격하였고, 그러한 말씀의 성취로 인해서, 우리에게 깨달음의 은혜를 주시고자 하시는 하나님의 사랑을 경험했다.

우리에게, 더 큰 가치, 더 큰 축복으로 부어 주시려고, 자신이 이해받지 못하시는 상황이 되시는 것을 감당하시는 모습을 보고, 크신 하나님의 사랑을 경험했다.

지금 어느 곳에 속해 있는 어느 누구라도, 그 영혼이 거기에서 나와서 축복을 누리게 되기를 너무나도 바라시는 하나님의 안타까워 하시는 마음을 보면서, 하나님의 사랑을 경험했다.

또한, 요한계시록 17장 14절에는 짐승을 대항해서 싸우는 내용에 대한 말씀이 나온다. "저희가 어린 양으로 더불어 싸우려니와 어린 양은 만주의 주시요 만왕의 왕이시므로 저희를 이기실터이요 또 그와 함께 있는 자들 곧 부르심을 입고 **빼내심을 얻고** 진실한 자들은 이기리로다"

예수 그리스도와 마지막 때에 함께 있는 자들, 함께 있어서 짐승과 싸우는 자들에 대한 말씀 가운데에서, 빼내심을 얻은 자의 자리에 있을 우리 모두가 너무나도 선명하게 바라봐져서, 하나님의 인도하심과 사랑에 감격했다.

이번 탐구는, 하나님의 사랑과 은혜를 체험하는 축복의 시간이었다.

그리고, 주님의 재림에 관한 말씀들을 읽으면서, 계속해서 소망이 되는 말씀이 있었다.

다니엘서 12장 1-3절

"그 때에 네 민족을 호위하는 대군 미가엘이 일어날 것이요 또 환난이 있으리니 이는 개국 이래로 그 때까지 없던 환난일 것이며 그 때에 네 백성 중 무릇 책에 기록된 모든 자가 구원을 얻을 것이라. 땅의 티끌 가운데서 자는 자 중에 많이 깨어 영생을 얻는 자도 있겠고 수욕을 받아서 무궁히 부끄러움을 입을 자도 있을 것이며, **지혜 있는 자는 궁창의 빛과 같이 빛날 것이요 많은 사람을 옳은데로 돌아오게 한 자는 별과 같이 영원토록 비취리라**"

모두, 지혜 있는 자들이 되어서 궁창의 빛과 같이 빛나게 되고, 또한, 모두, 많은 사람을 옳은 데로 돌아오게 하여서 별과 같이 영원토록 비취게 되기를 너무나도 바라고 기도하는 소망이 생겼다.

그리고 기도한다.

모두, 하나님을 온 마음과 온 뜻과 온 마음을 다해서 사랑하게 되기를,

모두, 십자가의 능력 안에서 주님이 사시는 삶을 살게 되기를,

모두, 사단의 편에 서지 않고 하나님의 편에 서게 되기를,

모두, 하나님의 왕국에서 영원한 삶을 누리게 되기를,

모두, 참소자의 자리에 서지 않고 중보자의 자리에 서기를,

모두, 마음의 부흥을 이루고 부흥의 횃불을 들게 되기를,

모두, 궁창의 빛과 같이 빛나게 되고, 별과 같이 영원히 비취게 되기를.

▌REFERENCES

A London Weekly Publication, *The White Dwarf* Volumes 1-22 (London: London Publication, 1817)

abbé Barruel, *Memoirs: The antisocial conspiracy* (London: Hudson & Goodwin, 1799)

Adolphe Thiers, *History of the Consulate and the Empire of France Under Napoleon* (Philadelphia: Chatto & Windus, 1894)

Adolphus William Ward, *The Counter-reformation* Volume 11 (London: Longmans, Green, 1906)

Albert Gallatin Mackey, *The History of Freemasonry* (Gramercy, 1996)

Albert Pike, *Morals and Dogma of the Ancient and Accepted Scottish Rite of Freemasonry Revised* (Devoted Publishing, 1871)

Aleksandr Petrovich Kazhdan and others, *People and Power in Byzantium* (Dumbarton Oaks, 1982)

Alexander Campbell; John Baptist Purcell, *A debate on the Roman Catholic religion* (St, Louis: Christian Board of Publication, 1837)

Alexis Henri Marie Lépicier, Indulgences, *Their Origin, Nature & Development* (New York: K. Paul, Trench, Trübner & Company ld, 1906)

American Protestant Society, *A Book of Tracts Containing the Origin and Progress* (New York: The American and Foreign Christian Union, 1856)

Andre Rivet, *The state-mysteries of the Iesuites, by way of questions and answers* (London: G.E. for Nathanael Butter, 1623)

Andreas Osiander, *The coniectures of the ende of the worlde, translated by George Ioye*(Antwerp, 1548)

Andrew J. Ekonomou, *Byzantine Rome and the Greek Popes* (Lexington Books, 2007)

Anonymous, *A gagge for the Pope, and the Iesuits: or the arraignement, and execution of Antichrist* (London: Edward Blackmore, 1624)

B.H. Streeter and others, Foundations; *A statement of Christian Belief in Terms of Modern Thought* (London: Macmillan and Co., 1913)

Beaufort Hurlbert, *The End Justifiest the Means* (Montreal: J. Beaufort Hurlbert, M.A., LL.D., 1890)

Billy Graham, *Hope for Each Day* (Thomas Nelson, 2002)

Billy Graham, *Nearing Home* (Thomas Nelson Inc, 2011)

Boquin and Pierre, *A defence of the olde, and true profession of Christianitie: against the new, and counterfaite secte of Iesuites, or fellowship of Iesus* (Londn: Iohn Wolf, and Henry Kirkham, 1581)

Boston Masonic Mirror, *Masonic Mirror* Volume I (Boston: Moore &

Sevey, 1829)

Bradley J. Longfield, 'For Church and Country: The Fundamentalist-Modernist Conflict in the Presbyterian', *The Journal of Presbyterian History*, 78.1 (2000), 35-50.

Bryan W. Ball, *A Great Expectation, Eschatological Thought in English Protestantism to 1660* (Leiden: Brill, 1975)

C. Sparry, *The Protestant annual, exhibiting the demoralizing influence of popery, and the character of its priesthood* (New York: C Sparry, 1847)

Carl W. Davis, *Making Good Men Better* (2020)

Cary and Edward, *The catechist catechiz'd: or Loyalty asserted in vindication of the oath of allegiance, against a new catechism set forth by a father of the Society of Jesus* (London: Cary, Edward, 1681)

Catholic Church, *Brief of Clement XIV Suppressing the Jesuits* (London: Dublin and Derby, 1769)

Charles G. Herbermann and others, *The Catholic Encyclopedia Volume Seven Gregory-Infallibility* (New York: The Encyclopedia Press, 1910)

Charles Herbermann and others, *The Catholic Encyclopedia Volume Nine, Laprade-Mass* (New York: The Encyclopedia Press, 1910)

Charles Macfarland, *The Churches of the Federal Council; Their History,*

Organization and Distinctive Characteristics and a Statement of the Development of the Federal Council (New York: Fleming H. Revell Company, 1916)

Charles Macfarland, *The Churches of the Federal Council; Their History, Organization and Distinctive Characteristics, and a Statement of the Federal Council* (New York: Fleming H. Revell, 1916)

Charles Moore, *The Freemason's Monthly Magazine* Volume 24 (Boston: Hugh Tuttle, 1865)

Charles Moore, *The Freemason's Monthly Magazine* Volume 28 (Boston: Edward and Cobbs, 1869)

Charles Neil, *A Protestant Dictionary, Containing Articles on the History, Doctrines, and Practices of the Christian Church* (London: Hodder and Stoughton, 1904)

Charles W. Moore, *The Freemason's Monthly Magazine* Volume 22 (Boston: Hugh H. Tuttle, 1863)

Charles W. Moore, *The Freemason's Monthly Magazine* Volume 30 (Boston: Arthur W. Locke & Co., 1871)

Charles Whittingham, *Constantine Geisweiler and George Sidney, German Museum or Monthly Repository of the Literature of Germany, the North and the Continent in General* Volume 1 (Oxford: C. Geisweiler & the proprietors, 1800)

Christopher Bagshaw, *A sparing discouerie of our English Iesuits, and of Fa. Parsons proceedings vnder pretence of promoting the Catholike faith in England* (London: Felix Kinston, 1601)

Christopher Hodapp, *Solomon's Builders* (Berkeley: Ulysses Press, 2006)

Committee on Un-American Activities, *Activities of Ku Klux Klan Organizations in the United States* Part 3 (Washington: U.S. Government Printing Office, 1966)

D. Batten, Clapham Common and Simpkin Marshall, *Popery, The Inquisition and the Jesuits; Historical Facts, Exposing Their Profligate and Dangerous Tenets* (London: Stationers' Court London, 1851)

Daniel L. Turner, *Standing Without Apology* (BJU Press, 2001)

David A. Plaisted, *Estimates of the Number Killed by the Papacy in the Middle Ages and later,* (2006) [Accessed 6 Oc6 2020]

David Cloud, *Billy Graham and Rome* (Port Huron: Way of Life Literature, 2006)

David E. Aune, *The Blackwell Companion to The New Testament* (John Wiley & Sons, 2010)

David Pareus, *A commentary upon the divine Revelation of the apostle and evangelist, Iohn by David Pareus* (Amsterdam: C.P., 1644)

Deputies, *Declaration of Great Troubles Pretended against the Realme by a number of Seminarie Priests and Jesuits sent and very secretly dispersed in the same to worke great Treason under a false pretense of Religion* (London: The Deputies, 1591)

Donald W. Musser and Joseph L. Price, *New and Enlarged Handbook of Christian Theology* (Abingdon Press, 2003)

E.B. Elliott, *A Commentary of the Apocalypse* (London: Seeley, 1847)

Earle E. Cairns, *Christianity Through the Centuries* (Zondervan, 1996)

Edward Cooke, *A true narrative of the inhumane positions of the Jesuits and Papists towards all good Protestant Christians* (London: Samuel Tidmarsh, 1680)

Edwin Rian, *The Presbyterian Conflict* (Oregon: Wipf & Stock, 1940)

Edwin S. Gaustad and Leigh Schmidt, *The Religious History of America* (Harper Collins, 2004)

Elias Benjamin Sanford, *Origin and History of the Federal Council of the Churches of Christ in America* (Hartford: S.S.Scranton, 1916)

Elizabeth Clark, The Fathers Refounded; *Protestant Liberalism, Roman Catholic Modernism, and the Teaching of Ancient Christianity in Early Twentieth Century America* (Philadelphia: University of Pennsylvania Press, 2011)

Federal Council of Churches, *Report of the First Meeting of the Federal Council, Philadelphia* (New York: Revell Press, 1909)

Ferrante Pallavicino, *The heavenly divorce: or, our Saviour divorced from the Church of Rome His spouse* (London: James Vade, 1679)

Francis I, Our Father (Image, 2018)

Freemason, *The Freemason and Masonic Illustrated. A Weekly Record of Progress in Freemasonry* Volumes 1-2 (London: George Dennings, 1869)

Freemasonry Network, *Belief in God Requirement in Freemason.* (2020) [Accessed 7 Oct 2020]

Freemasons Community, *Billy Graham Lies in Honour At The US Capitol Like All Good Freemasons.* (2018) [Accessed 6 Nov 2020]

Freemasons, *The Freemason and Masonic Illustrated. A Weekly Record of Progress in Freemasonry* Volume 7 (London: George Kenning, 1874)

Freemasons, *The Freemasons' Magazine and Masonic Mirror* Volume 19 (London: Freemasons' Magazine Company, 1868)

G. Oliver, *The Discrepancies of Freemasonry* (London: John Hogg & Co., 1875)

G.B. Nicolini, *Nocolini's History of the Jesuits* (London: Henry G. Bohn, 1854)

Garth M. Rosell and Richard Dupuis, *The Original Memoirs of Charles G. Finney* (Zondervan, 2010)

Georg Nigrinus, *Apocalypsis* (Nicolaus Henricus, 1573)

George Downame, *A treatise concerning Antichrist: divided into two bookes, the former, proving that the Pope is Antichrist, the latter, maintaining the same assertion, against all the obiections of Robert Bellarmine, Iesuit and cardinall of the church of Rome* (London: Cuthbert Burbie, 1603)

George Fox, *The arraignment and condemnation of popery* (London: George Fox, 1675)

George Gordon, *A letter from Lord George Gordon in Newgate, to Baron de Alvensleben, minister from Hanover* (1972)

George Kenning, *The Freemason and Masonic Illustrated. A Weekly Record of Progress in Freemasonry* Volume 12 (London: Freemason, 1879)

George Lord, *A short narrative of the life and conversion of George Lord: formerly a Roman Catholic Jesuit and now engaged in the reformation of others of like faith* (Albany: The Author, 1847)

Georgije Ostrogorski, *History of the Byzantine State* (Rutgers University Press, 1969)

Giacinto Achilli, *Dealings with the Inquisition Or Papal Rome, Her Priests and Her Jesuits with Important Disclosures by the Rev. Giacinto Achilli* (London: Arthur Hall, Virtue & Company, 1851)

H. N. Wieman, 'The Method of Religious Inquiry', *The New Republic,*

48.617 (1926), 140-143.

Hearst Television, *North Carolina committee approves statue of Rev. Billy Graham for U.S. Capital* (2020) [Accessed 7 Oct 2020].

Henry Care, *The character of a turbulent, pragmatical Jesuit and factious Romish priest* (London: Langley Curtis, 1678)

Henry Charles Lea, *A History of the Inquisition* (London: Franklin Classics Trade Press, 1887)

Henry F. French, *Martin Luther's Table Talk* (Fortress Press, 2017)

Henry Vane, *Two treatises* (1662)

Herbermann and Ed., *The Catholic Encyclopedia* Volume 12 (New York: The Encyclopedia Press, 1911)

Hezekiah Holland, *An Exposition or Commentaries Upon the Revelation of Saint John* (London: T.R. and E.M., 1650)

Hugh Chisholm, *The Encyclopedia Britannica, A Dictionary of Arts, Sciences, Literature and General Information* Volume 15 (New York: The Encyclopedia Britannica Company, 1911)

Hugh Latimer, *Augustine Bernher, 27 sermons preached by the ryght Reuerende father in God and constant matir [sic] of Iesus Christe* (London: Iohn Day, dwelling ouer Aldersgate, 1562)

I. T. Hecker, *The Catholic World A Monthly Magazine of General Literature and Science* (New York: The Nation Press, 1881)

Iacopo Brocardo, *The revelation of Saint John reuealed: opening by conference of time and place many poyntes very necessary for the time present, especially against the papacy* (1610)

Ian R. K. Paisley, *Billy Graham and the* Church *of Rome* (Belfast, Ireland: Martyrs' Memorial Free Presbyterian Church, 1970)

Ignacio De Loyola, *Autobiografia de San Ignacio de Loyola* (Create Space, 2013)

J. Dewey, 'Fundamentals', *The New Republic,* 37.479 (1924), 275-276.

J. F. Brennan, *American Freemason* Volume 3 (New-York: J.F. Brennan, 1859)

J. W. S. Mitchell, *Collated by Order of the Grand Lodge of England, in 1722* Volume 1 (Marietta: J. W. S. Mitchell, 1859)

J.N. Chaplain, *The plain man's defense against popery: or, A discourse, shewing the flat opposition of popery to the Scripture* (London: Thomas Parkhurst, 1675)

J.W.S. Mitchell, *The History of Freemasonry and Masonic Digest* (Marietta: J.W.S. Mitchell, 1859)

James Billings and Sol Bayless, *The Mystic Star* Volumes 12-13 (Chicago: James Billings, 1870)

James Shaw, *The Roman Conflict or Rise, Power and Impending Conflict of Roman Catholicism as Seen in Ancient Prophecy, Ceremo-*

nial Worship, Medieval and Modern History (London: Hitchcock & Walden, 1878)

James Thomas, *An apologie for Iohn Wickliffe shewing his conformitie with the now Church of England* (Oxford: Joseph Barnes, 1608)

James Ussher; William Boswell and Sir; John Bramhall, *The prophecy of Bishop Usher: unto which is added two letters touching the designs of the papists against King Charles the First* (1688)

Jan Hus; Martin Luther; Emile De Bonnechose, *Letters of John Huss Written During His Exile and Imprisonment* (Edinburgh: Neill and Company, 1537)

Jasper Ridley, *The Freemasons* (Skyhorse Publishing, Inc., 2011)

Jean Henri Merle D'Aubigne, *History of The Reformation of the Sixteenth Century,* Volume 1-5 (New York: Robert Carter & Brothers, 1857)

Jesuits, *The Iesuits creed or, The forme of the profession of faith, to which all Popish priests and ecclesiastiques, of what order soever, are fast tyed by oath: by the ordinance of Pope Pius the fourth, in the fifth yeare of his popedome. Anno Domini, 1564.* (London: Bread Street Hill, 1642)

John Addington Symonds, *The Catholic reaction* Part I (London: Smith, Elder, 1898)

John Allen Jr., *Papal Execution Giovanni Battista Bugatti's life and work* (New York: National Catholic Reporter, 2001)

John Calvin, *An Abridgement of the Institution of Christian Religion* (Edinburgh: Thomas Vautrollier, 1585)

John Clarke Hubbard, *Jacobinism* (W. Bulmer, 1801)

John Cotton, *An Exposition Upon the Thirteenth Chapter of the Revelation* (London: Hand and Bible, 1656)

John Dowling, *The history of Romanism from the Earliest Corruptions of Christianity to the Present Time* (New York: Edward Walker, 1845)

John Gee, The foot out of the snare: *with a detection of sundry late practices and impostures of the priests and Iesuits in England. VVhereunto is added a catalogue of such bookes as in this authors knowledge haue been vented within two yeeres last past in London* (London: Robert Milbourne, 1624)

John Hooper, *A godly confession and protestacion of the christian fayth, made and set furth by Ihon Hooper, wherin is declared what a christia[n] manne is bound to beleue of God, hys Kyng, his neibour, and hymselfe.* (London: Ihon Daye dwellyng ouer Aldersgate beneth saynt Martyns, 1550)

John J. Robinson, *Born in Blood* (M Evans & Company, 1989)

John Julius Norwich, *A Short History of Byzantium* (Penguin UK, 1998)

John Knox, *Quintin Kennedy, Heir followeth the coppie of the ressoning which was betuix the Abbote of Crosraguell and John Knox in Mayboill concerning the masse: in the yeare of God, a thousand five hundred thre scoir and two yeares.* (Edingburgh: G Ramsay, 1812)

John Napier, *A Plain Discoverie of The Whole Revelation of Saint John* (London: Paules Church Yarde, 1594)

John Russell, *The Jesuit in England with the Horrors of the Inquisition in Rome* (London: Blayney & Fryer, 1858)

John W. O'Malley and John W. O'Malley, *The First Jesuits* (1993)

John W. O'Malley, *The Jesuits* (Rowman & Littlefield Pub Incorporated, 2014)

John Wesley, *Explanatory notes upon the New Testament* (Bristol: Brabham and Pine, 1760)

John Wesley, *The Doctrine of Original Sin: According to Scripture, Reason, and Experience* (Bristol: E. Farley, 1757)

John Wesley, *The Works of the Rev. John Wesley: Forty-two sermons on various subjects* (New York: J & J Harper, 1826)

John Wilkinson, *An Exposition of the 13 Chapter of the Revelation of Jesus Christ* (1619)

John Wycliffe, *On Simony* (Fordham Univ Press, 1992)

Jonathan Edwards and others, *The Works of Jonathan Edwards*, A.M.
(London: F. Westley and A.H. Davis, Stationers' Court, 1834)

Jonathan Menn, *Biblical Eschatology*, Second Edition (Wipf and Stock
Publishers, 2018)

Julius Lester and D.L. Wilson, *Ku Klux Klan, Its Origin, Growth and
Disbandment* (New York: Neale Publishing, 1905)

Karen Armstrong, *The Battle for God* (Ballantine Reader's Circle, 2001)

Kelly Baker, 'Evangelizing Klansmen, nationalizing the South: faith,
fraternity, and lost cause religion in the 1920s Klan', *Perspectives in
Religious Studies*, 39.3 (2012), 261-273.

Klanwath Project, *Ku Klux Klan; A History of Racism and Violence* Fifth
edition. (Montgomery: Southern Poverty Law Center, 1996)

Laurence, *That the pope is that Antichrist: and An answer to the obiec-
tions of sectaries, which condemne this Church of England* (George
Bishop and Ralph Newberie: Deios, 1618)

Leterature R & G, *The Monthly Review or Literary Journal Enlarged* Vol-
ume XXIX (London: A. Strahan, 1799)

Lewis Owen, *A genealogie of all popish monks, friers, and Jesuits:
shewing their first founders, beginnings, proceedings, and present
state* (London: George Gibbes, 1646)

Louis-Antoine marquis Caraccioli, *Interesting Letters of Pope Clement*

XIV Ganganelli Volume II (London: T. Becket, 1777)

Louis-Antoine marquis Caraccioli, *The Life of Pope Clement XIV Ganganelli* (London: J. Johnson, 1776)

Ludolph of Saxony, *The Life of Jesus Christ* (Liturgical Press, 2018)

Lutheran-World-Federation et al., *The Biblical Foundations of The Doctrine of Justification* (New York: Paulist Press, 2012)

Lyman Beecher, *A plea for the West* (Cincinnati: Truman & Smith, 1835)

M. Augustine Marlorates, *A Catholic Exposition Upon the Revelation of Saint John* (London: Binneman for L. Harison and G. Bishop, 1574)

Macbride Sterrett, *Modernism in Religion* (New York: The Macmillan Company, 1922)

Malachi Martin, *Jesuits* (Simon and Schuster, 1988)

Martin Luther and Emile de Bonnechose, *Letters of John Huss Written During His Exile and Imprisonment* (London: W. Whyte, 1846)

Martin Luther, *A Commentarie of M. Doctor Martin Luther Upon the Epistle of S. Paul to the Galathians* (London: Richard Field, 1616)

Martin Luther, *A faithful admonition of a certeyne true pastor and prophete* (London: Conrad Freeman, 1554)

Martin Luther, *A Treatise Touching the Libertie of a Christian* (London: Ralph Newbery and H. Bynneman, 1579)

Martin Luther, *Dr. Martin Luther's Priphecies of the Destruction of Rome and the Downfall of the Romish Religion* (London: W.W., 1579)

Martin Luther, *Martin Luther's Declaration of his Countrimen* (London: E.G. Sleidan, 1642)

Martin Luther, *Selections from His Writings* (1961)

Martin Luther, *The Collected Works of Martin Luther* (e-artnow, 2018)

Martin Luther, *The Signs of Christ's coming and of the last Day* (1661)

Masonic Find, *10 Requirements To Become A Freemason.* (2020) [Accessed 7 Oct 2020]

Matthew Parker; Martin Bucer; Pietro Martire Vermigli; John Hooper, *A briefe examination for the tyme, of a certaine declaration, lately put in print in the name and defence of certaine ministers in London, refusyng to weare the apparell prescribed by the lawes and orders of the realme: In the ende is reported, the iudgement of two notable learned fathers, M. doctour Bucer, and M. doctour Martir* (London: Churchyarde, 1566)

Michael Christopherson, *A treatise concerning Antichrist The second part: conteyning an answere to the protestant proofes by which M. George Downam, Doctour of Diuinity &c, with no lesse folly then malice, would make men believe that the pope is Antichrist* (St. Omer: English College Press, 1614)

Michael Walpole, *A treatise of Antichrist: Conteyning the defence of*

Cardinall Bellarmines arguments, which inuincibly demonstrate, that the pope is not Antichrist. Against M. George Downame (St. Omer: English College Press, 1613)

Nicholas Ridley; Hugh Latimer, *Certe[n] godly, learned, and comfortable conferences between the two Reuerende fathers and holye martyrs of Christe D. Nicolas Rydley late Bysshoppe of London and M. Hughe Latymer sometyme Bysshoppe of Worcester during the tyme of theyr emprysonmentes* (1566)

Nicholas Ridley John Careless, *A pituous lamentation of the miserable estate of the churche of Christ in Englande* (London: Williyam Powell, 1566)

NCCK, *The National Council of Churches in Korea* (2020) [Accessed 7 Oct 2020]

Osiander and Lucas, *A faithfull admonition of the Paltsgraues churches: to all other Protestant churches in Dutchland* (London: Edward Griffin for George Gibbes, 1614)

Patrik Forbes, *An Exquisite Commentarie Upon the Revelation of Saint John* (London: W. Hall, 1613)

Peter Berault, *The Church of Rome evidently proved heretick* (London: Tho. Hodgkin, 1681)

Philip Melanchthon, *The Augsburg Confession* (Saint Louis: Concordia

Publishing House, 1530)

Philip Schaff, *History of the Christian Church* Volume 7 (New York: C. Scribner's Sons, 1923)

Philipp Melanchthon; Martin Luther; Jean Crespin; John Brooke, *Of two vvoonderful popish monsters: to wyt, of a popish asse which was found at Rome in the riuer of Tyber, and of a monkish calfe* (London: Thomas East, 1579)

Pope Francis, *Jorge Mario Bergoglio and Abraham Skorka, On Heaven and Earth* (Image, 2013)

Pope Francis, *Scott Hahn and Robert Barron, The Joy of the Gospel* (Image, 2014)

Pope Francis, *The Joy of Love: On Love in the Family* (Wellspring, 2016)

Pope Francis, *The Name of God is Mercy* (2016)

Presbyterian Church in the U.S.A., *Publications* Issues 40 (U.S.A.: Board of Publication, 1840)

Protestant Association, *The Jesuits exposed* (London: Protestant Association, 1839)

Raffaele De Cesare, *The Last Days of Papal Rome*, 1850-1870 (New York: A. Constable, 1909)

Rene Fulop Miller, *The Power and Secret of The Jesuits* (New York: The

Viking Press, 1930)

Richard Baxter, *A key for Catholicks, to open the jugling of the Jesuits, and satisfie all that are but truly willing to understand, whether the cause of the Roman or reformed churches be of God* (London: Nevil Simmons, 1659)

Richard Carpenter, *The downfall of Anti-Christ. Or, A treatise wherein is plainly discovered* (London: John Stafford, 1647)

Robert Hieronimus, *Founding Fathers, Secret Societies* (Simon and Schuster, 2005)

Robert J. F. Elsner, *Bible Study for Freemasons* (Independently Published, 2019)

Robert Wright, *An humble address to the Right Honourable the Lords, and the rest of the Honourable commissioners, appointed by Act of Parliament to judge of all performances relating to the longitude* (London: T. Page W., 1728)

S.S. Schmucker, *The Papal hierarchy; view in the light of prophecy and history; being a discourse delivered in the English Lutheran Church, Gettysburg, Feb 2, 1845* (Michigan: Sabin America, 1845)

Saint Ignatius of Loyola, *The Spiritual Exercises of St. Ignatius of Loyola* (Ignatius Press, 2017)

Samuel Clarke, *A Generall Martyrologie of Persecutions* (London:

Thomas Underbill, 1651)

Samuel Hartlib, *Clavis Apocalytica or A Prophetical Key The Great Mysteries in the Revelation of St. John and the Prophet Daniel* (London: William Du-Gard, 1651)

Samuel Langdon, *A Rational Explication of St. John's Vision of the Two Beasts* (Portsmouth: Daniel Fowle, 1774)

Several hands, *The Monthly Review or Literary Journal* Volume XXXII (London: R. Griffiths, 1764)

Shailer Mathews, *The Faith of Modernism* (New York: The Macmillan Company, 1924)

The Church League of America, *Billy Graham: Performer? Politician? Preacher? Prophet?* (Wheaton, Illinois: The Church League of America, 1978)

The Midnight Freemasons, *Billy Graham: Freemason Or Not?* (2020) [Accessed 6 Oct 2020]

The Religious Tract Society, *The Lives of The Poples Part II From the Dawn of the Reformation to the Romanist Reaction* (London: The Religious Tract Society, 1799)

Theodore Beza, *The popes canons: vvherein the venerable and great masters of the Romish Church are confuted in these ten discourses following* (London: George Robinson, 1587)

Thomas Beard, *Antichrist the pope of Rome: or the pope of Rome is Antichrist Proued in two treatises* (London: Issac Laggard, 1657)

Thomas Bell, *The anatomie of popish tyrannie: wherein is conteyned a plaine declaration and Christian censure, of all the principall parts, of the libels, letters, edictes, pamphlets, and bookes, lately published by the secular-priests and English hispanized Iesuties, with their Ie-suited arch-priest* (London: John Marison, 1603)

Thomas Brightman, *A most comfortable exposition: of the last and most difficult part of the prophecie of Daniel from the 26. verse of the 11. chap, to the end of the 12. chapter. Wherein the restoring of the Iewes and their callinge to the faith of Christ, after the utter overthrow of their three last enemies* (Amsterdam: Successors of G. Thorp, 1635)

Thomas Brightman, *A Revelation of the Apocalyps The Revelation of Saint John and Daniel* (London: John Field, 1644)

Thomas Cartright, *A Plain Explanation of the Whole Revelation of Saint John* (London: T.S., 1622)

Thomas Cranmer, *A Confutation of unwritten verities, both by the holye scriptures and moste auncient autors* (Cambridge: The University Press, 1846)

Thomas Goodwin, *The Exposition of That Famous Divine Thomas*

Goodwin, D.D. on the Book of the Revelation (London: Simpkin Marshall & Co., 1679)

Thomas Goodwin, *The Works of Thomas Goodwin: An exposition of the Book of Revelation* (London: J. Nichol, 1861)

Thomas Slater, *Popery and Despotism unmasked, by a light being thrown on the treasonable atrocities of the retrograde party, being an account of some of the insidious crimes of secret societies* (Melbourne:Mason & Firth, 1864)

Thomas Swadlin, *The Jesuite the chiefe, if not the onely state-heretique in the world. Or The Venetian quarrell: Digested into a dialogue* (London: Thomas Swadlin, 1646)

Time USA, *How the KKK's Influence Spread in Northern States.* (2020) [Accessed 8 Oct 2020]

Timothy Stunt, *From Awakening to Secession* (Bloomsbury Publishing, 2000)

Ulrich Zwingli; George Joye; Reichstag, *The rekenynge and declaracion of the fayth and belefe of huldrike zwyngly: byshoppe of ziiryk the chefe town of Heluitia, sent to Charles. v.* (London:Richarde wyer, 1548)

Vatican News, *Pope Francis to Catholic Media: Be signs of unity amid diversity* (2020) [Accessed 7 Oct 2020]

Vernor and Hood, *The Historic Gallery of Portraits and Paintings* Volume I (London: Vernor Hood and Sharpe, 1807)

W. C. Brownlee, *Popery. An enemy to civil and religious liberty; and dangerous to our republic* (New York: J.S. Taylor, 1836)

W. F Wison, *Secret instructions of the Jesuits: with an appendix containing a short historical account of the Society of the Jesuits* (Philadelphia: W. F Wison, 1844)

W. H. DePuy, *The Encyclopaedia Britannica a Dictionary of Arts, Sciences, and General Literature* Volume 5 (Chicago: The Werner Company, 1895)

W. J. Chaplin and S. C. Coffinberry, *Freemason's Monthly* Volume 2 (Michigan: Chaplin & Ihling, 1871)

W. A. Visser't Hooft, *The Genesis and Formation of the World Council of Churches* (Geneva: World Council of Churches, 1982)

Walther League, *The Walther League Messenger*, Volume 31 (Itasca: Walther League, 1922)

Warren T. Treadgold, *A History of the Byzantine State and Society* (Stanford University Press, 1997)

Watch of South, 'The End Sanctifies the Means', *The American Protestant*, 7.23 (April 1845), 177.

Wilhelm Moeller and Gustav Kawerau, *History of the Christian Church:*

A. D. *Reformation and Counter-Reformation* (London: Swan, Son-
nenschein, 1900)

William Charke, *A replie to a censure written against the two answers to
a Iesuites seditious pamphlet* (London: Christopher Barker, 1617)

William Denton, *The ungrateful behaviour of the Papists, priests, and
Jesuits: towards the imperial and indulgent crown of England to-
wards them, from the days of Queen Mary unto this present Age*
(London: James Magnes and Richard Bently, 1679)

William Harris Rule, *History of the Inquisition, In Every Country where
Its Tribunals Have Been Established, from the Twelfth Century to
the Present Time* (London: Weslian Conference Office, 1808)

William Hutchinson, *A letter to the Jesuits in prison: shewing them how
they may get out. From Mr. William Hutchinson alias Bury for four-
teen years of their society* (London: Bear and Orange tree, 1679)

William Sime, *History of the Inquisition* (London: Library of Alexandria,
1840)

World Council of Churches, *National Council of Churches in Korea.*
(2020) [Accessed 7 Oct 2020]

World Council of Churches, *National Councils of Churches.* (2020) [Ac-
cessed 7 Oct 2020]

World Council of Churches, *World Council of Churches.* (2020) [Accessed 7 Oct 2020]

World Councils of Churches, *Spirit, Gospel, Cultures; Bible Studies on the Acts of the Apostles* (Switzerland: WCC Publications, 1996)

Wylie and James A., *The Papacy is the Antichrist* (Delmarva Publications, Inc., 1888)

▌Notes

(1)   Hodapp, *Solomon's Builders*, Chp. 1.

Davis, *Making Good Men Better*.

Elsner, *Bible Study for Freemason*.

Ridney, *The Freemason: A History of Most Powerful Secret Society*.

(2)   Masonic Find, *10 Requirements To Become A Freemason*.

Freemasonry Network, *Belief in God Requirement in Freemason*.

(3)   Smith, *Learning Masonic Ritual; The Simple, Systematic and Successful Way to Master The Work*.

Pike, *Morals and Dogma of the Ancient and Accepted Scottish Rite of Freemasonry*.

Morgan, *A Mysteries of Free Masonry Containing All the Degree of the Order Conferred in a Master's Lodge*.

Elsner, *Bible Study for Freemason*.

(4)   Morgan, *A Mysteries of Free Masonry Containing All the Degree of the Order Conferred in a Master's Lodge*.

(5)   Haag, *Templars*, p. 213-230.

Morgan, *A Mysteries of Free Masonry Containing All the Degree of the Order Conferred in a Master's Lodge*, p. 139-234.

(6)   Haag, *Templars*, p. 321.

        Morgan, *A Mysteries of Free Masonry Containing All the Degree of the Order Conferred in a Master's Lodge*, p. 142.

(7)   Morgan, *A Mysteries of Free Masonry Containing All the Degree of the Order Conferred in a Master's Lodge*, p. 142.

(8)   Morgan, *A Mysteries of Free Masonry Containing All the Degree of the Order Conferred in a Master's Lodge*, p. 144.

(9)   Morgan, *A Mysteries of Free Masonry Containing All the Degree of the Order Conferred in a Master's Lodge*, p. 148.

(10)   Morgan, *A Mysteries of Free Masonry Containing All the Degree of the Order Conferred in a Master's Lodge*, p. 247.

(11)   Hodapp, *Solomon's Builders*, p. 284.

        Robinson, *Born in Blood*, Chapter 15, 16.

        Morgan, *A Mysteries of Free Masonry Containing All the Degree of the Order Conferred in a Master's Lodge*.

(12)   Smith, *Learning Masonic Ritual; The Simple, Systematic and Successful Way to Master The Work*.

        Pike, *Morals and Dogma of the Ancient and Accepted Scottish Rite of Freemasonry*.

        Morgan, *A Mysteries of Free Masonry Containing All the Degree* of the Order Conferred in a Master's Lodge.

(13)   Smith, *Learning Masonic Ritual; The Simple, Systematic and Successful Way to Master The Work.*

Pike, *Morals and Dogma of the Ancient and Accepted Scottish Rite of Freemasonry.*

Morgan, *A Mysteries of Free Masonry Containing All the Degree of the Order Conferred in a Master's Lodge.*

(14)   Finney, *Original Memoirs of Charles G. Finney.* l. 7998- 8112.

(15)   Finney, *Original Memoirs of Charles G. Finney.* l. 8083- 8087.

(16)   Finney, *Original Memoirs of Charles G. Finney.* l. 8087.

(17)   Morgan, *A Mysteries of Free Masonry Containing All the Degree of the Order Conferred in a Master's Lodge.*

Finney, *Original Memoirs of Charles G. Finney.* l.1020, l.3717, l.8079, l.894.

Haag, *Templars,* p. 81, p. 168, p. 267.

(18)   Morgan, *A Mysteries of Free Masonry Containing All the Degree of the Order Conferred in a Master's Lodge,* p. 9.

(19)   Morgan, *A Mysteries of Free Masonry Containing All the Degree of the Order Conferred in a Master's Lodge,* p. 31.

(20)   Morgan, *A Mysteries of Free Masonry Containing All the Degree of the Order Conferred in a Master's Lodge,* p. 46.

(21)   Smith, *Learning Masonic Ritual; The Simple, Systematic and Successful Way to Master The Work.*

Pike, *Morals and Dogma of the Ancient and Accepted Scottish Rite of Freemasonry.*

Morgan, *A Mysteries of Free Masonry Containing All the Degree of the Order Conferred in a Master's Lodge.*

(22)   Freemasons Community, *Billy Graham Lies in Honour At The US Capitol Like All Good Freemasons.*

The Midnight Freemasons, *Billy Graham: Freemason Or Not?*

Mackey, *The History of Freemasonry*, Cover Page.

(23)   Turner, *Standing Without Apology*, Chapter 15, and 16.

(24)   Turner, *Standing Without Apology*, p. 167-168.

Paisley, *Billy Graham and the Church of Rome*, p. 38-47.

(25)   Turner, *Standing Without Apology*, p. 171-172.

Paisley, *Billy Graham and the Church of Rome*, p. 47-48.

(26)   Turner, *Standing Without Apology*, p. 174- p. 177.

Church League of America, *Billy Graham*, p. 12, p. 21-27, p. 30-46, p. 48.

Paisley, *Billy Graham and the Church of Rome*, p. 49-p. 56.

(27)   Turner, *Standing Without Apology*, p. 175-177.

(28)   Turner, *Standing Without Apology*, p. 168-188.

Paisley, *Billy Graham and the Church of Rome*, Document 24, "Where is Billy Going?" Christian Beacon, March 17, 1955

Paisley, *Billy Graham and the Church of Rome*, Document 29, "Letter of Dr. Ward Ayer on Billy Graham."

Cloud, *Billy Graham and Rome*, p. 23-34.

(29) Turner, *Standing Without Apology*, p. 180-182.

Cloud, *Billy Graham and Rome*, p. 40-p. 45.

Paisley, *Billy Graham and the Church of Rome*, p. 15-17

Paisley, *Billy Graham and the Church of Rome*, Document 8, "What do you think of Billy Graham" North Star Baptist, November 1964.

Paisley, *Billy Graham and the Church of Rome*, Document 22, "Billy Graham: Can we approve?" Our Sunday Visitor, June 16, 1957.

Paisley, *Billy Graham and the Church of Rome*, Document 33, "Billy Graham Relay Crusade" The Revivalist, October 1955.

(30) Turner, *Standing Without Apology*, p. 180-p. 182.

Cloud, *Billy Graham and Rome*, p. 40-p. 45.

Paisley, *Billy Graham and the Church of Rome*, p. 15-p. 17

Paisley, *Billy Graham and the Church of Rome*, Document 8, "What do you think of Billy Graham" North Star Baptist, November 1964.

Paisley, *Billy Graham and the Church of Rome*, Document 22, "Billy Graham: Can we approve?" Our Sunday Visitor, June 16, 1957.

Paisley, *Billy Graham and the Church of Rome*, Document 33, "Billy Graham Relay Crusade" The Revivalist, October 1955.

(31) Turner, *Standing Without Apology*, p. 171.

(32) Turner, *Standing Without Apology*, p. 171.

(33) Turner, *Standing Without Apology*, p. 181.

(34) Turner, *Standing Without Apology*, p. 175.

(35) Turner, *Standing Without Apology*, p. 175-188.

Church League of America, *Billy Graham*.

Cloud, *Billy Graham and Rome*.

Paisley, *Billy Graham and the Church of Rome*, Document 21 "Dr. Graham Envisions a New Era for Christianity" New York Times, November 9, 1963.

Paisley, *Billy Graham and the Church of Rome*, Document 30, "Billy Graham and the Pope's Legions" Christianity Today, July 22, 1957.

(36) Cloud, *Billy Graham and Rome*, p. 28.

(37) Turner, *Standing Without Apology*, p. 183.

Cloud, *Billy Graham and Rome*, p. 28.

(38) Cloud, *Billy Graham and Rome*, p. 30-31.

(39) Cloud, *Billy Graham and Rome*, p. 31-32.

(40) Paisley, *Billy Graham and the Church of Rome*.

(41) Turner, *Standing Without Apology*, p. 176.

(42) Turner, *Standing Without Apology*, p. 186.

(43) Hearst Television, *North Carolina committee approves statue of Rev. Billy Graham for U.S. Capital*.

(44) Pope Francis, *On Heaven and Earth*.

Pope Francis, *The Joy of the Gospel*.

Pope Francis, *The Joy of Love: On Love in the Family*.

Pope Francis, *The Name of God is Mercy*.

Billy Graham, *Hope for Each Day*.

Billy Graham, *Nearing Home*.

(45) Mackey, *The History of Freemasonry*.

McKenney, *33 Degrees of Deception*, Part 1.

Elsner, *Bible Study for Freemason*.

Ridney, *The Freemason: A History of Most Powerful Secret Society*.

(46) Turner, *Standing Without Apology*, p. 171.

(47) Pope Francis, *The Name of God is Mercy*.

(48) D'Aubigne, *History of The Reformation of the Sixteenth Century*, p. 155-256.

(49) D'Aubigne, *History of The Reformation of the Sixteenth Century*.

(50) Luther, *The Collected Works of Martin Luther*, p. 40-47.

(51) Luther, *A Commentarie of M. Doctor Martin Luther Upon the Epistle of S. Paul to the Galatians*.

(52) French, *Martin Luther's Table Talk*.

(53) Cloud, *Billy Graham and Rome*.

      Paisley, *Billy Graham and the Church of Rome*.

(54) World Council of Churches, *World Council of Churches*.

(55) Lutheran-World-Federation, et al., *The Biblical Foundations of The Doctrine of Justification*.

(56) Lutheran-World-Federation, et al., *The Biblical Foundations of The Doctrine of Justification*, p. 19.

(57) World Councils of Churches, *Spirit, Gospel, Cultures*, p. 12-13.

(58) Luther, *Selections from His Writings*, p. 500-503.

(59) NCCK, *The National Council of Churches in Korea*.

(60) Wieman, *The Method of Religious Inquiry*, p. 140-143.

      Dewey, *Fundamentals*, p. 275-276.

      Longfield, *For Church and Country: The Fundamentalist-Modernist Conflict in the Presbyterian Church*, p. 35-50.

Edwin Rian, *The Presbyterian Conflict.*

(61) Streeter, et al., *Foundations; A statement of Christian Belief in Terms of Modern Thought,* p. 42.

(62) Streeter, et al., *Foundations; A statement of Christian Belief in Terms of Modern Thought,* p. 213.

(63) Streeter, et al., *Foundations; A statement of Christian Belief in Terms of Modern Thought,* p. 306.

(64) Streeter, et al., *Foundations; A statement of Christian Belief in Terms of Modern Thought,* p. 306.

(65) Streeter, et al., *Foundations; A statement of Christian Belief in Terms of Modern Thought,* p. 326.

(66) Streeter, et al., *Foundations; A statement of Christian Belief in Terms of Modern Thought,* p. 527.

(67) Mathews, *The Faith of Modernism,* p. 111.

(68) Mathews, *The Faith of Modernism,* p. 111.

(69) Mathews, *The Faith of Modernism,* p. 131.

(70) Mathews, *The Faith of Modernism,* p. 140.

(71) Mathews, *The Faith of Modernism,* p. 147.

(72) Mathews, *The Faith of Modernism,* p. 152.

(73) Mathews, *The Faith of Modernism,* p. 156.

(74) Mathews, *The Faith of Modernism,* p. 164.

(75) Mathews, *The Faith of Modernism*, p. 167.

(76) Mathews, *The Faith of Modernism*, p. 177.

(77) Edwin Rian, *The Presbyterian Conflict*, p. 29-59.

Longfield, *For Church and Country*, p. 35-50.

Musser & Price, *New and Enlarged Handbook of Christian Theology*, p. 206-209, p. 294-297.

(78) Clark, *The Fathers Refounded*, p. 11.

(79) Clark, *The Fathers Refounded*, p. 7.

(80) Clark, *The Fathers Refounded*, p. 9.

(81) Clark, *The Fathers Refounded*, p. 3.

(82) Macfarland, *The Churches of the Federal Council*.

Elias Benjamin Sanford, *Origin and History of the Federal Council of the Churches of Christ*. America Federal Council of Churches, *Report of the First Meeting of the Federal Council*.

(83) Cairns, *Christianity Through the Centuries*, p. 468-472.

(84) Hooft, *The Genesis and Formation of the World Council of Churches*, p. 15-60.

(85) World Council of Churches, *National Councils of Churches*.

(86) World Council of Churches, *National Council of Churches in Korea*.

(87) Gaustad & Schmidt, *The Religious History of America*, p. 317.

(88) Lester and D.L., *Wilson, Ku Klux Klan, Its Origin, Growth and Disbandment.*

Gaustad & Schmidt, *The Religious History of America*, p. 272-276.

Time USA, *How the KKK's Influence Spread in Northern States.*

Committee on Un-American Activities, *Activities of Ku Klux Klan Organizations.*

(89) Klanwath Project, *Ku Klux Klan; A History of Racism and Violence*, p. 42.

(90) Baker, *Evangelizing Klansmen, nationalizing the South*, p. 261-273.

(91) Clark, *The Fathers Refounded*, p. 3.

(92) Beza, *The pope's canons.*

Pareus, *A commentary upon the divine Revelation of the apostle and evangelist, Iohn.*

Eliott, *Horae Apocalypticae; or A commentary on the Apocalypse.*

Nigrinus, *Apocalypsis.*

Downame, *A treatise concerning Antichrist.*

Latimer, *Augustine Bernher 27 sermons preached.*

Brocardo, *The revelation of Saint John reuealed.*

Ussher, *The prophecy of Bishop Usher*.

Calvin, *An Abridgement of the Institution of Christian Religion*.

Hooper, *A godly confession and protestacion of the christian fayth*.

Knox, *John Knox in Mayboill concerning th*.

Parker, Bucer, Vermigli, Hooper, *A briefe examination for the tyme*.

Ridley, *A pituous lamentation of the miserable estate of the churche of Christ in Englande*.

Osiander, *The Coniectures of the Ende of the Worlde*.

Melanchthon; Luther; Crespin; Brooke, *Of two vvoonderful popish monsters*.

Cranmer, *A Confutation of unwritten verities*.

Zwingli; Joye; *Holy Roman Empire*.

Vane, *Two treatises*.

Wright, *An humble address to the Right Honourable the Lords*.

Brightman, *A most comfortable exposition*.

(93)   Holland, *An Exposition or Commentaries Upon the Revelation of Saint John*, p. 75

Cotton, *An Exposition Upon the Thirteenth Chapter of the Revelation*, p. 93

Napeir, *A Plain Discoverie of The Whole Revelation of Saint John*, p. 42

Samuel Langdon, *A Rational Explication of St. John's Vision of the Two Beasts*, P. 12.

Wilkinson, *An Exposition of the 13 Chapter of the Revelation of Jesus Christ*, p. 14.

Cartright, *A Plain Explanation of the Whole Revelation of Saint John*, p. 65.

(94) Elliott, *A Commentary of the Apocalypse*, p. 420.

(95) Brocardo, *The revelation of Saint John reuealed*, p. 110-111.

(96) Schaff, *History of the Christian Church Volume 7*, p. 733.

(97) Pareus, *A commentary upon the divine Revelation of the apostle and evangelist John*, p. 220.

(98) Napier, *A Plain Discoverie of The Whole Revelation of Saint John*, p. 41.

(99) Cotton, *An Exposition Upon The Thirteenth Chapter of the Revelation*, p. 93.

(100) Downame, *A treatise concerning Antichrist*, p. 79.

(101) Goodwin, *The Works of Thomas Goodwin: An exposition of the Book of Revelation*, p. 120.

(102) Holland, *An Exposition or Commentaries Upon the Revelation of*

Saint John, p. 75.

(103) Stunt, *From Awakening to Secession*, p. 22.

(104) Schmucker, *The Papal hierarchy; view in the light of prophecy and history*, p. 26-27.

(105) Batten et al., *Popery, The Inquisition and the Jesuits*, p. 46.

(106) De Cesare, *The Last Days of Papal Rome*, p. 1850-1870.

(107) Allen Jr., *Papal Execution Giovanni Battista Bugatti's life and work*.

(108) Kazhdan et al., *People and Power in Byzantium*, p. 12.

Norwich, *A Short History of Byzantium*, p. 383.

(109) Ostrogorski, *History of the Byzantine State*, p. 105-107.

Norwich, *A Short History of Byzantium*, p. 97.

(110) Kazhdan et al., *People and Power in Byzantium*, p. 12.

Norwich, *A Short History of Byzantium*, p. 383.

(111) Andrew J. Ekonomou, *Byzantine Rome and the Greek Popes*, p. 42-50.

Treadgold, *A History of the Byzantine State and Society*, p. 259-263.

(112) Moeller & Kawerau, *History of the Christian Church*, p. 255-270

Ward, *The Counter-reformation, Volume 11*.

(113) Moeller & Kawerau, *History of the Christian Church*, p. 315-381

Ward, *The Counter-reformation, Volume 11.*

(114) Ball, *A Great Expectation, Eschatological Thought in English Prot-estantism to 1660,* p.72-73.

Menn, *Biblical Eschatology,* p. 72-73.

(115) Ball, *A Great Expectation, Eschatological Thought in English Prot-estantism to 1660,* p.74-75.

Menn, *Biblical Eschatology,* p. 72-73.

(116) Ball, *A Great Expectation, Eschatological Thought in English Prot-estantism to 1660,* p. 72-76.

Menn, *Biblical Eschatology,* p. 72-77.

(117) John Wycliffe, *On Simony.*

Calvin, *An Abridgement of the Institution of Christian Religion.*

Cranmer, *A Confutation of unwritten verities.*

Luther, *The Signs of Christ's coming and of the last Day.*

Melanchthon, *Luther, Crespin, & Brooke, Of two vvoonderful popish monsters.*

Luther & Bonnechose, *Letters of John Huss Written During His Exile and Imprisonment.*

Thomas, *An apologie for Iohn Wickliffe shewing his conformitie with the now Church of England.*

Zwingli & Joye, *Holy Roman Empire.*

Hooper, *A godly confession and protestacion of the christian fayth.*

Latimer & Bernher, *27 sermons preached by the ryght Reuerende father in God.*

Wesley, *The Works of the Rev. John Wesley.*

Osiander & Lucas, *A faithfull admonition of the Paltsgraues churches.*

Beard, *Antichrist the pope of Rome.*

Laurence, *That the pope is that Antichrist.*

Bell, *The anatomie of popish tyrannie.*

Carpenter, *The downfall of Anti-Christ.*

Fox, *The arraignment and condemnation of popery.*

Berault, *The Church of Rome evidently proved heretick.*

Pallavicino, *The heavenly divorce.*

Chaplain, *The plain man's defense against popery.*

Christopherson, *A treatise concerning Antichrist.*

Walpole, *A treatise of Antichrist.*

Wylie & James A., *The Papacy is the Antichrist.*

(118) Edwards, et al., *The Works of Jonathan Edwards, A.M.*

(119) Luther, *Dr. Martin Luther's Prophecies of the Destruction of Rome and the Downfall of the Romish Religion,* p. 4-5.

(120) Brownlee, *Popery. An enemy to civil and religious liberty; and dangerous to our republic.*

(121) Campbell & Purcell, *A debate on the Roman Catholic religion*, p. 327.

(122) Dowling, *The history of Romanism*, Chapter 1.

(123) Beecher, *A plea for the West*, p. 141.

(124) Wesley, *The Doctrine of Original Sin*, p. 5.

(125) Wesley, *Explanatory notes upon the New Testament*, p. 435.

(126) Plaisted, *Estimates of the Number Killed by the Papacy in the Middle Ages and Later*, ch. 10.

(127) Owen, *A genealogie of all popish monks, friers, and Jesuits*, p. 93-164.

Care, *The character of a turbulent, pragmatical Jesuit and factious Romish Priest.*

Nicolini, *Nocolini's History of the Jesuits*, p. 5-29.

(128) Loyola, *Autobiografia de San Ignacio de Loyola.*

Loyola, *The Spiritual Exercises of St. Ignatius of Loyola.*

Nicolini, *Nocolini's History of the Jesuits*, p. 5-29.

(129) Deputies, *Declaration of Great Troubles Pretended.*

Boquin & Pierre, *A defence of the olde, and true profession of Christianitie.*

Rivet, *The state-mysteries of the Iesuites, by way of questions and answers.*

George Lord, *A short narrative of the life and conversion of George Lord.*

Wison, *Secret instructions of the Jesuits.*

Cary & Edward, *The catechist catechiz'd.*

Hutchinson, *A letter to the Jesuits in prison.*

(130) Ludolph of Saxony, *The Life of Jesus Christ.*

(131) Ludolph of Saxony, *The Life of Jesus Christ*, p. 58.

(132) Ludolph of Saxony, *The Life of Jesus Christ*, p. 60.

(133) Ludolph of Saxony, *The Life of Jesus Christ*, p. 60.

(134) Ludolph of Saxony, *The Life of Jesus Christ*, p. 79.

(135) Ignacio De Loyola, *Autobiografía de San Ignacio de Loyola.*

(136) Jesuits, *The Iesuits creed.*

(137) Jesuits, *The Iesuits creed*, c. 10, c. 11.

(138) Loyola, *The Spiritual Exercises of St. Ignatius of Loyola.*

(139) Denton, *The ungrateful behaviour of the Papists, priests, and Jesuits.*

Care, *The character of a turbulent, pragmatical Jesuit and factious Romish priest.*

Swadlin, *The Jesuite the chiefe, if not the onely state-heretique in the world.*

Gee, *The foot out of the snare.*

Baxter, *A key for Catholicks, to open the jugling of the Jesuits.*

Anonymous, *A gagge for the Pope, and the Iesuits: or The arraignement.*

Cooke, *A true narrative of the inhumane positions of the Jesuites and Papists.*

Bagshaw, *A sparing discouerie of our English Iesuits.*

Owen, *A genealogie of all popish monks, friers, and Jesuits.*

(140) Loyola, *The Spiritual Exercises of St. Ignatius of Loyola*, p. 9.

(141) Owen, *A genealogie of all popish monks, friers, and Jesuits*, p. 93-164.

Care, *The character of a turbulent, pragmatical Jesuit and factious Romish priest.*

Nicolini, *Nocolini's History of the Jesuits*, p. 5-29.

(142) Care, *The character of a turbulent, pragmatical Jesuit and factious Romish priest.*

Swadlin, *The Jesuite the chiefe, if not the onely state-heretique in the world.*

Gee, *The foot out of the snare.*

Baxter, *A key for Catholicks, to open the jugling of the Jesuits.*

Anonymous, *A gagge for the Pope, and the Iesuits.*

Cooke, *A true narrative of the inhumane positions of the Jesuites and Papists.*

Bagshaw, *A sparing discouerie of our English Iesuits, and of Fa.*
Parsons.

Owen, *A genealogie of all popish monks, friers, and Jesuits.*

(143) Clarke, *A Generall Martyrologie of Persecutions.*

Achilli, *Dealings with the Inquisition or Papal Rome, her Priests*
and Her Jesuits.

Russell, *The Jesuit in England with the Horrors of the Inquisition*
in Rome.

Miller, *The Power and Secret of The Jesuits.*

Batten, Common & Marshall, *Popery, The Inquisition and the Je-*
suits.

Lea, *A History of the Inquisition.*

(144) Jesuits, *The Iesuits creed,* c. 11.

(145) Neil, *A Protestant Dictionary.*

Henri & Lépicier, *Indulgences, Their Origin, Nature & Develop-*
ment.

(146) Achilli, *Dealings with the Inquisition or Papal Rome, her Priests*
and Her Jesuits.

Russell, *The Jesuit in England with the Horrors of the Inquisition*
in Rome.

Miller, *The Power and Secret of The Jesuits*.

Batten, Common & Marshall, *Popery, The Inquisition and the Jesuits*.

Lea, *A History of the Inquisition*.

Charke, *A replie to a censure written against the two answers to a Iesuites seditious pamphlet*.

(147) Luther, *The Collected Works of Martin Luther*, p. 40-47.

(148) Hodapp, *Solomon's Builders*.

Pike, *Morals and Dogma of the Ancient and Accepted Scottish Rite of Freemasonry*.

Mackey, *The History of Freemasonry*.

Ridley, *The Freemasons*.

(149) Brennan, *American Freemason*, Volume 3.

Oliver, *The Discrepancies of Freemasonry*.

Mitchell, *The History of Freemasonry and Masonic Digest*.

(150) Thiers, *History of the Consulate and the Empire of France Under Napoleon*.

(151) Hodapp, *Solomon's Builders*.

Pike, *Morals and Dogma of the Ancient and Accepted Scottish Rite of Freemasonry*.

Mackey, *The History of Freemasonry*.

Ridley, *The Freemasons*.

(152) Herbermann Ed., *The Catholic Encyclopedia*, Volume Nine, p. 771-788.

(153) Clark, *The Fathers Refounded*.

(154) Herbermann Ed., *The Catholic Encyclopedia*, Volume Seven, p. 661-663.

Illuminati and Jesuit Related

Brennan, *American Freemason*, Volume 3, p. 131-137.

Hubbard, *Jacobinism*, p. 24-28.

Whittingham, *Constantine Geisweiler and George Sidney, German Museum*, Volume 1, p. 207-479.

Boston Masonic Mirror, *Masonic Mirror*, Volume I, p. 158-179.

London Weekly Publication, *The White Dwarf*, Volumes 1-22 p. 237-352.

Presbyterian Church in the U.S.A., *Publications* Issues, p. 271-332.

Kenning, *The Freemason and Masonic Illustrated*, Volume 12, p. 7-8, p. 162-164, p. 229-233, p. 273, p. 338-339.

Barruel, *Memoirs: The antisocial conspiracy*, p. 1-208.

Freemason and Jesuit Related

Batten, Common & Marshall, *Popery, The Inquisition and the Je-*

suits. p. 53-54.

American Protestant Society, *A Book of Tracts Containing the Origin and Progress*, p. 70-77.

Moore, *The Freemason's Monthly Magazine*, Volume 2, p. 150-154.

Freemasons, *The Freemasons' Magazine and Masonic Mirror*, Volume 19, p. 350-352.

Mitchell, *Collated by Order of the Grand Lodge of England in 1722*, Volume 1, p. 1-8.

Brennan, *American Freemason*, Volume 3, p. 131-137.

Moore, *The Freemason's Monthly Magazine*, Volume 30, p. 55-56. p. 266.

Moore, *The Freemason's Monthly Magazine*, Volume 24, p. 241-242.

Oliver, *The Discrepancies of Freemasonry*, p. 66-70.

Freemasons, *The Freemason and Masonic Illustrated, A Weekly Record of Progress in Freemasonry*, Volume 7, p. 231, p. 432-433.

Hecker, *The Catholic World A Monthly Magazine of General Literature and Science*, p. 283-284.

Mitchell, *The History of Freemasonry and Masonic Digest*, p. 296-

319.

(155) Caraccioli, *Interesting Letters of Pope Clement XIV Ganganelli*, Volume II.

Catholic Church, *Brief of Clement XIV Suppressing the Jesuits*.

Several hands, *The Monthly Review or Literary Journal*, Volume XXXII.

Caraccioli, *The Life of Pope Clement XIV Ganganelli*.

(156) Catholic Church, *Brief of Clement XIV Suppressing the Jesuits*.

Several hands, *The Monthly Review or Literary Journal*, Volume XXXII.

(157) Billings & Bayless, *Mystic Star A Monthly Magazine Devoted to Masonry and Its Literature*, p. 74-76.

Brennan, *American Freemason*, Volume 3, p. 131-137.

American Protestant Society, *A Book of Tracts Containing the Origin and Progress*, p. 61-94.

(158) Chisholm, *The Encyclopedia Britannica*, Volume 15, p. 338.

(159) Caraccioli, *Interesting Letters of Pope Clement XIV Ganganelli*, Volume II.

Several hands, *The Monthly Review or Literary Journal*, Volume XXXII.

Caraccioli, *The Life of Pope Clement XIV Ganganelli*.

Catholic Church, *Brief of Clement XIV Suppressing the Jesuits*.

Several hands, *The Monthly Review or Literary Journal*, Volume XXXII.

(160) Caraccioli, *The Life of Pope Clement XIV Ganganelli*.

Catholic Church, *Brief of Clement XIV Suppressing the Jesuits*.

Billings & Bayless, *Mystic Star*, Volume XXIX

(161) Caraccioli, *The Life of Pope Clement XIV Ganganelli*, p. 31-34.

The Religious Tract Society, *The Lives of The Popes Part II from the Dawn of the Reformation to the Romanist Reaction*, p. 126-134.

Herbermann and Ed., *The Catholic Encyclopedia*, Volume 7, p. 823.

(162) Vernor & Hood, *The Historic Gallery of Portraits and Paintings*, Volume I, Sct. Clement XIV, p. 8.

Caraccioli, *The Life of Pope Clement XIV Ganganelli*, p. 47-171.

The Religious Tract Society, *The Lives of The Popes Part II from the Dawn of the Reformation to the Romanist Reaction*, p. 134-145.

Herbermann and Ed., *The Catholic Encyclopedia*, Volume 7, p. 823.

Vernor & Hood, *The Historic Gallery of Portraits and Paintings*,

Volume I, Sct. Clement XIV.

Leterature R & G, *The Monthly Review or Literary Journal Enlarged*, Volume XXIX, p. 563.

(163) The Religious Tract Society, *The Lives of The Popes Part II from the Dawn of the Reformation to the Romanist Reaction*, p. 145-156.

Herbermann and Ed., *The Catholic Encyclopedia*, Volume 12, p. 131-132.

(164) The Religious Tract Society, *The Lives of The Popes Part II from the Dawn of the Reformation to the Romanist Reaction*, p. 156-171.

Herbermann and Ed., *The Catholic Encyclopedia*, Volume 12, p. 132-134.

(165) Hurlbert, *The End Justifies the Means*.

Walther League, *The Walther League Messenger*, Volume 3, p. 9-10, p. 121-122.

Watch of South, 'The End Sanctifies the Means', *The American Protestant*, p. 177.

Nicolini, *Nocolini's History of the Jesuits*, p. 67, p. 150, p. 496.

(166) Herbermann and Ed., *The Catholic Encyclopedia*, Volume 12, p. 132-134.

Batten, Common & Marshall, *Popery, The Inquisition and the Jesuits*, p. 46.

(167) O'Malley, *The Jesuits*, p. x.

Catholic Church, *Brief of Clement XIV Suppressing the Jesuits*.

Miller, *The Power and Secret of The Jesuits*.

(168) O'Malley, *The First Jesuits*, p. 1.

Nicolini, *Nocolini's History of the Jesuits*.

Batten, Common & Marshall, *Popery, The Inquisition and the Jesuits*.

(169) O'Malley, *The Jesuits* (Rowman & Littlefield Pub Incorporated, 2014) p. 112.

(170) Malachi Martin, *Jesuits*, p. 13.

(171) Malachi Martin, *Jesuits*, p. 16.

(172) Vatican News, *Pope Francis to Catholic Media: Be signs of unity amid diversity*.

(173) Martin Luther, *A faithful admonition of a certeyne true pastor and prophete*, p. 103-107.

(174) Marlorates, *A Catholic Exposition Upon the Revelation of Saint John*, p. 115.

(175) Marlorates, *A Catholic Exposition Upon the Revelation of Saint John*, p. 169.

(176) Marlorates, *A Catholic Exposition Upon the Revelation of Saint John*, p. 201.

(177) Cartright, *A Plain Explanation of the Whole Revelation of Saint John*, p. 29.

(178) Cartright, *A Plain Explanation of the Whole Revelation of Saint John*, p. 82-83.

(179) Cartright, *A Plain Explanation of the Whole Revelation of Saint John*, p. 85.

(180) Napier, *A Plain Discoverie of The Whole Revelation of Saint John*, p. 36.

(181) Brightman, *A Revelation of the Apocalyps The Revelation of Saint John and Daniel*, p. 437.

(182) Forbes, *An Exquisite Commentarie Upon the Revelation of Saint John*, p. 113.

(183) Wilkinson, *An Exposition of the 13 Chapter of the Revelation of Jesus Christ*, p. 19.

(184) Wilkinson, *An Exposition of the 13 Chapter of the Revelation of Jesus Christ*, p. 25.

(185) Wilkinson, *An Exposition of the 13 Chapter of the Revelation of Jesus Christ*, p. 25.

(186) Cotton, *An Exposition Upon the Thirteenth Chapter of the Reve-*

lation, p. 4.

(187) Cotton, *An Exposition Upon the Thirteenth Chapter of the Revelation*, p. 13.

(188) Cotton, *An Exposition Upon the Thirteenth Chapter of the Revelation*, p. 234-235.

(189) Hartlib, *Clavis Apocalytica of St. John and the Prophet Daniel*, p. 44-45.

(190) Hartlib, *Clavis Apocalytica of St. John and the Prophet Daniel*, p. 72.

(191) Hartlib, *Clavis Apocalytica of St. John and the Prophet Daniel*, p. 74.

(192) Hartlib, *Clavis Apocalytica of St. John and the Prophet Daniel*, p. 105.

(193) Thiers, *History of the Consulate and the Empire of France Under Napoleon*.

내 백성아
거기서 나와라

© 이현은, 2021

초판 1쇄 발행 2021년 2월 17일
2쇄 발행 2021년 7월 9일

지은이	이현은
펴낸이	이기봉
편집	좋은땅 편집팀
펴낸곳	도서출판 좋은땅
주소	서울 마포구 성지길 25 보광빌딩 2층
전화	02)374-8616~7
팩스	02)374-8614
이메일	gworldbook@naver.com
홈페이지	www.g-world.co.kr

ISBN   979-11-6649-331-7 (03230)

- 가격은 뒤표지에 있습니다.
- 이 책은 저작권법에 의하여 보호를 받는 저작물이므로 무단 전재와 복제를 금합니다.
- 파본은 구입하신 서점에서 교환해 드립니다.